東京根岸周邊地圖

0 100 200 300m

本地圖依據建設省國土地理院發行的萬分之一上野地區圖製作而成（基於測量法第30條之成果使用認可，昭62關使，第70號）。

地圖上標示的❶❷❸等即內文圖說標號的所在位置。

23區地圖
埼玉県
千葉県
神奈川県
東京湾
足立
板橋
練馬
北
荒川
葛飾
豊島
文京
台東
墨田
中野
杉並
新宿
千代田
中央
江東
江戸川
渋谷
港
世田谷
目黒
品川
大田
にっぽり
三ノ輪
竜泉
日本堤
清川
橋場
根岸
谷中霊園
谷中
千束
入谷
うぐいすだに
今戸
上野公園
北上野
松が谷
浅草
浅草寺
台東区
不忍池
東上野
元浅草
寿
駒形
蔵前
上野
おかちまち
台東
鳥越
おちゃのみず
あきはばら
浅草橋
あさくさばし
りょうごく
隅田川
高速6号線
三河島駅
日暮里
公園
東日暮里五丁目
東日暮里四丁目
三河島駅前通り
竹台高
京成電鉄
書道博物館
根岸二丁目
根岸四丁目
不動尊
お行の松
柳通り
円光寺
西蔵院
根岸小
下谷病院
寛永寺橋
永称寺
西念寺
世尊寺
根岸三丁目
千手院
山手線・京浜東北線
常磐線
元三島神社
津梁院
上野桜木一丁目
根岸一丁目
うぐいすだに
小野照崎神社
下谷二丁目
要伝寺
泰寿院
寛永寺
寛永寺霊園
上野中
法昌寺
英信寺
正洞院
言問通り
九条館
応挙館
上野公園
坂本小
入谷鬼子母神
上野図書館
東京国立博物館
忍岡中
京成上野
下谷一丁目
上野

❶——鶯谷的陸橋。穿過飯店、酒店的密集區，
就是與昔日無異的下町。

東京下町職人生活

北正史 著
澤田重隆 繪圖
陳嫺若 譯

作者序

「說到根岸這個地方，可不是那種煮了芋頭就拿到隔壁，順便借一點米回來，或是長屋的阿八、熊仔①來往出沒的下町。若要說哪個下町②具有山手氣息，那麼就是根岸這個地方。」當地居民異口同聲這麼形容的東京都台東區根岸，指的是山手線鶯谷、日暮里，以及地下鐵日比谷線三輪等三個車站所包圍起來的狹長三角形地區。本書雖是以中根岸，也就是現在的根岸三丁目為中心，但插畫中也涵括了鄰近的日暮里、下谷和入谷的一部分。有人聽到「根岸」二字，可能一時會意不過來，根岸並不曾成為一個著名的下町而備受矚目，也少了像淺草的三社祭那樣表演給觀光客看的華麗祭典；但也就因為如此，它才能讓我們看到從江戶時代傳承至今，目前仍十分活躍的東京原有的下町風貌。在這層意義上，它似乎也可以算是「典藏」的下町。

所謂「根岸之里閒寂之居」，自古以來即以此俳句而為人所熟知的根岸，又有初音之里、吳竹之里、日暮之里等名稱。據記載，弘化年間（一八四四～一八四七年）梅花莊在根岸新地開張，此地大為繁榮昌盛之後，以上野寬永寺為中心的寺舍相關者住宅，以及日本橋、藏前等大商家老板的別莊、隱居所，文人墨客、風雅之士多所造訪，到後來連吉原妓院都出現了。音無川的清流（現在成了下水道）與上野的山丘連成一氣成了風雅之地，就如同鶯谷的地名所顯示，春天時，鶯鳥會飛下來，居民享受著鳥鳴婉囀，可見是個悠閒的地方。現在雖然這個地方大為改變了，但春天時鶯鳥仍會造訪。

江戶在明治維新更名為東京之後，到現在已有一百二十餘年，在這段期間，東京遭受到兩次大火。一次是大正十二年（一九二三年）關東大地震所引起的，一次是昭和二十年（一九四五年）東京大空襲時造成的。這兩次大火規模之大，可以說整個東京幾乎都化為焦土，從本書後扉頁所附的受災地圖，就可以領略一二。然而，這塊風雅之地根岸，正確的說，應該是從前的中根岸、鄰接的金杉上町、坂本町——現在的根岸三丁目和下谷二丁目等地，卻在這兩次火災中都倖免於難，它的幸運，現在想想幾乎可說是一件奇蹟。

由於未遭火噬，所以根岸地區並沒有進行大規模的區畫整理。攤開地圖就可以知道，根岸的周邊，如日暮里、龍泉和入谷等曾遭焚毀地區的道路又直又長，彷彿可以衝出地圖通到桌子上去。相反的，根岸的道路雖也多少拓寬了些，但是從前留下來的曲折小路、巷弄、死巷等還是保留至今。

此外，傳承江戶時代風格的土倉式商家和這種建築形成的街巷，像所謂看板建築③之類大正時代的摩登房屋，或是昭和初期木造三層公寓等，從歷史的角度來看，也是十分珍貴的庶民住屋和店舖，現在都還集中保留在根岸、下谷這塊狹長地區。不，不只如此，像是我們平時看慣的、太過尋常因此視而不見的、極其普通的木造民房也有不少仍保留在此地。這些房舍大多已十分斑駁蕭條，但它們仍是此處居民每天作息的安樂窩，也是永遠的居所。換句話說，它們與居民一起走過歲月，是「有歷史軌跡」的建築。

這本書裡舉出的便是這些看起來可能不太起眼，卻充滿著人情味的許多木造家屋。負責插畫的澤田重隆先生，可以說用畫筆精確的掌握了這個不施脂粉的城區的風情。如果這些房屋沒有入畫，恐怕很多都會被大家遺忘了。這些插畫把鎂光燈打在這些我們平時看慣了、不屑一顧的建築上，讓我們能夠看到它原有的價值。澤田先生必定是從這些建築中強烈的感受到「下町」——人們真實的生活氣息；也對這些與自己在同時代中奮鬥過來的建築，油然生出無比的愛惜之情吧。在畫中除了建築物之外，街坊、小巷、風景和人們從事日常工作的面貌等，所有可以視覺化的東西，全都化成「下町的形式」介紹給讀者。只可惜必須打斷讀者雅興的是，這本書進行企畫、開始採訪是在昭和五十九年（一九八四年），至今已經過四年了，有不少家屋都已拆毀，改建成現代的鋼筋水泥樓房，不復可見了。

這本書不只用畫，也用文字捕捉了素顏的、日常面貌的下町是什麼模樣。全書是筆者訪談了現在住在根岸從事七種職業的八位主角，整理訪談內容編寫而成。書中出現的八位主角，是中根岸鳶工頭領父子二代——明治四十三年生的第三代野口義博先生、其長子昭和十四年生的第四代野口義明先生。昭和十五年出生的藍染店「海老屋」第三代林滿治先生。這三位是世代住在根岸的人。而書中萬綠叢中的一點紅，是居酒屋「鍵屋」老闆娘清水敏子女士，她生於大正十三年，三輪人，後來嫁給鍵屋第三代。三味線老店「撥一」的渡邊一二先生，大正八年生於福島縣鳥足，在淺草學藝後，於戰後昭和二十年十月搬到根岸來住。玩具店「兔子」的老闆川崎英夫，昭和十二年生於吉原揚屋町，昭和二十三年小學五年級時，從疏散地鎌倉搬到根岸。豆腐店「小松屋」的熊井守先生是第二代，昭和四年在西日暮里冠新道出生，在根岸開店是昭和二十七年的事。從事戒指鑲嵌的山口友一先生，昭和三年生於房州白濱，在三河島、櫻木町都住過，來到根岸是昭和三十九年的事。這幾位移居到根岸的主角，則會按照移居的時間先後來介紹。

在此書中出現的幾位都是生活在市井的平凡小人物。只不過，雖然他們極其平凡，但每一位都很執著於自己的工作。在根岸這個小地方，過著平凡日子的市井小民，他們日常的工作是什麼樣子？如何尋找到他們的職業，並且讓它成為自己的專業？他們每天工作只為餬口飯吃，卻又是如何透過這份工作創造、鍛鍊出自己這個人呢？從大一點的角度來看，就是人必須如何過日子才叫做生活？同時，對於根岸這個下町又該如何來看待呢？本書將以「下町居民的生活與心靈」為主題娓娓道來。乍看之下似是茶後閒談的輕鬆小故事，雖然表現的方式大不相同，但每一位主角都有談到他本人獨一無二、貼近生活現實的談話，以及長年經驗中令人不禁正襟危坐的小故事。我認為這是因為這些人珍視自己的職業、工作，投入多一倍的精神在其中，同時他們也透過工作認真的面對生活。他們積極樂觀的精神，紮實的生活經驗積累，則表現在挺直的腰桿上。這種人物在此地區中到處可見，可說是下町最精采的地方了。

雖然他們因為太平凡而不受到重視，但我們身邊真的有很多像這樣累積了深刻人生體驗的非凡達人。聽聽這些人說的話，把它記錄下來，真的是再多都不嫌多才對。

這本應稱為庶民生活實錄的作品，若是能試著以日常生活的水平，將多年來一般日本人在哪個角落、遭到打擊仍繼續堅忍下來的樣貌傳達出來，那就達到我的心願了。

一九八七年十月　北正史

---

①：長屋的阿八、熊仔是江戶相聲中常常出現的人物，指的是街坊中的蠢人。

②：下町指的是都市中地勢較低、商業聚集的地區，在東京，特別是指淺草、下谷、神田、日本橋、兩國之地。相對於此，山手則是東京西側地勢較高的台地，包括本鄉、小石川、四谷、赤秋、青山、麻布等，自古即多為武家和寺院所在，現在也是高級住宅區。

③：看板建築指在關東大地震後東京各地所建的商家建築，這些建築的特色是在樓房門面上以銅板、磁磚或紅磚做招牌裝飾，並不是掛了大型廣告看板。

❷——和❸、❹兩圖所呈現的，都是在關東大地震和戰爭中未受大火波及，保存最多原貌的古老舊街。從根岸三丁目的「羅貝莉亞高地」大樓屋頂，看向根岸中心街和柳通。

❸——從「羅貝莉亞高地」屋頂，看向東日暮里四丁目方向。

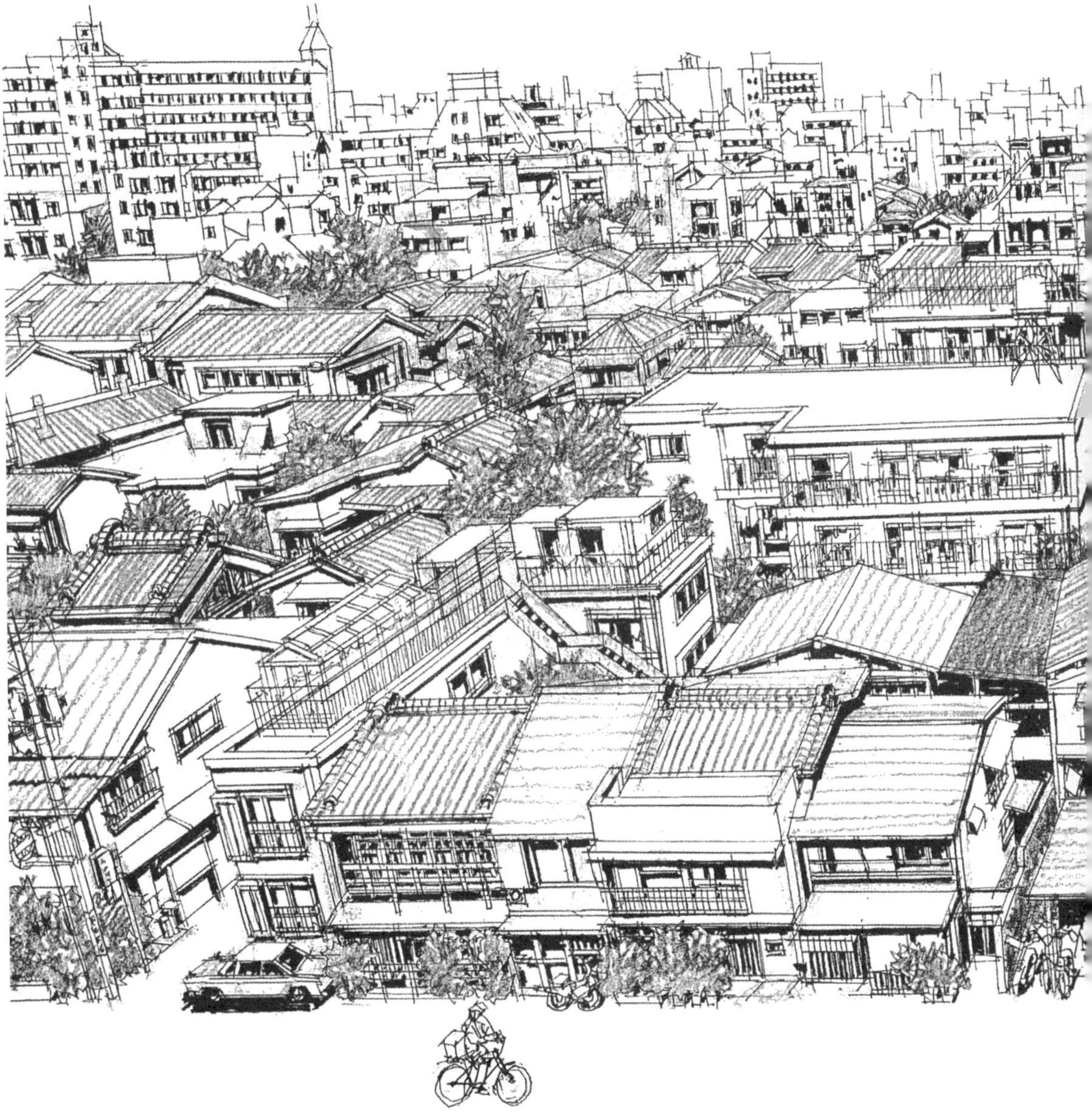

❹——從「羅貝莉亞高地」屋頂，看向根岸二丁目方向。

❺——令人想起大正到昭和初期的板牆洋樓（根岸三丁目，陶山眼科醫院。左和右是千手院）。

❻──西藏院本堂。山門側有一座「根岸小學校發祥之地」的石碑。施主多為地方人士，西藏院和根岸有著密不可分的歷史。

❼——金杉通沿路街景。在仍帶著江戶時代氣氛的明治時期興建，倉庫造形的商家屋屋相連（根岸三丁目這一側）。

鳶工頭領父子兩代

野口義博

野口義博
地址：110台東區根岸三－一一－三〇
電話：三八七三－一二六三

關東大地震和日暮里的大火

我是明治四十三年（一九一〇年）出生的，大正十二年（一九二三年）關東大地震的時候，我大約是十三、四歲。驚天動地的大地震將東京全市燒得面目全非，根岸和日暮里卻幸運的逃過一劫。我住在日暮里村，就在行之松不動尊旁邊，根岸和日暮里的分界點。以前從王子經過根岸、在三輪的盡頭流入荒川的音無川會流經這裡，但現在已變成了下水道。通往日暮里的橫街那兒的整塊地，是編纂《大言海》的大槻文彥先生的宅邸。我家就在大槻先生家靠日暮里的末端。這條巷子叫做「大槻巷」，現在還在。由於當時日暮里還是一片稻田，灌溉水就是沿著這條巷子引入田裡去。我家的地和房子都是租來的，可是還比現在住的房子大，是夾層式的二層樓房。樓下當作石材等材料的倉庫，有一個兩坪多的小房間，和面對大槻先生家庭院的走廊。走上樓梯，靠裡面有八蓆、六蓆和四蓆半的房間各一間，就是這種結構的房子。先生的宅邸全部占地有三百坪吧，庭院就占了一半那麼大。發生地震的時候，附近的人覺得有草坪的院子比較安全，紛紛跑去他們家避難，而先生家裡的人都很好，主動招呼鄰居到他們家裡。水管破了發生斷水的情形時，由於大宅裡有一口古井，所以我們也經常受他們照顧。

大槻家的井應該是挖得相當深吧，雖然裝了馬達，可是怎麼舀也舀不盡，而且水質很好。若有很多人一起使用一口井，地下水是會用光的。有些井也真成了枯井，可是大槻先生的井卻不會枯竭。於是有人遠從上根岸附近過來打水。我也曾在長輩託付之下，擔著水到顧客那裡去。從根岸到日暮里，不少人都靠著這口井才得以存活下來。

地震發生在九月一日，在孩子的心裡，那種劇烈的搖晃是永遠難以忘懷的。後來，一直到二日、三日、四日左右，數不清的、一次接著一次的餘震不斷襲來，真的是可怕極了。東京市內全部化成焦土，從火勢就可以得知，甚至火花都還飛到根岸來。不過根岸和日暮里沒有起火，所以家裡遭到火災的人當時便都逃到行之松區域內避難。記憶中這附近並沒有房屋倒塌，倒是不少屋子傾斜了、扭曲了。所以等地震平息之後，我父親便出外去修房子去了。當時，朝鮮人將會暴動的流言傳得滿天飛，地震結束之後，眾人立刻組織了自衛團，而這大約也是在大槻先生的院子裡組成的。

後來，一些遭到災變的親戚聽到根岸和日暮里沒事，竟大舉跑到我家來避難。我家親戚住在東京市內的相當多，一時之間還有人從橫濱受災輾轉前來。我猜他們是從橫濱一步一步走路來的。我家的房間是二樓三間，一樓一間，有一段時間一共擠了四十多個人。還好，因為還沒入冬，天氣還算暖和，所以睡覺不是問題，麻煩的是食物。當時既沒有配給，只靠我和大哥去張羅糧食，頗為吃力。那種狀態好像持續了兩個月還三個月吧。等到一切逐漸恢復了平靜，神田和藏前的親戚在燒光的空地上蓋起了臨時屋，有些親戚則是投靠其他親戚去了。

父親經常進出大槻先生的宅院。先生宅院的後側有一座堅實的倉庫。先生的父親大槻磐溪是一位儒學家，擔任仙台藩的侍講（老師），先生本人是國語學家、文學博士，所以倉庫裡放的全是書。當時我還是孩子，所以沒機會跟先生說上話，不過他瘦骨嶙峋，還留著長長的白鬍子，一看即知是個學者。過年的時候，我曾經看過他總是穿著大禮服，乘著人力車到宮中去拜年。

在那段時期，日暮里經常發生火災。只要一聽到有人喊「失火啦！」就知道又是日暮里了。從前的倉庫是土倉，為了防止火勢延燒，叔叔和家裡的小夥計會騎坐在土倉的屋頂上，把四方的大門都關閉，將屋頂上的網眼用事先準備好的泥巴糊住，這種工程叫做目塗。而父親就是為了防止萬一災難發生，而常進出宅院。

那時候的鳶工人員，並不像現在歸屬於江戶消防紀念會，而是配屬在警視廳管轄下的消防部，擔任預備消防員。根據當時的紀錄，這些預備消防員有一千四百零二人，共分成四十組。鳶①不同於常備消防的消防車隊，是以各組的「纏」②作為標誌，投入消防工作。救火裝束的頭巾和刺子（袢纏）③三年支領一次。一聽到火災的訊息，馬上就穿上這套裝備飛奔而出。他們與消防車隊是個別點名，報告幾號的第幾組有幾名出勤，月底組長會到消

①：在此指的是鳶工，即是從事土木或建築工程的人，從江戶時代開始，這些人也身兼地區的消防人員。

②：在竹竿上冠上雕金等標誌做成的旗幟。

③：用棉布細針縫製而成的上衣外套。

❽——中根岸的鳶頭，野口義博、義明兩位父子的伴纏裝；以及正在折疊伴纏的義博之妻，久子女士。根岸現在屬於江戶消防紀念會第五區六號組。

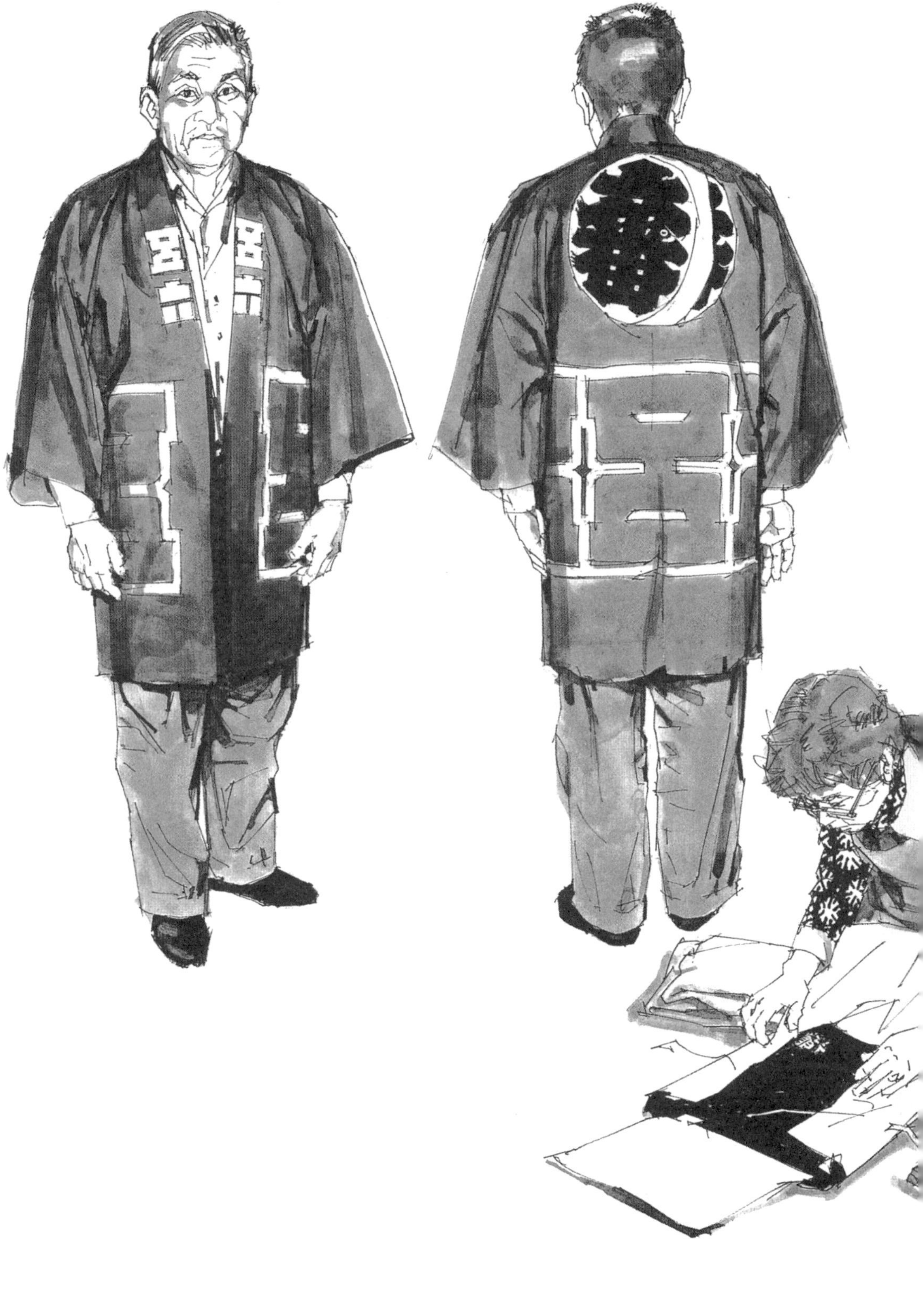

防部去，由於那時候情況特殊，所以次數不多，不過從救火紀錄、出勤前往受災地的紀錄等可以得知。

從前，自十一月十一日到翌年的五月十日是所謂的火災季。各組會在各地區以纏旗為中心設立消防站。纏旗和梯子就立在站旁，配置有捲了橡皮管的車子，即水管車以及橡皮管。組員包括頭領、持管、持纏、持梯、刺叉等，每天晚上以五人為單位輪流駐守待命。一旦發生火災，就會推著水管車奔到火災現場，與消防車隊合作，取出自己帶的橡皮管，受令在負責的區域滅火。

大地震後，東京成了一片廢墟，但為什麼根岸卻沒有著火呢？據我父親說，那是因為根岸的居民都相信，元三島神社的氏子④既不會著火，也不會遭雷劈。就算不是這樣，我認為，根岸這個地區從前即遍布羊腸小徑，巷道甚至比現在還窄得多，所以就算發生了火災，也僅止於燒個一兩間，更何況平日大家都很小心火燭呢。

除此之外，在我父親那一代，幾組的夜警分別在各町內單位還有「火警守望員」。根岸甚至還設有火警守望小屋，町內的頭領在十一月到三月的每天晚上，一邊敲著更木，或是搖著金屬器具，在夜裡巡街以提醒民眾注意火燭。這是他們主動向町會爭取來的麻煩工作，但是就因為如此，民眾才會更加小心注意，不是嗎？

我今年已經七十七歲，但根岸幾乎從來沒有發生過火災，就算有也是屈指可數。現在是以中根岸後面的道路「柳通」作為界線，以南是根岸，以北是日暮里。一旦有火災，必是在柳通的北側。從前連火災保險的費率，根岸都比日暮里便宜哩。現在雖然土生土長的本地人少了很多，可是這類對火災的傳言和傳統，還是一直維持著。

東京市內經過區畫整理，馬路井然一新是在大地震之後才有的呢。現在的下谷雖然沒受大火波及，但三輪、龍泉、入谷，以及根岸的最前頭還是經歷過火災。雖然以日暮里為首的根岸西北一帶得以倖免，不過在大地震兩年後的大火中，日暮里還是有部分地區遭到燒毀。大正十四年三月十八日下午三點左右，日暮里最裡側的金杉再生毛工廠突然失火。一度將火勢壓制下來後，消防隊都打道回府了。然而由於滅火工作不夠完全，在北風的助長之下，又再次引火燃燒，這下竟變成燒毀兩千戶的大火。下午三點燒到晚上九點，共延燒了六小時。現在三河島前面到根岸音無川我家門前，整個日暮里幾乎全都陷在火海中。

日暮里發生大火時，有兩台消防車開到了行之松不動尊前面來，用音無川的河水把火打滅了。這可真是千鈞一髮的事。不知是不是大家心裡都明白，萬一燒到根岸，那可就不得了了，所以有效的防堵了火勢。

日暮里這場大火之後，日暮里的地主、百姓全體聚集，在震災復興事業之後，陸續進行了區畫整理。因此，從地圖上就可以看得出來，只有沒經歷火災的根岸和下谷，到現在還沒有區畫整理，雖然這塊地區不太大，不過卻留下了江戶時代傳承未變的街道脈絡。

和町內大老板們的互動

根岸現在是區畫為一丁目到五丁目，以前則是分為上根岸、中根岸和下根岸。大致上說來，現在的一、二丁目是上根岸，三丁目是中根岸，四、五丁目是下根岸。

從我爺爺那一輩開始，根岸的房子開始漸漸增多，於是町內工匠需要有頭領的存在。上根岸由塚本家擔任，中根岸是我家，下根岸則是鹿島家，大約是這樣分配，個別擔任鳶工的頭領。

然而，在我爺爺和我父親那一代時，根岸的房子還沒像現在這麼多。一戶家裡的占地面積很廣，種植的庭木也相當多。所以，我家與其說是做土木的，還不如說是以園藝、庭師的工作為主。到我父親那代，都還是庭師與土木兼作。而我也多少做一些藩籬或植木的整理。

我還是個孩子的時候，上根岸有正岡子規的舊宅、文化人中村不折、歌舞伎演員守田勘彌等人的住宅⑤，是個高雅的住宅區。那可不是我們這種工匠或窮人住得起的地方。另一家門牌八十二號，其實就是加賀大宅，是加賀前田家⑥的別館。上根岸的鳶工頭領常出入加賀大宅，年節時還會送我色紙。

我當差那時候的中根岸，已經有米店、酒店、染布行等商家了。青木壽司店——二樓是曲藝館——等商家在町內也有好幾間，不過大多還是一般家庭。此外就是宿舍或長屋，或是像大槻先生那樣的宅院，比他們家更大的宅院也有好幾間。

比如，下谷醫院的前身石川家，一百零七、八號的松平子爵、通稱三河公的宅邸。那是江戶時代「參勤交代」⑦時藩主在江戶辦公用的宅邸。此外在西念寺旁，還有相當於澀澤榮一⑧的啟蒙師尾高家的宅邸，其他像是企業家大川平三郎的宅邸也在此地。

④：氏子是指祖神（即氏神）的子孫，氏神守護該姓氏的人。他們也是當地負責維持神社的人員。

⑤：正岡子規（一八六七～一九〇二年）著名的俳句詩人。中村不折（一八六六～一九四三年）是道地江戶出身的西畫家、書法家。守田勘彌，這裡指的應是第十三代（一八八五～一九三二年）。

⑥：加賀前田家，是江戶時代武家大將，也是擁有百萬石的加賀藩，藩祖是前田利家。明治時代後被歸為華族，受封侯爵。

⑦：江戶時代，幕府要求各地的藩主在江戶和領地輪流居住一年的制度。

⑧：澀澤榮一（一八四〇～一九三一年），日本企業家，被喻為日本資本主義之父。

❾──根岸的象徵，行之松不動尊。安藤廣重（1797~1858）所繪的《名所江戶百景》中也有描繪行之松。但現在是第三代。

我到了十五、六歲，和我父親一起去做火警守望員，那時候是大正末到昭和初期。大川先生的宅院住著他的姨太太。只要接到通知說老爺當晚會來，那位姨太太就會遣三個女傭出外迎接。町內的火警守望亭是在西藏院和從前石川家、現在下谷醫院的中間。夜裡風寒，那些女傭就會求我父親說：「頭領，不好意思，讓我們煨煨火吧。」然後就在守望亭裡等待。不久之後，大老爺坐著轎車回來了。那時候私家車很罕見的，瞧得我瞪大了眼睛。於是一個月有幾次，我都可以得到茶點心吃。

再來說的是寺廟。中根岸有世尊寺、西念寺、安樂寺、千手院、永稱寺、西藏院、圓光寺等七所寺院。寺廟損壞的修繕，或是在普渡時去叫信眾前來，又或是住持講經結束後，白天進行開齋，我們就會去幫忙些雜務。

後來，一直在日暮里擁有田地的一些農戶，他們隨著日暮里的發展，漸漸成了地主。這些人在大槻先生家附近還不算少。像是從行之松隔條街的今井家，此外還有小柴家、小泉家等。

我們做孩子的時候，最喜歡的就是在二月初午⑨稻荷神祭典那一天，被叫去這些地主的土地上慶祝。我父親會先去那裡搭一個小舞台，是很陽春的那種，再鋪上地板，然後拿出大鼓，叫孩子們去敲。到了午時，地主會招待我們吃紅豆飯配素菜。這不只是在初午那一天，地主家為了附近的孩子，會事先互相說好，初午在哪一家做，二午在另一家做，按此輪流。所以二月的午日是最快樂的。

另外，下根岸有一家大型的腦科醫院，就叫根岸醫院。這根岸醫院雖然有點不同尋常，不過我家從爺爺的時代起就常往那裡跑。我爺爺叫松五郎，他在大地震之前，大正十一年以七十四歲壽終。他是個熱心的好人。身子還健朗的時候，很得根岸醫院院長松村先生的喜愛，所以，院長把木工和植木工作全都交給他做。由於是一所腦科醫院，三不五時就有病房需要修繕，因此不但讓我爺爺做專屬的木工，連庭木的修整、藩籬工程、土木等都要爺爺帶我父親一起去做。那院子的模樣直到今天還記在我腦海裡，不過庭院裡植樹非常之多，一年若是只去一次或兩次，根本是整理不完的。所以就算再久，半年也得去一次，根岸醫院轉成國立的時候，我還夜不回家的去幫忙建築工程哩。

像這些町裡的商家、大宅邸、寺廟、庶民農家等，都是我們工匠的大客戶、大老板。

說起鳶工的一整年工作，有歲末時準備門前裝飾用的松樹盆栽，五月十四、十五日根岸的元三島神社祭典，其他還有町內的土木工程，以及一般的建築工程。這祭典會在五月十四、十五日，是因為從前工匠都休初一、十五，所以祭典便決定夜祭在十四日、正式祭典在十五日。

建築方面的工作，包括新建木造房屋時的基礎工程、興建之前的組裝、建立四周組裝或是解體原木時的空間等。在從前，這是木匠頭領的專屬工作。當時和現在不同，町內的頭領是有權限的，絕對不許其他的頭領來做這工作。這是因為町內的老板們與鳶工頭領，從祭典、歲末應景工程，到火警守望等，與平常生活息息相關，老板們覺得一整年都受到頭領的照顧，而我們也同樣覺得受老板關照。再說，那時候沒有汽車，不管是在食物或其他什麼，在這塊土地上彼此共榮共存的感覺很強，自然而然的，也與町內附近的人們互相倚賴了。總之，就是自古傳下來的人情味吧。

所以町內的大老板們若是有添丁之喜，頭領就必定要穿著店家的伴纏，到他們家裡祝賀，或是陪著一起向神明進香，或是買了立犬泥偶分送給親戚朋友；有時還幫忙分送祝賀的回禮等。總之，這些都是町內頭領的工作之一。

當時，花柳巷及三業⑩十分興盛，根岸有段時間藝妓人數高達兩百人，料亭也接近三十間。所以每年都要舉行祭典，拜一拜專門保護三業、防制火苗的神，也就是稻荷神。到那時候就要擺出店招燈，就是在門口擺著畫上戲畫的招牌燈。各藝妓樓、茶室或料亭門口都要擺上一個，又或是在門口掛上門花、燈籠、花環等，這些工作都是町內的頭領要準備的。

三業之地女人多，所以只要到了節日或婚喪喜慶，她們第一個想到的就是：「把頭領叫來。」

於是我父親就成了大紅人，這種事又是不能推辭的，只好飛奔而去，聽候各地的差遣。

我父親那時候，光是店家的伴纏就有三十件。各家店送的伴纏大多是棉織的，左右襟口各繡有店家的名字，背後則是店標紋。伴纏是不論喜慶喪葬都是同一件。不過在花柳巷，有些店家在盂盆、歲末都送，所以一年就有兩件，根本穿不完。由於店家的伴纏是有標幟的，可以給我家專屬的小夥計們穿，不過臨時雇來的可不能穿。若是他們把伴纏穿去之後不回來，拿到向柳原的舊衣店去賣了，那可不得了。我記得有一次我父親接到通知，特地跑去贖回來。所以店家的伴纏只給長年在我家的小夥計穿。萬一有什麼事，立刻得穿上伴纏出去，所以所有衣服都由我家保管。我母親要處理這個，可是很辛苦的哩。

說到店家的伴纏，過年的時候，我父親會同時穿上五、六件，從年初一開始到各地去拜年。拜年的順序事先決定好，然後一件一件的脫。去拜年的時候，一定把那家

⑨：初午，指二月第一個午之日。日本傳統是以這一天作為掌管五穀的稻荷神的慶典。

⑩：花柳巷即是青樓，三業指的是料理店、藝妓院和茶室。

送的伴纏穿在外面，帶著一個夥計，拿著賀年的伴手禮。

總之，町裡的工作，大家看到頭領來幫忙，總是要給點禮。所以我們一定會收到店家給的紅白包。這紅白包都是老板們的心意，所以多少我們不能說，總之是懷著感激之情收下來。只是在那時節，老板們看到頭領穿著自家店的伴纏來，若是給得比別人少可就失了面子，所以會較勁兒的想：這點禮總是不能少的。不過再怎麼說，鳶工的收入幾乎還是來自工程建設。

水平、測量、立柱

我家兄弟姊妹有七人之多，男五人，女二人。我排行老二，上面有長兄。我大哥頭腦好，讀到西日暮里的開成中學，可能是這個原因吧，他不喜歡鳶工的工作。我父親跟他說，等你長大一點，就跟我一起穿上草鞋來做工吧。大哥聽了不願意，就逃家出走了。於是我在中學畢業之後，就被指示要接下我父親的棒子。穿著伴纏，或是腳上套上套鞋，跟在我父親身邊，被朋友撞見了，就覺得很丟臉。我跟父親說，我也不想做。沒想到父親一聽，氣得跳起來。

「好不容易才把你們拉拔大，這個說不想做，那個要出走，那你們叫我怎麼辦！」

我知道自己沒有逃家的能耐和膽量，所以無可奈何，只好跟在父親屁股後面去工作。這是昭和初年的事了。

不過有人勸我還是去學校多讀點書比較好，所以就跟朋友一起去神田猿樂町的中央工科專校上夜間部。不過工作一來，有時得做到很晚才收工，所以學校那邊不是遲到就是請假，才讀半年就放棄了。

父親說：「町內的工匠哪有人去上學的？」再加上我大哥的事，所以他堅決反對我去上學。弄得我最後也改變主意了。

我記得從前，很多人都跟我一樣，十五、六歲從中學畢業之後，就到工地現場去實地見習了。我父親教了我築圍籬的方法、庭木整理等園丁的工作；另外還有過年應景裝飾用的鏡飾和門松⑪等，不過實際上在鳶的工作方面，有一個夥計特別能幹，他叫篠原馬之助。我天天「馬爺、馬爺」的叫他，跟在他屁股後面學東西。那個時候，還有三、四個從我爺爺那代留下來的工匠，我有時幫他們測地形的水平，有時就幫忙他們蓋房子。

剛開始做的是地基的工程。眾所周知，建地上要先整理過，把整塊地鏟得平平的。先在建地上建立房子處的二尺到三尺外，在建築物的各個重點上打上木樁。然後在木樁的側面，大多是外側，打入橫木作為基準高度的水平線。這打樁與橫木就是立柱的工作。然後，一旦決定了水平之後，接下來就與木工們一起決定，從橫木的上端到基礎的頂端是一尺長或是一尺二寸長等。

之後，就移到地基。先是把地面挖開，這叫做割栗，然後鋪上面積並不太大的石塊，用搗杵壓平，再在石板上鋪上現在所說的水泥，以前叫做大谷石。

這道穩固地基的工程，叫做「地形」，就是用搗杵把地搗平、打得緊實。我根據木工們給我準備的「繪圖板」（即工程圖），在建築物的外圍、隔間牆、浴室、廁所等各個區域用搗杵搗平。現在有電動搗錘等，靠著機械就能在短時間內完成這些工作。從前會找一些唱「嗯呀扣啦」的歐巴桑來，用拉了大綱繩的搗杵慢慢捶打。這些搗杵是很粗的櫸木原木做的，長九尺，直徑一尺二或三寸，重量加起來少說也有三十貫⑫吧。靠近地面的搗杵端上方嵌了個鐵環，其上有四塊小圓木呈十字狀，用來固定兩條粗麻編成的母繩。為了讓搗杵不會滑開，底端還綁了繩子以便拉引。高台上放了兩架「銀杏」這種樹做成的木車，從那裡連接了四、五條叫做「柳」的細稻草繩。大粗繩大概都是女人左右各四、五個來拉。其中一個是帶頭起音的，她唱起「木遣調」，其他人就配合著拍子，一邊唱起「嗯呀扣啦」，一邊拉柳繩。搗杵底端由一個人負責拉，以便控制搗杵。

「梅花白喲櫻是花喲　人眼不及人心亮喲
嗯呀扣啦　咚
麻雀聚來喲被剪舌　嘗了一點卻自討苦吃
嗯呀扣啦　咚」

什麼都能入詞。有時候看到路過行人的模樣，也可以拿來唱。總之就是即興式的歌。大家一邊拉著綱繩，再應合著叫喊把綱繩放開，所謂的拉木整地就是這麼回事。綱繩也是有情緒的東西，五、六年前用機器搗錘來搗時，有人覺得身體不太舒服，所以要求我們改用人工搗杵的方式，結果還去拜託別人做了粗綱繩給我們。用粗綱繩很耗時間，像樣一點的房子，用粗繩來拉搗得花兩天。

就這樣把地整好，之後就要鋪上地基的大石。在我們那個時代，沒有什麼混凝土，所以就鋪上一片片大谷石。不過，鋪上石頭的時候，就算地面用搗杵搗過，還是留下一點凹凸，所以得再鋪上一層河砂壓平，等到壓平得差不多之後，在地面拉上水線，就可以開始鋪石了。

不知道是不是因為根岸是上野高坡的連脈之故，不但怎麼挖也挖不出水來，而且是個地盤很好的地方。一往下

⑪：鏡飾並不是鏡子的裝飾，而是過年時供奉神明的供品。門松是在過年時會在門前用松葉作為裝飾，象徵年神降臨之意。
⑫：明治時期的重量單位，一貫等於三．七五公斤。

❿——紅磚牆圍起的根岸醫院舊址。現在還保留著下町少見的蓊鬱森林（根岸五丁目）。

20

挖，就會露出紅色漂亮的砂。從前人家說「京壁」⑬的工做得好，就是用根岸的砂石做的。砂下面是粗砂礫，像現在建築用的不是鋼骨就是鋼筋，重量跟以前完全不同，所以挖地基得挖得很深，可是木造的最多挖個三、四尺就夠了，剛好是砂礫最底下的地方。就算是重量最大的倉房，也是挖到砂礫這一層，然後在柱子下面放置大型的鵝卵石，把四周圍穩固下來，「地形」也就大致抵定了。

不過，如果走到入谷，或是日暮里那邊，就沒辦法這麼做了。以前入谷那地方叫做入谷田圃。日暮里大概也差不到哪裡去。一挖水就流出來了。所以會出水的地方，要先打入抗水性很強的松杭樁，然後再在上面壓上石頭。

基礎是最重要的。房子蓋好之後，若是這時才發現基礎沒打好，要修也來不及了。由於地基本來就是肉眼看不到的地方，若是想偷工減料也不是做不到，不過那總有漏餡的一天。一年兩年可能還沒事，可是過幾個年頭就很難說了。我們做的生意就是打地基，雖然是町內的其他頭領幫我們做的基礎，可是只要一個地方品質做壞了，或是哪裡塌陷了，那可就是信用問題了。我父親老是在口上叨唸的就是這個。

上梁和跳房梁的故事

接下來是上梁。我們那個時代大多還是平房，二層樓根本也還看不到幾棟。兩層樓有九尺⑭高，加上到我眼睛的高度，就算它是平房鷹架也怪可怕的。剛開始的時候別說是工作了，一面想著若是掉下去怎麼辦，心裡頭直發毛，只好抓著柱子的一角動也不敢動。後來夥計們進來看到，便罵道：

「喂，小子，你一直杵在那裡有什麼屁用？這還怎麼工作啊！」

我吃了一驚，可是手還死緊的扒著不放。於是師傅們拿了一種叫尺杖、用來丈量房間長度的十二尺木棍，從下面往我屁股戳。被戳得受不了了，沒辦法只好專心往隔壁柱子攀去。後來竟然玩上癮了。二樓的部分蓋好之後，又被罵了：

「你光在這裡呆站還是走來走去，就算是工作嗎？快點，把柱子傳下來！」

他們站在樓下要我把二樓的柱子送下去，我站在上面得拚上吃奶的力氣才能把柱子抬起來。那些年輕的夥計老練得很，他們會站在呈直角交錯的梁木上，穩住身子再傳送柱子，可是我連站都站不穩，哪會他們那種本領。所以在上梁的時候，真的是把小命豁出去了。不過這麼做了幾次，漸漸就熟練了，對高度的恐懼感也逐漸不放在心上。

二樓的梁就是到二樓地板的高度吧。二樓的天花板做好後，就要架起屋頂梁（小屋梁）。現在大多使用方木材來做屋梁，可以前的木造房子都是用一種松梁，這種松木材有弧度，很粗而且凹凸不平，在這種松梁上幾乎沒辦法跨步。

所謂立屋架首先立「通柱」，就是將高度到達二樓鷹架的、四寸或四寸五分的方形長柱立在地基上，再從這通柱的兩側以交叉的輔助梁頂住，以防通柱倒塌。建坪三十坪左右的木造房子，這通柱一般在房子四角都得各上一根，總共是四根。然後再立一條三寸五分的細柱，叫做下管。之後再在這些柱上面裝入梁。等二樓的梁架好之後，再在其上架「上管」和二樓的柱。最後再從二樓鷹架裝上屋頂梁（小屋梁）。

從前的二層樓，松梁大約是每六尺（一・八公尺）架一根。那些年輕的夥計會在這松梁上玩跳梁遊戲。仗著年輕氣盛吧。如果不敢跳梁就不算出師，也會被其他人看不起。屋頂每三尺間隔會再插入一根桁條（母屋）梁，再架上支撐桁條梁的「束」。若是屋頂安好了，伸手即可碰到、抓到。所以他們這些人會在沒有屋頂、只架了松梁的梁間跳躍比賽。

說到這上屋架，結束之後去喝一杯是最快樂的事。二樓架起來的時候，其他的夥伴會來幫忙。於是將松梁安上，確立房屋的形狀之後就回家了。這時候，有些夥計會藉著酒意，想在其他同僚面前現一現，於是爬上二樓玩起跳房梁。其中還有人竟然把梁間六尺倒著來跳。向前跳的話，雖然可以中途轉一圈，轉換方向，但由於完全沒有助跑的機會，六尺跳起來可不是開玩笑。連往前跳都這麼難了，還有人往後跳呢。六號組竹之內有個夥計就是這樣。他喝醉酒後上去跳房梁，後來摔下來死了。這一死讓他大大出名。

在上屋架之際，我們的工作就是將木匠鑿刻好的梁和柱架立起來。如果木匠做的工沒有一點差池，那我們只要架立起來就好，不需要木匠，但是在架立的過程多少都會有刻錯或是合不上的地方。最誇張的例子，柱子上有榫頭，那榫頭居然插不進二樓的梁，或是變成了十字。總之，就是跟接頭的部位不合。這時候就需要木匠出馬把它修好。於是乎上屋架就變成是鳶工和木匠共同的工作。

木匠的手藝若是太差而頻頻出錯，夥計們就會發火不做了。明明兩個鐘頭就能把屋架立好，把二樓蓋好，若是遇到一個笨拙的木工，時間就得花上雙倍。這時候，鳶工和木匠就會吵起來。鳶工的頭領於是出面介入。

「你們先去抽根菸休息休息吧。」可是抽根菸的次數越來越多了。

---

⑬：京都發展出來的牆壁塗裝工技。
⑭：相當於二・七公尺。

「喂，你根本做不好嘛，快點修好啦。」

「對不起，對不起。」

所以，木匠的夥計拚命的努力修。

我家一直也都有三四個夥計待著，他們經歷都很完備，大多是町裡的人。由於頭領准他們成家，所以很少有單身漢。

「請頭領盡管差遣，我會一輩子努力工作。」

「這樣啊。如果你有那個心的話，那我自然會照顧你一輩子的。」

雖然只有口頭約定，但卻是堅定的誓約。如果那夥計是個堅定不移的人，那麼頭領也會照顧他母親，甚至家庭。他們工作起來也會更專注。

從前就是這個樣子，所以若是有人趁著喝醉酒，在外面說起自己頭領的壞話，那就別想再進頭領家的門。一旦做出這種沒天良的事，被喝斥：「你這傢伙，別壞了師匠的名聲！」大概自己也沒臉見人了。

二十歲就當上第三代的頭領

我修業了四、五年就出師了，那是昭和四年還五年的事，我剛滿二十歲。可是，沒當夥計而是當上頭領，要木工們寫估價單，畫木造的繪圖板——就是現在的藍圖，他們常會丟下一句：

「喂，老大，你就照這樣做沒錯啦！」

這時候，如果沒有這方面的知識就會被他們看扁，而且站在這個位子也必須要能指揮夥計們才行。所以沒滿二十歲是沒法出師的。那幾年，我父親根本也沒教我什麼技巧，這種工作還是要自己自發性的、三番兩次的從工作中，發現「啊，這裡上次沒做好，那這次就改那麼做吧」之類的。別人常跟我這麼說。說到底就是「研究的精神」。研究的態度在任何事情上都很重要。

說是研究，我自己倒是沒什麼可炫耀的地方。就說一個吧。那是在戰後的事，我想大概是昭和三十年代，固定板模的角鐵是我自己做的哩。

基礎灌漿的時候，要裝上木製的灌漿板模。板模的規格寬一尺五寸，長度六尺或是五尺。一般為了配合尺寸，會把板模裁了，可是我想，若是不用裁板模，那可以怎麼做呢。假設地基要做成四寸，灌入四寸厚度的泥漿的話，不管怎麼做，角落都會有點不合搭。以三間長⑮的建築物來說，這個「三間」是從基礎的中心來量的，所以外框要放入三個六尺的板模進去。但天地不是還各有兩寸不足嗎？所以就把厚二公釐、長一尺五寸的鐵板彎成直角，做成鐵製工具「角鐵」。木造房子的話，基礎的寬有一尺五寸，合得起來所以不需要。要在這種角鐵的兩面，上下各打兩個釘孔。外框的內側，就是面對泥漿的那一面對上角

⑪——一整片被蔦藤覆蓋的木造舊屋（多賀氏宅，東日暮里一丁目）。

鐵，外側用釘子固定。

內框的話相反，會各縮入內側兩寸，也就是十七尺六寸，換句話說，需要六尺的板模兩個、五尺的板模一個。天地各有三寸夠不到板模。這時候內框面對灌漿面也用「角鐵」，釘在內框上。這麼一來地基的水泥角落就能做得又直又平。

角鐵的功能還不只如此。像是鐵的厚度會造成小小的空隙，所以可以在不傷水泥的狀況下將角鐵卸下，也不會出現裂縫。工不僅要做得漂亮，而且又能做得簡單才是最重要的。

從前的方法就是裁板模，這樣做外牆還好，可是一旦框與框重疊，那麼內框就沒辦法把工做得好了。我一直在想有什麼方法可以改變這種情形，後來想出「角鐵」的方式，才請五金行幫我做。

第一次用它，就博得木工們的稱讚：

「老大，你這東西真好用。」

話題扯遠了，我們再說回頭吧。我出師獨立之後，那時昭和五、六年到七、八年景氣一直不好。昭和六年我進了赤羽工兵隊服役。除役回家後的昭和七、八年正好遇上

⑮：「間」是日本的長度單位，一間約有六尺，即一・八公尺，三間長約五・四公尺。

蕭條，沒工作可做，生活真的很苦。那時候我常騎著腳踏車在町內到處找工作。只要聽到木工刨鑿的聲音，就飛奔過去哀求。

「我是町內的建築工，有沒有工作可以做？請讓我做個工吧。」

在我的經驗中，那是最苦的一段時間。

可以跟我父親一起工作，是在我從軍隊回來的兩、三年之後吧。後來我父親身體變差了，用現在的話就是憂鬱症啦。他討厭在人前說話，所以有客人到家裡來拜訪，他不想跟人家見面就上二樓去。病況就是如此。做我們這一行的，就算是撥開人群往前走也是需要說話的嘛。如果連說話都懶得說，那就沒辦法工作了。我父親自己心裡一定也明白，所以我心裡也下定決心非要接手不可。因為除了我沒有別人可以接。而且社會上的反應也是——

「那個中根岸的頭領，雖然老爹好像身體不太好，但兒子倒是很勤快努力，這樣也很好吧。」

町內的老板們會給我們工作，工頭們也都認我當老大了。所以我從昭和八年獨立工作，到五十一年交給兒子接棒，執業長達四十多年。說起來也是「苦命人」。

將江戶情緒傳遞至今的「木遣調」

前面老說一些正經八百、硬梆梆的事，這裡轉個話題說說跟鳶工難以切割的江戶木遣調的故事吧。

木遣調從前是伐木工用粗繩拉引重建築用木材或神木時，為了讓眾人一起使力，有人起音吆喝所衍生開始的。到了後來，像是划船、建設工程的搗地、搗石，甚至祭典中抬神轎的時候也都會唱。德川時代初期，江戶各地進行了町區擴張、河川開發工程、武家屋宅和町屋建築等大大小小的工程。我們從事這些工程的眾前輩，就創作了很多木遣調，作為勞動歌來唱。

在進行江戶城的修復工程、改建工程的時候，非常流行唱祝賀歌，木遣調也因此更加精緻，從本來的勞動歌，變成在上棟式、祭典、各家有祝賀之事時會唱的歌。

「手古與掛塚　放在車上　拉著車到木遣的御城內」

這首詞本來就是木遣調。調子唱的「手古」、「掛塚」、「車」、「御城內」也都個別有曲子來表現。手古就是槓杆，在搬運大石材、材木，或是堆疊城牆時所使用的槓杆棍。掛塚和車都是建築工程的工具。從前要興建城郭時，用推車或小車拉著槓杆和掛塚等工具的韻味，便留在了這木遣調中。

我學木遣調是跟在父親屁股後面去工作之後，所以大概是十六歲吧，而且一直學到二十歲徵兵檢查那一年。我的師傅是父親的弟弟，也就是我的叔父。當時，他在藏前的桂町當頭領，所以每天晚上我工作做完，就騎著腳踏車過去。

根岸是第六組，而藏前是第一組的。一組有個跟我年齡相當的頭領兒子也來，本來一共集合了十個人以上，但因為學校不同，有的跑去吃蕎麥麵，有的去吃紅豆湯，全都中途落跑了。所以來學習的人只剩一半。我從在小學的時代歌聲就還不錯，唱遊課我喜歡站在風琴旁一個人唱個不停。所以，學木遣調這檔事跟去上學不同，我可是很認真的。木遣調是從前的勞動歌，唱高音時會使不上力，還是得用腹部發音才行。上課時挺直腰桿正坐，和前輩面對面的學唱一個小時或兩個小時。內容全都是師傅口耳相傳。一節一節的，聽了師傅唱歌之後，再一股腦記到自己的腦子裡。雖然叫他師傅，可是他也是我們的前輩，所以也不是什麼困難的事。

他最多做的也就是：「跟著我這樣發聲。」

不過，這是因為從江戶初期就是這樣傳下來的。

在木遣調的習藝中，據說「寒聲」也就是冷天習藝是最好的。所以我曾爬到行經上野山上的鐵道陸橋，在空無一人的地方，扯著嗓門練習三十分鐘左右。

當正式開始練習木遣調的時候，第一首學會唱的一定是「真鶴」。這首歌又叫「鶴的一聲」。首先是師傅，也就是擔任主角的木遣師⑯「呼聲」，然後接下來再由坐在一旁稱之為「側受」的眾人唱和。有些曲子中，木遣師會有兄木遣、弟木遣兩人，但不管怎麼樣，木遣是由獨唱者的呼聲，和合唱者的側受所組成。其他的日本音樂都會有三味線伴奏，若是民謠的話也有尺八伴奏，但木遣是沒有音樂的。也有用鐘、大鼓等打擊樂器來伴奏，但本來在祭典的時候是沒有樂器的。

唱了這首「真鶴」之後，就開始學其他的木遣調了。

大家總是歡喜慶賀的唱木遣調。若要說其中最豪華的一首便是「手古」。這是在祭典時眾藝妓一起跳著手古舞⑰的木遣調。此外還有「推車」、「小車」，這些都是音調高亢的華麗木遣。木遣站在前頭，後面的神轎則是「哦—咻」「哦—咻」的跟隨。在正月初的消防初演時就唱「小車」。這首是大合唱。等這種壯盛的木遣調唱完後，會接續一下像「輕井澤」、「田歌」或「どんしょめ」這類較低沉的曲子。

⑯：木遣調的成員由起音者和受音者組成，起音者就叫木遣師。江戶木遣調的始祖是十八世紀時江戶神田組的喜六、彌六兄弟。哥哥的聲音高亢優美，弟弟則是節拍高手，木遣師後來就因此被稱為兄和弟。

⑰：祭典時，站在山車和神轎前面穿著男裝的女性，一邊唱木遣調一邊走。

不過如果要哀悼逝去的同伴，在守靈或告別式時，便要唱「松坂」。這曲較低沉，比較沒有高低起伏。

木遣的曲子除了上述這些之外，還包括「蝶蝶節」、「石割」、「田歌」、「日光」、「東金」、「輕井澤」、「どんしょめ」、「酒田」、「專念寺」等。舉例來說，「田歌」就是從前種田流傳下來的曲子吧。

「把田畦推平喲　我來剷平田地　你也來剷平田地」

這種是用歌詞來分節的，但木遣調還有獨特的分節方法，叫作小間、中間、大間。小間的「真鶴」、「手古」等，節拍較短，其中會適當的插入樂器。而大間的有「田歌」、「どんしょめ」等，拍子較長。像「田歌」等的起音「呼聲」、間隔長，句子也很長，因此曲子約有十五分鐘。大間是木遣調裡可謂最低沉緩慢的曲子了。此外像「石割」、「東金」等是中間，這是指它的節拍長度在小間和大間的「中間」。

說起來，木遣還有一種「捨音」，就是沒有有意義的歌詞呼喊聲，像是「欸喲」這類的聲音。雖然它屬於小間，但以現在的感覺來說，算相當長，而且加入「捨音」時，聽的人因為聽不懂歌詞，根本聽不出在唱什麼。但木遣調不論哪一段都可以用歌詞、間和捨音來完成。

⑬——西念寺的三界萬靈塔。

⑫——西念寺的躬代地藏菩薩。根岸在花柳街最興盛的時期，這裡常有藝妓參拜而十分熱鬧。

另外，現在已經不太用得到，但在木造家屋的上棟式時，還會唱一種「卷木遣」。屋子最高處正中央的棟木會保留，等到最後架上去時，就唱這曲木遣。

「欸　來吧　吊上來」

木遣師一邊唱，旁邊唱和的「側受」便跟著：

「欸—沙—喲伊的」

反覆的唱，如果時間太長，中間還會插入「手古」。

⑮——下谷七福神巡行之一，奉祀福祿壽的入谷鬼子母神（下谷一丁目）。

現在舉出的所有木遣調，在興建淺草寺五重塔之類大型建築工程時，都曾當作整地的木遣曲。一邊唱著木遣調，一邊把搗杵舉到半身高，然後在歌聲的催促下，咚的一聲搗下去。所以，拉住搗杵底部繩索的抓繩者，若是不懂木遣，就無法知道何時要把搗杵敲下去，當然也就沒辦法工作了。

到了昭和五十一年吧，木遣調因為傳遞了江戶的情懷，所以有人來問我，要不要灌成唱片問市。那時木遣唱得好、受到邀請的頭領們，包括我共有十五、六人。於是第五區江戶木遣研究會的頭領三人——星谷安久利、稻垣悅三和我，以及第一區的山口政五郎四人擔任木遣師，與十二、三位側受一起灌了一張《江戶木遣》的唱片。

⑭——永稱寺的親鸞上人像。

星谷安久利是谷中傳了三代的有名頭領。稻垣悅三已經過世了，他以前是足立的頭領，在他手上完工的有日本橋；這個人歌聲很好，知道的曲目也很多。山口政五郎是日本橋新川町的頭領，也是東京鳶工業會、東京鳶連的理事，算是站在現代土木工程前頭的年輕頭領。

從前的江戶就是現在的東京，不過因為地域廣闊，做鳶工的人數眾多，同一首木遣會因每個地區而有著些微的差異，所以在灌唱片的一個星期前，就開始練習，調整到某一程度的統一。

據說木遣調全部有一百二、三十首。我看現在各地區頭領幾乎沒有人能全部記得了吧。我也只能記得三、四十首。去世的稻垣先生倒是記得不少。木遣是傳遞江戶情懷的重要文化遺產，真的很可惜。

⑰——全得寺的化地藏菩薩（下谷三丁目）。

復員後的根岸町

我接到召集令前往法印（法屬印度），也就是現在的越南，所以沒有看到戰禍中的根岸。

我家從日暮里搬到下根岸四十二號只住了一年，後來又搬到中根岸二十八號。那是在昭和六年。這一年，我進入赤羽工兵隊服役，兩年後才回來。接著在昭和十六年一月接到召集令，再度去赤羽工兵隊。那時候一個認識的中隊長，即特務曹長（相當於士官長）開玩笑地說：

「野口，你現在才來，戰爭都快打完了咧。」

當時我擔任近衛工兵前往南支（中國嶺南一帶）。有

⑯——下谷七福神巡行之一，奉祀毘沙門天的法昌寺（下谷二丁目）。

一次在南支進行鐵道警戒時，遇上民兵夜襲，一塊手榴彈碎片插進了我的左側腹，結果被送到野戰醫院去。那年六月，最高指揮官飯田祥二郎兵團長下令：

「不管來支那多久，昭和六年之前的軍隊全部遣回。」

大東亞戰爭不是在當年十二月爆發⑱的嗎，當時我們的部隊在南支，奉派進駐到法印。我所服役的工兵部隊全軍覆沒，如果當時我還留在隊上，現在也不在世上了。工兵隊做的工作就是架橋讓步兵渡河，若是來不及架梯子，就擔著梯子走進水裡，讓步兵踩過去，我們是作業兵，跟開槍打仗的戰鬥兵不一樣。

大東亞戰爭爆發之後，昭和十八年十二月我接到第二次召集令。這一次就去法印。大東亞戰爭出現疲態之時，我在北越的赤丹（音譯）機場擔任警備工作，不過機場裡只有一兩架日本飛機。敵機從重慶、桂林附近起飛，轟炸道路和橋梁。於是工兵隊就得出勤，隨身帶著木工器具，隊上也有木工，所以就出動去修理。在那裡，一條河大約有十間那麼寬（一間約一．八二公尺），因為橋上有個地方被擊中，得上山去砍了松樹下來，架設橋桁，或是打樁做腳架。就在這個時候，軍隊雖然已經用小杵子搗擊固定，但樁子和柱子就是插不進去。因為是在軍隊裡，所以就讓士兵們一同喊著：

「一、二、三、四。」

一邊喊一邊打，可惜效率不彰。除了我之外，還有一個從千葉來的鳶工。

「野口伍長，不如我們像在地方上那樣，一起唱嗯呀扣啦吧。」

我說，軍隊裡不會這一套。

「可是這樣效率一直沒法提升，那就沒法在本隊命令的日期達成工作啦。」

聽他這麼一說，我心想這話沒錯，便去向中隊長報告。中隊長說：

「無聊！這怎麼可以！他們是軍人哪裡會這些。」

「可是，本隊不是命令說要在幾日之內完工嗎？」

「是啊。」

「那這樣一定來不及的。如果我們做不到，會自己負起責任！」

我們兩個輪流去向中隊長遊說，最後硬是讓中隊長點頭了。

「信州信濃的新蕎麥　哪有我你做的蕎麥麵好

嗯呀扣啦　咚」

---

⑱：指一九四一年的珍珠港事變。

⑱——鋪石結構優美的千手院。寬永19年（1642）創建於神田小柳町，後於元祿年間遷移到根岸。

士兵聽了興趣盎然，抓住了綱繩猛拉起來。效率不僅提高了一倍，連安南人都覺得稀罕，特地帶了便當跑來看了兩三天。果然在期限之前完成架橋的工作，中隊長自然也沒話說。勞動木遣調可說大放異彩。

戰爭結束之後，我們從法印回來已是終戰的第二年，昭和二十一年五月。為了運輸我們在法印的日本兵，十幾艘海軍輸送艦（第二次大戰美國大量製造的貨物船，載重量一萬噸，速度達十一節）開到海防。上面下了命令要我們在時間內趕到海防去搭船。若是沒搭上可就慘了，所以日夜行軍到達海防，坐上運輸艦開往名古屋港。

輸送艦通過沖繩的時候，有人疑似感染了霍亂。因為食物不足，有工兵半夜跑到廚房偷吃生蔬菜，結果感染了。那時候麥克阿瑟司令部大為緊張，用無線電連絡軍醫「疑似霍亂發生」，輸送艦就被送回久里濱。當時久里濱是感染霍亂船隻的集中停泊地。

過了一星期，好不容易才得到上岸許可。當時在宿舍中看到的是顯示東京市戰火燒毀區域的受災地圖。東京幾乎全燒光了，只有下谷醫院的一角還留著。我心裡抱著一絲希望，想著莫非我家也僥倖沒被燒到。

從久里濱坐電車在鶯谷下車，但車站周圍已經成了一片焦土。我是從溫暖的地方回來，身上只穿著一件短袖襯衫，背著行囊，心裡半信半疑著，不知道自己的家還在不在……畢竟上根岸和下根岸幾乎全燒光了。還好中根岸的一個區還在，就是地圖上顯示的下谷醫院，從西藏院前的路轉個彎，自己心念牽掛的老家竟然還在。心裡一時充滿感激，眼淚也情不自禁的掉下來了。

滯留在外的期間和家裡斷了音訊，家裡也沒有給我來信。我以為家沒有了，他們以為我戰死了，大家都放棄了。突然間我又回到家裡，這自然是嚇壞了所有人。而五月十五日正好是祭典的日子。

我家雖然在中根岸，但現在的小學，還有道路的盡頭全都燒焦成了一片野地。從上根岸、柳通到日暮里一帶也都是焦黑一片。真的只剩下中根岸一帶倖存，其他都成了曠野。有一條路是通到三河島的，那裡的另一側也全都成了原野，小孩子常去那裡抓蜻蜓。

我回來開始工作的時候，我弟弟、我老婆的弟弟和親戚的夥計等人，沒有工作可做的親朋好友都來幫我忙。由於根岸沒有燒掉，所以幾乎沒有災害重建的工作。但是仔細想想，將半燒毀的老房子拆掉裝入鐵架的重建工作，卻是長長久久，直到現在都還在做。受烽火波及的地區，後來成了區畫整理的對象，有一段時期確實忙得團團轉，不過，現在幾乎都已經沒有了，這真是值得欣慰呢。

再怎麼說，現在仍然還有戰禍中殘留下來的房子，我兒子住的房子就是其中之一，所以根岸未遭逢祝融之災，實在是老天的恩惠。

一塊土地上四代同堂的幸福

在我父親那一代，根深柢固的認為「町內的工匠是死腦筋，若是買了土地，或是建置房宅，對平常照顧自己的老板們，豈不是很難交代嗎？」

他們之所以這麼想，也是因為若是一時周轉不及，只要到老板那裡說一聲，都能得到接濟，所以自己應該讓一步，並且永遠以下人自居。總之，那種互通有無的時代也是很好的。

所以，在我們的夥伴之間，雖然各地都有頭領，但是天天忙於工作、存下不少錢，卻連一間房子也沒有的大有人在。他們全都把錢用在組織、江戶消防紀念會的應酬或是賭博上去了。我很早就脫離組織了，而且從年輕到現在一直在工作，所以總算還過得去。

我的父親名叫覺太郎。他在昭和十九年時以七十七歲高齡去世。他是個玩家，對人很好，個子比我高很多，約有六尺那麼高。從前當過橫須賀要塞砲兵。當砲兵的條件就是身高要夠高，於是他被挑去，後來還從軍參加日俄戰爭。老板們總說他是「俊俏的建築師傅」，只要一穿上綁腿褲、圍裙，看起來就顯得挺拔出眾。別人的奉承話，總是不會討厭的。

「頭領，真帥！」

只要有人這麼一說，我父親馬上就蹺了起來。喝酒、看戲、花錢三拍子一拍不少。大概也是那個時代日子寬裕，收入一到手是留不到第二天的，只要有錢在身上，就不會回家。錢拿了大夥兒用，反正明天工作就會賺進來。頭領就是這個調調。辛苦工作賺得的錢一轉眼就花光了。父親雖然沒當上江戶消防組織的組長，但好歹也當上副組長。只要一出勤，一個月總有好幾次出勤費。可是只要一去，就會有人大哥前大哥後的瞎奉承，所以他就會帶著夥計們一起去喝酒、玩樂。然而家裡孩子眾多，我想我媽那時不是普通的辛苦，我還看過我媽上當舖去典當。

或許這就叫做典型的職人氣質吧。我父親從來沒有潦倒過，總是那個調調，喜歡海派闊氣、玩樂不休。有這樣的父親也只好認了。不過，可能是反抗吧，我很討厭賭博，也不喜歡同儕之間金錢借啊還的。我不喜歡自己的錢被拿走，拿同儕的錢也不覺得愉快，不管是借還是貸，都不是什麼好事。有的傢伙一個晚上就借了兩百萬還三百萬的，明明是別人家的事，但我就會擔心，他這樣回家怎麼辦。我從骨子裡就是個小器鬼，像那種虛張擺闊的事我是做不來的。

我年輕的時候，根岸的花柳巷最為興盛，那時如果想當個傻瓜，只要去那裡繞一圈，別說是一文不剩，可能還會欠一屁股債哩。不過我倒是為了工作，經常出入聲色場所。一到了夜裡，就到酒家的後場，或是茶室的帳房去聊天說笑。那些藝妓的心理，沒多久就被我摸得一清二楚。她們在客人身邊說著甜言蜜語，一到暗處可就露出真面目。我因為不喝酒，也不吸菸，所以就得了小器的評語。我經常在花柳巷的後場冷眼旁觀，更加覺得把錢花在這種地方真是浪費。

只不過，人家有恩於我的時候，那就必須回報。若是做不到這點就太不懂人情義理了。像不久前，海老屋的阿滿跑來對我說：

「頭領，我把你的伴纏給拿去染嘍。」

這並不是我拜託他的，他自然也不會向我收錢。可是收下恩惠的一方，自己卻會覺得不好意思，所以就算沒辦法還回全部，至少也要還掉一半或三分之一。如果得到的恩惠不能還清，這事就會留在我腦袋裡一直轉啊轉的，很不舒服呢。如果我還了這份情，自己和對方就會把這事拋到腦後去，不再掛記，雙方互不相欠，開始一段新的交情，彼此都很舒暢不是嗎？所以說，該有的義理不管什麼時候都得記在心上。

戰後，工作一直沒少過，相較之下在這方面算是很順利。不過現在回頭想想，掌管下面的人，和昭和三十年代後期建築熱潮時，調度人手、部署等的工作頗令人大費周章。工匠們本來就有形形色色的脾氣，怪癖也不少，必須要將他們融洽的湊在一起工作。比如說，沒經驗的生手就算再多幾個，也成不了什麼事，所以如果工地有好幾處的話，就會在老手中加入新人，這時候不免會有一些反彈的聲音：

「我們不樂意跟那些傢伙一起去，如果要我們一起做事，那我就不去！」

為了怕到時吵架紛爭，只得找到意氣投合的同志組成一隊，除此之外，同為好酒之徒也不能湊在一起，必須加入有自制力的和不喝酒的人。這方面吃了很多苦頭咧。說來說去還是人際的對應溝通最傷神。我們用的都是有血有肉的人，不是我說什麼，他們就會照著做的。

除此之外，在工地現場也不可對人怒罵。在眾人面前遭到叱責，被罵的人心裡絕不會好受的。若是明天開始不來上工，可就麻煩了。就算是工人們做了什麼蠢事，也要等他們回去之後，再悄悄的請他改正。若是在眾人面前把話說白，那就沒戲唱了。

不過，現在想想，我這裡真是有老天眷顧的。因為我不喝酒，所以酒品壞的人自然不會來。現在大家都有車了，上梁的時候也因為要開車，就沒人喝酒了。從前在這種場合，一定是猛灌冷酒的。父母的建言和冷酒都是事後才知勁道。上棟式舉行慶祝會、喝完酒之後，帶頭鼓掌是頭領的任務，我因為不喝酒，總想早早鼓個掌，然後回家泡泡澡；可是喝酒的人都還沒喝夠，見我這樣就發起牢騷來。所以說，如何保持平衡、拿捏得宜可真是困難啊。

再來，談談我兒子吧。我只有一個兒子，他高中畢業之後若是沒打算繼承家業，就得替女兒招贅了；所以兒子上高中的時候，沒事就叫他來當鳶工，可是他總回說「不要」、「不要」的，甚至最後去找他老師商量。

「我一回到家，我爸就頻頻叫我繼承家業，該怎麼辦才好呢？」

老師居然也附和他，對我說：「伯父，現在已經不是那種父親要孩子繼承家業的時代了。」

於是，我兒子就更加堅定不繼承了。他大學畢業之後，就在別人介紹下到設備工業（指給排水、衛生設備）的公司去工作。可是他工作懶散，沒多久就辭職了。有一天他對我說：

「父親，給我工作做吧！」

「你這傢伙，真打算做嗎？我們家只有你一個兒子哦！」

「那，你買輛車給我。」

從那之後，他就認認真真的開始工作了。

不過，現在時代變了，他是大學畢業的，對於現在的建築模式和經營正好有用。有時候工務店那裡拿來藍圖，要我們估價，他也能馬上做好，如果是我的話，根本看不懂。而且現在用的是公尺，不是嗎？一尺、二尺或是幾坪等說法，現在都不通用了哩。在兒子繼承家業之前，我都是把公尺換算成尺，再換算成坪數的。

如果沒人繼承家業，我現在可能會覺得很寂寞吧！在少有子繼父業的時代，我兒子經過一番曲折還是願意繼承家業，這一點真的令我感到快慰。至少在我看來，他還沒有捅出什麼簍子，勉勉強強還過得去啦。

依我個人的看法，與其當個上班族，每天給人低頭哈腰拿月俸，還不如做自營業，除非你胡亂搞，否則再怎麼樣都能餬口飯吃的。如果是沉迷於賭博，或是玩得太過火得罪了町內的客人，讓自己信用喪失，那就沒辦法了。只要認真做，一定總是有機會出頭的。

我年紀大了，身體又不好，不過還是希望在自己還能動的時候，多做一點事。也想讓兒子能多接觸一點工作之外有關町內的各種事情。

我爺爺、我父親、我和兒子四代以來一直擔當町內的頭領，生活在根岸這塊土地上，光是這樣我已經覺得收穫很多了。雖然沒存幾個錢，可是我們幾代一直生長在此地，古人也說過，扎根在這塊土地上，心底某處的踏實感是任何東西都無法取代的寶貝。我想這是值得我們感恩的。

野口義明

野口工業
地址：110台東區根岸三－二四－二
電話：三八七三－三〇二六

鳶的組織：江戶消防紀念會

我爸剛才好像沒提到，我們其實是個組織，我想先就我所知道的範圍，將我們東京的鳶工聯誼團體，也就是江戶消防紀念會介紹一下。說到「鳶」，很多人都會聯想到代表在地江戶人瀟灑豪邁的正月初演的「登梯」特技和精緻的江戶木遣調吧。

昭和五十九年，在足立區加入成為第十一區之後，江戶消防紀念會包含第一區到第十一區（這叫大組織）。十一個各大組織，依纏旗又分一號組到十號組（這又叫小組織）。但是有些組別因為沒有交際往來，或是人數不足無法成立小組等理由而被取消。現在正會員和准會員加起來共有一千兩百六十名，共有八十九個小組。纏旗上垂掛的「馬簾」，第一區即橫線一條，第二區就兩條，以此類推，第幾區從橫線數即可一目了然。我所在的是第五區，所以有五條橫線。

這個江戶消防紀念會是為了保存、傳承江戶救火傳統的木遣調、纏、登梯、救火等文化，於昭和十四年（一九三九年）所成立的團體。目前，紀念會正式集合出任務的是每年一月六日於晴海碼頭舉行的初演式，和五月二十五日於淺草觀音像後面舉行的彌生祭。這是為消防殉職人員所舉行的慰靈祭。除了這兩件最主要的儀式外，其他就是東京祭，或是別人邀請的活動。

根岸這個地區屬於第五區六號組，從前叫做「る（ru）組」。第五區大約來說，一號組是藏前，二號組是神田，三號組是淺草，四號組是吉原，五號組是上野，六號組是下谷、根岸，七號組是谷中，八號組是川向，但因為沒有交際，現在已經沒有了。九號組是三河島，十號組是尾久。可以說，第五區大約是東京最主要的下町地區。

說起第五區大組織的活動，有木遣初唱、大盃兩種。木遣初唱是在元月十一日，也就是新年後初唱木遣調的儀式。大盃也是在同一天，五區的一號到十號現役人員全體集合，在淺草傳法院舉行年初團拜，然後大家圍著一尺大的大盃一起飲酒。

其他，像小組中的六號組有集會，正月初二是首會，也就是新年會的意思。從前，在第二天的初三，則在六號組的負責區域——根岸、下谷、坂本、吉原、三輪等地作町內繞行，一面揮著纏旗，一面在竹梯上表演特技。不過

⑲——冬天的元三島神社。根岸的產土神，現今仍是根岸和東日暮里十個町的氏子虔誠信奉的對象。

現在範圍縮小了，數量也少了，只在必要的地方繞行。

說到這江戶消防紀念會的會員位階，各組分為「頭取」、「筒先」、「道具組」三位階。

頭取是最高階的，也就是組長有一人，副組長兩人，小組長則有三人。這些人就是組的幹部，穿的是肩到袖子為紅色的「紅伴纏」。頭取下面就是筒先，也就是幹事，這個職位可多達十人，但一般都不會那麼多。還有，頭取和筒先的伴纏，是絹布製的。不同於前兩者，「道具組」固定為六人，上有持纏旗者二人，下有要登梯特技者四人。出任務時揮舞著纏旗，或是在梯子上耍特技，十分活躍。只不過他們的伴纏是棉製的，他們不許穿絹布的。

江戶消防紀念會的制服是綁腿褲、圍裙、草鞋，還有伴纏。綁腿褲和圍裙雖然沒有強制規定，但顏色固定是深藍和黑色。

我所屬的地方是五區，所以伴纏是黑底，腰部和纏旗的馬簾一樣，有五條白槓。由於我擔任的是筒先，後背的圓形大紋章上用江戶字體寫著「筒先」二字，文字之外的底色則為朱紅色。前面左右襟口用白字寫著「六號組筒先」的字樣。長度為膝上二寸。我的伴纏是綢布做的，冬季活動的時候不是很冷嗎，這時就在伴纏底下加一件下伴纏，到了夏天則換成紗或麻料的來穿。

說到鳶這個行業，大家都會想到「初演式」吧。正月初六初演的登梯特技，在前一年的十一月初就開始進入集訓。工作結束之後，就在淺草觀音廟的場地內集合，每晚訓練二、三小時。二十年前，我還是道具組的時候，是沒有休假的，要練到初演式當天為止。

登梯的人若體重不能保持在六十公斤以下，那下面支撐的人可就慘了。我因為個頭高，當時約有九十五公斤，這體重根本不能做登梯的。可是「道具組」的每個人都要上去，前輩們就說，你集訓的時候練練就好了。他們拿個小梯子來給我練，練起來很痛，絲毫不輕鬆，而且要用腳板勾住梯子支撐身體，所以必須忍耐。由於要保持平衡，還沒習慣之前真的非常辛苦。不過就算難度這麼高，還是有人特別靈巧，登個兩三次就學會了。

接下來是揮纏旗的集訓。從前纏旗的大小是有規定的，標幟部分（陀志）為二尺，芯竿為六尺，馬簾長度則為二尺九寸，寬有八分五厘，重達六貫（享保十五年，一七三〇年）。左手握住纏旗的芯竿，右手手指抓住最下方的撐架，將纏旗旋轉的揮動，然後逆向再揮一次。現在的纏旗比古時候輕了十五公斤左右，可是旗頭部分很重，而且旗竿很長，頭重腳輕的很難平衡。若是沒有練熟，也是要吃苦頭的。不過，不管是登梯還是持旗，年輕的我都做過了。

在組裡面幹事或道具組的並沒有什麼重要，因為交際是組裡的主要工作，所以當上頭取之後，不但在第五區內要常常應酬，與各區的交際也不可少。這樣下來，不是一年到頭都得出外洽公嗎？別說是工作了，一年當中還必須去出勤呢。一旦出去應酬，不但得去喝一杯，玩樂也得奉陪呢。由於這是一種名譽職務，反而相當忙碌。若是沒有錢、沒有閒，根本做不了這種工作，所以我爸才會早早就退出了。

歲末的町內裝飾、鏡飾、年市

當個町內的鳶工頭領，按照從前流傳下來的習俗，要做的就是裝飾松樹，以及氏神公、元三島神社的祭典。

到了十二月二十日左右，中根岸町內就要開始進行「松飾」的裝點了。大約要花上一星期的時間。就是把兩棵松樹釘在門上，然後再拉上注連繩，串上御幣⑲。從前會插立竹枝，在根部加上松枝，把竹枝和竹枝用注連繩相連，垂掛御幣。可是大約十年前開始，交通狀況日益惡化，町內有人認為還是不要用竹枝吧。由於町裡的街道太窄，車子難以回轉，竹枝雖是用手推車運送，但在歲末塞車嚴重的情形下，竹枝就成了交通的阻礙，而且一旦枯死之後，竹葉滿天飛舞成了垃圾，事後清理更是麻煩之極。因為這種種緣故，現在已經不再用竹枝了。不過還是有些傳統的家庭，沒有竹枝就覺得少了過年氣氛，這些人家，我們會特別為他們裝上竹枝。這都是一般的町內裝飾。最近倒有兩三家特別指定用削尖的竹枝。

這種尖竹是以粗管的大竹三枝所做的「松飾」。我們家做的跟別人的不同。這不同於一般的工作。我們會用稻稈神來一筆，做出來的樣式特別好。我爸常常得意的說：「只有這個是別的土木師學不來的。」可能是因為我祖父本來就是做園藝的吧。

準備好六尺左右、長短不一的孟宗竹三枝，用手斧斜斜的削開，使切口呈長橢圓形。從橫向看切口時，中間稍有鼓起的模樣。我家的做法是將它插在「四斗樽」⑳裡。從前地面是土地，所以，會在地面上挖一個洞，把竹枝埋進去，四周再用松枝捲成一圈。現在都成了水泥地，沒辦法挖洞，所以就插在樽裡。首先將竹子插到樽底，最長的放裡側，短竹放中間，外側則放中段竹。接著倒入泥土將竹子固定，壓平做成土堆。竹子的四周再用松枝捆好，最後再在上方用稻稈捆住。

稻稈先梳開，把稻稈皮全部剝除，只留下芯的部分，插在松枝的四周。然後仔細編成像「橫綱」力士腰間綁的

⑲：御幣是用各種色紙折成紙垂，是日本神道教祭祀時用的物品之一；注連繩是區隔聖域和人域，也用來掛御幣。

⑳：可裝入四斗酒的木桶。

粗繩。一般都是用別的繩子捆，稻稈只用剪刀剪齊來綁而已。我家的做法，是把上方的部分編好之後，下方的稻稈彎折把樽隱藏起來。樽的部分再用別的稻稈包覆，因為樽本來就是不該露出來的東西。這門松做好一對之後，分別擺在門的左右兩邊。

像這樣把稻稈編成粗繩的工作，我們做得這麼細也是獨一無二的。做這個的工夫非常費時。從前的人沒考慮什麼費不費工，再怎麼麻煩都得做。現在可是別的町做不出來的裝飾。

除了這尖竹之外，行之松和神社佛閣也要製作六尺以上的松飾，另外像日大醫院和大型商家也還有特別要求。總的加起來，共要製作十家左右的松飾。

接下來是鏡飾。這個要做二十五、六家。鏡飾固定在二十八日到三十日之間。人家說九字同苦，所以二十九日不吉，我們可不信這個。多虧大家照顧，現在不僅是根岸，連日暮里、尾久、中野等地也都有生意，所以從二十八日開始到三十日之間，我們得日夜不停的趕製鏡飾。

鏡飾的製作方法，先在三寶供桌上倒入滿到桌緣的米，在米上鋪一層長長的窗紙，周邊吊上大條的紅白御幣，再放上海帶、海藻、山蕨類等大型的下供品，下供品之上再放上名為「根松」的柿串、紫金牛葉、蝦米，之後再放上供品，也就是橙和福包，後面再插一把扇子，就大功告成了。

大部分的商家、壽司店和料理店，就算一般的民宅也會希望我們幫他們裝飾在客廳裡，所以訂單還相當多。雖然各地的鏡飾大同小異，但就算材料相同，依據擺飾的方法也會使觀感大為不同。我們的客人有一半是以前的主顧，但是年年都在增加。可能是在看到我們家裝飾的供品，都會追問：

「府上的供飾做得真好，請問是哪家替你們做的呢？」

接下來是年飾。年飾就是新年時用在玄關和房間的裝飾。時序一入十二月，我們就會開始把紙裁一裁、折一折，做一些零碎的小玩意兒。然後再到淺草的年市去採買，把貨補齊。這主要是我母親的工作。做好年前的準備，在二十六、二十七、二十八、二十九、三十等五天，我們就到根岸四丁目的十字路口轉角擺攤販賣。若是做得太早，有些帶草的東西容易枯黃，所以攤子開張之後，才開始做裝飾。

這時候賣的有裝飾玄關的球飾，其中又分為三寸球、五寸球和七寸球等三種尺寸，接下來要繫上紅白御幣、山蕨、海帶、海藻，再用和紙捲起柿串和金栗蘭，綁上橙、龍蝦，再展開扇子，插入松竹梅等，真不是簡單的工作。光這個球飾，就要做一百五、六十個。此外還有環飾，這是放在房間、工具、廁所的小飾品。

有人不喜歡只在除夕應景一晚，所以生意還真出奇得好。我和父親忙著出去送鏡飾，所以攤子主要就是我母親、我太太、妹妹和孩子們一起幫忙。每到年尾這六天，我們都是全家出動，於是每年也都忙得一團亂。

我父親是個一板一眼的人。直到現在，有些沒必要做的事，他還是會做的。有空的時候是無所謂啦，不過等我父親哪天不在了，只剩我一個人的時候，我爸說，那些事情不做也就算了，不過現在能做就盡量做吧。他就是這個脾氣。

比如說，我們去主顧家裡做鏡飾。鏡飾上不是要插山蕨葉嗎？現在每個家庭都會開暖氣，山蕨通常只要一天就乾掉了。乾枯的山蕨葉看起來很醜，所以我爸會在店家開張之前，特地問道：「年假放到什麼時候？」

若是店家回答：「初四開張。」

到了那天早上，我爸就會拿家裡用剩的新鮮山蕨葉，到客戶家裡去換。他喜孜孜的對我說，這麼一來大家都高興。到了十日「開鏡」之前，他一定還會再去換一次。

然而，現在還有誰會這麼做呢？幫客人做一次就結束了吧。可是我爸卻服務到這種地步。不可能做得再多了。只剩我一個人之後，我是不會再做的，只是我爸說現在能做就做。從前，老板看到頭領特意前來，說聲「哎呀，辛苦你了。」然後給我們一個紅包，可是現在，沒有一戶人家會這麼做。這就是現今的社會啦。不過就算是如此，我父親還是堅持這麼做。

喜歡節慶的根岸人

元三島神社的祭典是在每年五月的第二個星期天。氏子有十個町，根岸有上、中、下三區，此外還加入日暮里。我家負責的只有中根岸，祭典開始前一週左右，就要開始張掛提燈和注連繩，並且設置神酒所㉑。

祭典時的裝飾是軒花，就是在町內每一戶的屋簷吊上提燈或插上軒花。軒花是用一種小型角木——只要想像屋頂用的椽木即可——裁成切口一寸×八分，長度一尺二寸，兩木條中間削薄釘成十字型，作為補強。中心點再釘上笛竹，竹子末端插上人造軒花——現在都是在小花中間紮一朵大牡丹花。朝水平方向張開的角木末端則是垂掛著提燈。提燈中央寫著御祭禮三字，兩側是八角框裡有個「三」字，這是元三島神社的標幟。

這些軒花會釘在家家戶戶的屋簷下。大約是一家一枝。店面較寬的商家則是兩到三枝。這樣的商家大約有三十家吧。中根岸約有一千兩百戶，插軒花的有兩百家。像百貨公司或大樓的居民，還有對祭典敬謝不敏的民宅、神

㉑：神酒所乃神轎繞境時的暫時停放地，會準備敬神酒和食物。

御祭禮

⑲——元三島神社祭祀時的熱鬧景象。

⑲——元三島神社祭祀之日（接近5月15日的星期天），在境內謝神的兒童五神太鼓。

⑳──從富士山運來石頭，在文政11年（1828）建造的小野照崎神社（下谷）的富士塚。只有每年7月1日開山那一天，允許一般人爬上山頂（國家指定重要民俗文化財）。

轎通不過的狹窄小巷，以及創價學會㉒的人都不插。

軒花做完之後，就要設立裝飾神轎的神酒所，或待命室的預備處。神酒所以前都要設三、四個，現在只設一個，然後設三個預備處。這些工作結束之後，再請出神轎和山車，加以裝飾。到了祭典當天，我的工作就是在神轎最前面打頭陣。負責與警察溝通，安排讓神轎在約定時間內通過，遵守先前決定的行進路線等。到了神轎休息的時候，則去負責上傳下達的指示。等祭典結束之後，還要負責整理。

在這元三島神社的氏子當中，有相當多老板都很喜歡祭典，說是每年若沒插上提燈和軒花，就沒有祭典的氣氛。不過會這麼做的，在氏子的十個町當中也只有根岸。町內有大小神轎各一乘，但元三島神社的神轎在戰爭中燒毀，已經沒有了。三社神（淺草神社）和小野照神（入谷小野照崎神社）、鳥越神（鳥越神社）在其本社都有神轎。可能是代替根岸受災吧，元三島神的神轎全都燒得一乘不剩。據說本社沒有神轎會挫低氣勢，所以有人提議應將其復興，機運才會提高，但是現在這個時機點並不妥當。因此每三年會有一次，集合十個町氏子的十二、三乘神轎聯合遊行。

之前已經舉行了兩三次了。由於根岸有花柳界營生，也有藝妓，所以就在祭典時表演手古舞。在遊行的前端跳手古舞特別熱鬧。不過要跳手古舞，就得先教眾藝妓唱木遣調。木遣調自然由我爸和我去教她們。

去年輪到中根岸主事，可是這年代藝妓少了很多，只好從各町各召募兩名年輕女孩來，然後教這些生手唱木遣調。從十號開始兩星期之間，每天晚上用錄影帶教學。木遣調這種歌並沒有那麼困難，可是這些女孩可能是沒什麼意願學吧。不過好歹到了當天，我們跟在她們身邊領唱總算過關了。

木遣這種玩意兒，本來就沒什麼趣味吧，還不如去唱卡拉OK來得好玩。但是我們是做生意的嘛，去參加祭典，眾頭領都會匯聚一堂，抬著轎子出宮，或是神轎回宮等都要唱木遣。若是這時候不會唱那可就丟臉了。另外像是建屋上梁的時候，一定會有夥計說：

「頭領，唱個木遣調吧。」

若是這時候不會唱，那可說不過去。

我父親就是木遣調的老師，但是我沒向我爸學過。因為就算我爸教我，我也學不好。工作歸工作，我會請他教我。像木遣這種東西，還是跟別人學，比較記得住。大概是二十年前左右吧。我剛進組織的時候，就拜在淺草一位名叫三星的師傅門下，學了十年直到他過世為止。我記得

㉒：法華教所衍生出的新宗教，昭和五年（一九三〇年）創立。

⑳──例年在下谷富士塚開山會舉行小野照崎神社的鑽茅輪活動。用茅草綁成束再做成一個大環。從下面鑽過就可以辟邪除災。據說在鑽的時候從輪上拔下茅草還可以去霉運。

那時候一個月大約有半個月都在淺草學練唱。

根岸和淺草那些地方不同，並沒有觀光的元素，但我覺得這樣反而辦祭典的意念比淺草等地還要強。以根岸來說，辦祭典的時候從沒想到要去吆喝人們來參加。地方上的人很多都喜愛祭典，所以大家心裡暗下決定：「既然要辦，就要辦得風風光光的。」而且沒有外人參加，町裡的人正好可以玩得更盡興。說悠哉好像有點怪，不過真的有種輕鬆自在的感覺。一旦到了祭典，平時不常露面的人也都出來了。

從行之松越過十字路口，就是日暮里了，但它和根岸在氛圍上略有不同。由於日暮里的町會也認為沒有張燈結綵就不像個樣，所以也有顧客就說那就做吧，去找頭領幫忙，然後委託我們製作。但是日暮里不是我家的區域，而且那區也有他們的頭領，所以我都會請他們先去找他們的頭領，若是他們不做，我們才接下這檔生意。

與業主的關係逐漸改變

祭典的時候，有些年輕人看到我站在轎子前面豪邁的打著拍子木起音的姿態，會說：

「當頭領真好啊！穿著嶄新的伴纏，頭上綁著頭巾，打著拍子木的樣子，真是夠威風啊。當頭領真不錯呀！我也去當個建築工頭吧。」

但是祭典一年只有一次。平常我們可是穿著夾腳靴，做土木工的呀。若是他們知道工作的內容是這樣的，大概全都會逃之夭夭吧。

我出生在昭和十四年。我父親開始做這行生意是在三十二年吧。那時候我從高中畢業，在日大建築系的夜間部上課，白天就去幫我父親的忙。在那之前沒插過手的。我不喜歡這種工作，總是逃得遠遠的。小的時候曾經為了零用錢，在祭典的時候被要求穿上伴纏。不過，祭典之類的，本來就具有穿伴纏的氛圍，所以當然沒問題，可是若是穿著伴纏去搭電車，或是套上夾腳靴走到大街上，那樣子太遜了，不知不覺就有抗拒感。而且不管是哪種生意都一樣吧，母親總是最辛苦的一個，看到她的勞累，我便不願意當一個工匠。

我爸那時候正好碰上建築熱潮，忙得不可開交。那是個工作不斷湧入、令人難以招架的時代。我爸常常趕不上開工，所以木工們、附近的老板們就來抱怨說：

「你家頭領今天也不能來，那到底何時才能來呢？」

每次低著頭向人陪罪的都是我媽，而且還要照顧年輕的夥計們。從前的工匠和現在不同，很多都有一堆壞習慣，不知節制。所以喝了酒就發酒瘋、夥計們打群架、喝醉酒跟警察胡鬧等這類的事情層出不窮。我父親那時年輕氣盛，不像現在這樣圓融，一回到家，不分青紅皂白的就

❾——野口義博先生正在行之松的不動尊廟境內，為即將舉行的盂舞節搭建牌樓。

一陣亂罵。我媽永遠都在忙與辛勞中打轉，所以當我畢業出去上班的時候，我媽意味深長的說：「哎呀，太好了。你就去上班吧。這種生意不要做比較好。」她說這話的模樣，我一直記在心裡。

當學生的時候，要坐電車去上工的話，就把伴纏包在方巾裡。但就算是如此，有時身穿伴纏、足踩夾腳鞋從鶯谷上車的時候，還是會提心吊膽，深怕在車上遇到哪個熟人，因為那實在是太丟臉了。

現在已經沒有這種感覺了，大概是習慣了吧。仔細想想，其實穿著伴纏真的非常方便。不管是結婚典禮還是葬禮，我們工匠只要一件伴纏就夠了。一件伴纏走遍天下。

另外就是夾腳靴。這玩意看起來實在不怎麼體面。不過，穿著它可以直接貼合在地面上，給人一種安穩的感覺。若是穿運動鞋，絕對做不了工作的。從前的鷹架是用圓木搭建的，穿夾腳靴走在這種圓木架上時，一點都不滑，而且腳趾可以有力的抓著。這靴子將腳趾分成兩部分、鞋底很薄，還有朝多方向止滑，種種特點都很合理。穿著這種靴子做事，有著其他鞋子所達不到的優點。安穩、快速，一切都很棒。所以就算只要十分鐘的工作，我也一定換上夾腳靴、穿上工作服，否則完全做不了事。

當我從學校畢業，雖然出外上班，但總覺得反正家裡還有生意，不知不覺就依賴起來了。不管怎麼說，還是做自家的生意比較踏實。所以家裡工作一忙，就向公司請假回家幫忙，像是祭典的時候就不能去公司了。這樣一而再、再而三的，最後公司也覺得麻煩，一年之後就叫我走路了。

於是，我決定正正經經的接下家裡的工作。說起來，從打工到下定決心經歷了五年吧，花了相當久的時間。工地的活兒我都是跟著家裡的夥計，叫他們教我的，我父親倒是沒特別教我什麼。只不過工作的順序、指示等，他都會在工地現場，叫我「去做這個」、「去做那個」的。

我開始工作是在昭和四十年左右，那時正是經濟的高度成長期，一年到頭都有活兒要做，我父親甚至還躲起來，不敢接工頭打來的電話。當時，就算是過年也只能休三天假。就算不出門，工地的工作也會自己找上門來。可是現在卻相反，像今年過年，我們幾乎休了一整個月。我父親大概想都沒想過，現在還要外出應酬，到處向別人招呼拜託吧。我剛開始工作的時候，我爸的收入大約是一流大公司部長級的薪水；可能是因為這樣，常常動不動就罵木工太笨。若是知道他脾氣的木工也就算了，不知情的木工，第二天早上還會特地前來問安：「頭領，請多多關照。」來當作一天的開始。

可是現在不一樣了。木工換成了工務店或建設公司，鳶工還要向他們討工作呢。若是再像從前那樣大呼小叫的話，就別想拿到活兒了。雖然工作內容是一樣的，但比起以前要小心謹慎些。也漸漸了解到夥計們若是做錯了事，和木工發生事端的話，自己的飯碗就泡湯了。在從前，大家可都是像武士一樣，像一輩子的兄弟一樣咧。

跟著我父親學藝大約十年後，我父親決定把名義等一切全部交棒給我，那是昭和五十一年的事。雖然只有店名改成了「野口工業」，不過也不算是公司，還是個人經營。那個時候，已經全都換成鋼骨結構，用生灰泥，建築工法也全都改變了的時代。

我爸那時代根本沒有什麼鋼筋、鋼骨，幾乎全都是木造房屋，所以基礎、上梁、施工架等，價格都是以坪為單位計算的。現在的木造房屋還是如此，但這些材料的單位都有規定，而且不論做什麼活兒都是手工。就算是拌混凝土，也是裝橘子木板箱修整後，用附有鐵鉤的粗繩吊起來，用青竹綁上繩索做成扁擔，前面裝粗礫後面裝細砂的運過來，倒在鐵板上用手來拌。要整地了，就用嗯呀扣啦的搗杵來做，費人手又費時。

只要對夥計們說：「做到三點。」他們就會向麵店先訂個四、五十份掛麵，因為連臨時工加起來，多的時候也會有二、三十人在工作。

不過，現在一切都機械化了，工具也變了。再怎麼說，人工的費用水漲船高，也就不再怎麼需要工人了。再說，現在不做木造，而用鋼筋鋼骨，因此材料也都換了。單位也都以公制計算。不過基本的工作內容，倒是沒什麼太大改變。

不過，再怎麼說，最具決定性的不同，則是業主與我們鳶工之間的關係。從我父親那一代開始，木工是木工，鳶工是鳶工，業主或建戶會個別找來談工作。所以鳶工大多是直接對業主負責。但是，現在業主大多先找工務店或是建築公司來做。此外，發包的業主可能也嫌區分木工和鳶工太麻煩吧，所以便全部發包給工務店了。這是從前和現在最大的差別。

有些業主由於認識多年，也會指定請町內的頭領來負責，但工務店多已組織化，都會盡可能的用自己店裡的鳶工。除非是屋主再三堅持，在估價和會商確定沒問題的狀況下，才會把工作交給我們。不過這種形態已經變得很少見的了。現在我們直接向業主接的生意，一年當中只占兩成，其他幾乎都是透過工務店來的。這樣一來，就算鳶工自己的工作內容沒變，但是訂單的形態已經大不相同了。總之，鳶工已經成為工務店和建設公司的下游產業。

雖然在高處工作是鳶工的本務，但來到町內頭領這裡工作的工匠，從前是拌水泥、挖洞、設鷹架等所有工作都要一手包。但是，現在漸漸分工了，會做下層工作的，不會做上層工作。話說回來，像挖洞這種事誰都會做，可是只要爬上去，站在十樓二十樓的鷹架上，自然就會出現做不了的人了。下層的工作也是一樣。從前，挖好洞之後，接下來就要拌水泥，現在可不行。現在做「根切」（砌牆壁或立柱時在地面挖洞）的做「根切」，做鷹架的做鷹架，做到收工的那天。他們是根據工作的性質來找匠師，所以做不來的事情永遠也做不來。可是匠師的人數越來越少，如果做得不好，那就很傷腦筋了。

我們家有一個從我父親那代一直做到現在的夥計。這個人什麼都會做，但現在的工作幾乎都不是一人或兩人可以完成的啊，於是就要請一些臨時的同業來。有時候做根切的就有五人或十人，鷹架也有需要十來人做的時候，就得拜託臨時工來幫忙。可以到職業介紹所或山谷㉓那裡找。說起山谷，大家的印象都很差吧，但是會鬧事的都是不工作的那群人。來我家幫忙的工匠是領日薪的勞工，他們都是為生計工作的。我們找來的山谷夥計全都很牢靠，也都做得很好。

我覺得根岸並沒有變

根岸分為上根岸、中根岸和下根岸三區，但有祭典，或是一年到頭町內有活動的時候，最有活力的還是我們中根岸。我們家在町內能穩穩當個鳶工，全是我父親那時候扎下的根。我的客戶雖然也在增加中，但是從父親那裡轉來的客戶也很多。需要出面到町內的大老板那裡去的話，我爸去和我去就是不一樣。我爸去的時候，憑著他多年的經驗，對方有時便會覺得拗不過他。但是我還年輕，若是做得太沒道理，就會被人認為我太傲慢擺架子。

我爸覺得，當一個鳶工的頭頭，町內的人情道義、交際應酬，都還有很多需要學習的。可是以我來說，我倒寧可不要有這些人情道義。業主請我們去工作，然後付錢作為代價，這種你付錢我辦事的方法，做起來容易多了。而且町內的大老板們也都傳到第二代、第三代了，那些人跟我有相同想法的也多了起來。

我們去幫喪家守靈，對方會給我們白包，這種錢說起來也很傷腦筋，該給多少之類的，這種問題不是常有嗎。不管是整夜守靈還是什麼，不管是去一小時還是兩小時，只要去了就給多少，又因為是晚上應該算一整天的費用等，漸漸的這些都分得一清二楚。總而言之，像從前那樣，到老客戶那裡說些客套話博得開心，就可以拿紅包的這種想法，漸漸已經沒有了。

從前町內是有些大老板，只要是町內的事，出錢出力他們都沒有半句話。但是現在這些人幾乎也都不在了。老板們也算得很精，好像彼此互相牽制似的，也不像從前那般慷慨了。可能也是因為時代變了，大家手頭不再那麼寬鬆了吧。但就算是這樣，根岸還是會一直留存下來的。

我也算是經歷了很多。十年前我每天晚上都要上酒店，賭馬啦麻將什麼都來。可是這十年來我滴酒不沾，變成一個品性端正的人。現在我最大的樂趣就是星期天去打打小白球，因為主顧們都休息，我們自然也就休假了。每星期天固定去打球，打球就會忘記煩人的事情，到了星期一又可以抱著嶄新的心情去工作。

我猜想，未來工務店和建設公司的下游可能會占去全部吧。只不過我們身為町內的頭頭，要做的事還有祭典和歲暮，此外就是從古早一直傳到現在的幾家老主顧，婚喪喜慶之際叫我們去幫忙之類的事。

我想我們這事業到我兒子那一代多少都還能維持某種程度，但是如果不改變作風，用做生意的眼光去做事，盡可能的增加我們的主顧，那麼就有可能做不下去。我家老大現在已經是高中三年級，可是腦袋不怎麼好，一下說要讀大學，一下又要幹什麼，老是說些沒頭沒尾的話。老二才中學三年級，這孩子說：「我要做爸爸的工作！」不過以後會怎麼樣還不知道。反正我是覺得他們要繼承或是不繼承，都隨他們高興。總是不能勉強他們做吧。

現在都心土地異常飛漲，很多人賣了地住到郊外去。根岸受到的波動也相當明顯。在柳通街上，大型不動產業睜大眼睛打算做類似炒地皮的買賣，他們計畫把三間或四間房子一齊買下來，之後再改建成大樓或大社區。但是，很多人從好幾代之前的祖先就住在此地，是不會動的。

不過這一帶擁有土地的人並不多，大多是租來的房子。所以在住戶不知道的情況下，房子就被不動產業者賣掉的事也時有所聞，業者就伸著手來向他們追討房子了。若房客是上班族，多少也存了一點錢，自是可以在郊外找個環境舒適的新家；但做生意的人是不能隨便移動的，只要一動地盤就不見了，怎麼還能營生。若是在此做生意卻被勒令搬家可就糟了。

整體來看，根岸應該是不會變動的。若是哪天變動的話，那可真會傷透腦筋。

㉓：地名，位於東淺草一帶，從前是吉原妓女戶的所在。

㉑——從柳通走往三河島車站前大街的沿途舊街風光（東日暮里四丁目側）。

㉒——從柳通走往三河島車站前大街的沿途舊街風光。在㉑圖的舊街較前端位置（東日暮里四丁目側）。

伴纏的藍染

林　滿治

海老屋
地址：110台東區根岸四－六－三
電話：三八七三－一五八七

伴纏——江戶人的氣概

如果讓我來說的話，我覺得藍染最好的地方，就是它是在建藍之後染成的。現在的年輕人討厭藍染用的藍色。其實藍染不論是用天然藍草當染料，還是用化學染料靛青，只要不褪色，就會變成正藍色。

這件是池上旗之台五丁目町會的伴纏，衣表是白色的，但內裡則染成近黑色的藏青色，穿上之後，可能連皮膚都會變得藍藍的。如果真的沾上了裡面的衣服，只要洗過在大太陽下曬一曬就行了。

伴纏是不洗的，一穿到底。年輕人也有人會用洗衣機去洗。那可真是傷腦筋了，因為伴纏並不是洗舊了來穿的。鳶工們有「重新製作」的慣例——不穿髒的伴纏——可說是江戶人的氣概吧。

人家說藍色的浴衣是洗越多次越好，確實這話是沒錯，但它的色澤與全新時就會有明顯不同。伴纏的顏色卻是最好永遠不變，一旦染好，就要一直保持這種狀態。

我這裡有一件十年前我們染的絹伴纏，因為長年陽光曝曬，衣服前後和袖口、領口全都變了色，但內裡還是好好的，一看之下就知道原來染的色是如何鮮麗。不過它褪色得太明顯了，我就把它重染一遍；若是重新再做一件，恐怕要花上七、八萬日幣哩。伴纏現在比西裝還貴。

絹伴纏之類的通常不染，但棉布伴纏的製作才是最高級的。一場雨打下來，伴纏就完蛋了，不是嗎？不但顏色全褪光了，而且外層縮水裡層跑出來，這種事情經常發生。尤其縮水是非常嚴重的。

你問我伴纏是做什麼用的？我們是做買賣的，已經穿到沒感覺了，但若是要我們別穿，恐怕一時也很難改過來。伴纏是一種剪裁簡單，可以穿在身上，包覆上半身的外套。原本是江戶時代，庶民為工作或防寒所廣泛穿著的服裝。由於這是工作服，所以幾乎是以棉料為主，而且大多是藍染。當然，到後來又為了外出穿用，便用了絹質、麻等高價布料來做。

伴纏的產生本來就是作為庶民的工作服、實用服，所以種類也不少。像是防寒用的，眾所周知有夾棉伴纏、育兒伴纏。還有從無袖龜殼伴纏到長伴纏、皮伴纏、無袖伴纏、刺繡伴纏，進而衍生出變形伴纏、趣味伴纏、蝙蝠伴纏等，形形色色不一而足。在我這裡，最主要的就是以藍染為主體的印伴纏①。祭典伴纏也包括在內，但也還有一些趣味伴纏。

現在街上所看到的消防伴纏是從什麼時候開始有的？又是如何在江戶人之間流傳開來呢？這方面其實並沒有確實的說法。我們只聽說，從前因為江戶人沒有什麼娛樂，於是大岡越前守②便下令江戶人可以辦祭典，並且准許江戶人穿著伴纏，作為祭典時的禮服，伴纏的起源據說就是這樣而來的。其中緣由始末，我這種做買賣的小生意人並不清楚。據說，大岡大人在那之前，一旦發生火警，就會徵用下風處及左右二丁以內各町各三十人，也就是將原本備有的平民打火團體，改成在市區打火屢建功績的鳶工或木工，並以町酬聘請這些打火專家。後來又改成以各町為單位的自治消防組織，這也就是後來町救火隊的由來，他們以「伊呂波」三字為名，分為各組。這是享保三年（一七一八年）的事情。當時滅火的時候，身上穿的不知是不是就是伴纏呢？

據江戶後期的風俗史學家喜田川守貞（一八一〇～？）所述，文化年間（一八〇四～一八一七年）之前，江戶市內的奴僕在火災現場穿的是武家或差役的「法被」；但文化年間之後，市民都開始穿伴纏了。不過，武家或差役還是穿「法被」（見《近世風俗志》）。而這文化年間已經是大岡大人時代一百年後的事了。

那麼，法被和伴纏有什麼不同呢？從外形上來看：

法被——較長、側開、寬邊、袖長、胸口有紐、領襟翻出。

伴纏——較短、袖短、袖口小、衣側無襠（補丁）、無胸紐、穿時領襟不翻出。

人說「貴族的法被，江戶的伴纏」，法被較早，而伴纏則是後來才出現的。

法被是從武家社會誕生、傳承下來，和在民間廣泛被庶民當成工作服的伴纏，有相當明顯的不同。伴纏的特徵不翻領，這一點和翻領的法被就可以明顯區別。領襟的翻

①：指商家用的、上面印有家紋或商標的伴纏。

②：大岡是指江戶時代的名臣大岡忠相（一六七七～一七五一年），他原是幕府之臣，後受封為大名（諸侯），由於他擔任越前守，明辨是非，屢破奇案，因此一般人又叫他大岡越前。

㉓——雨中的柳通。右側的店是藍染「海老屋」。左邊是都千家掌門森山氏宅。

不翻和和服外褂一樣。在江戶時代，庶民是不允許穿著外褂的。

伴纏由於是工作服，所以剪裁上重視身體活動的方便，同時，也還有防灰塵、防寒等用途，極其珍貴。但是不止如此，同一組織或集團穿著同一款設計的印伴纏，不但具實用性、整齊美觀，更強調出群體的精神和自信。

就算是今日，伴纏這個詞，狹義上指的就是印伴纏。這印伴纏中的「印」字，指的是在領口、後背、腰際加上了印（紋），因而得名。「印」的另一個意義，或許也包含了對於同志與敵人——說敵人可能太過嚴重——或說是對同志與其他人能加以區別的「印記」吧。總之，只要穿上印伴纏，那個人屬於哪一組，是出入哪一家店的夥計，或是屬於哪種行業，都能夠一目了然。這就是印伴纏。

這種印伴纏若當作鳶工救火用的伴纏，布面會是一種像刺繡般突起，不消說自然是一種可以水裡來火裡去，非常實際的滅火裝束。從伴纏上的「印」，可以立即分辨出該員屬於哪一組、擔任什麼任務。人家說，火災和吵架乃江戶之精華③，可是在火場中人群雜沓，處於極度混亂危急的狀態中，為了讓命令體系能清楚下達，採取整齊一致的集體行動，並迅速向火舌撲去，除了必須穿著統一的制服外，還必須能區分出自己所屬的組和其他的組，而同一組也還要能瞬間知道誰是負責什麼任務。為呼應這種需求，鳶工們的滅火伴纏也就應勢而生了。這種外衣具活動力，與火場的氛圍正相吻合，而當鳶工們與武士競相滅火時，其英姿尤其顯得帥氣，不知是否即來自年輕夥計們的伴纏呢。

穿上印伴纏，不僅僅是自己擁有特許穿著的驕傲和快意，也對於該組織產生歸屬感。就因為這種得意和傲氣，印伴纏才能被視為是帥氣的表徵吧。於是印伴纏還要加入「氣概」，尤其是在江戶這裡，而且是在下町，印伴纏成為氣概的象徵，廣泛普及到滅火伴纏之外的各個行業中。

這印伴纏的種類，首先就是剛才談到的滅火伴纏；除此之外，還有工匠所屬的店家、大型商家，以及醫師和地主家的佣人，進進出出的工匠、木工、水泥匠、鳶工、榻榻米店、園藝師、魚店、蔬菜店等工作時用的店伴纏；此外工匠又依木工、磚瓦行、木料行等自身的職業，在衣服上染上職稱或店號的工匠伴纏；甚至還有寺廟、神社所用的寺社伴纏，以及前往神社或佛閣參拜奉納的講伴纏等。不管是哪一種伴纏，都連結了主從、師徒的緣份，向人展現自己和這群人之間的歸屬，而且不僅在工作時穿它，連婚喪喜慶也都不可少。

最後是祭典伴纏。這種伴纏並不算是工作服，甚至可以說是特地做來在町內祭典時穿的禮服。衣服上大多染了紅、綠、藍、紫等鮮豔多彩的顏色，十分華麗。

父親復原的「伊呂波四十八組」救火伴纏

我父親留下的工作中，有一件是幫江戶的「伊呂波四十八組」鳶工夥計復原總形伴纏。就拿根岸來說，它在江戶消防紀念會中，現在是屬於第五區六號組，但原來在「伊呂波四十八組」中是屬於第十號的「ぬ（nu）組」和「る（ru）組」。當時原本的伴纏是什麼樣子呢？我父親便著手將四十八組伴纏悉數復原。即使是江戶消防紀念會，對於從前伴纏的樣貌也是一無所悉。我父親是在戰後興起這個進行伴纏復原的念頭。

他常這麼說，「如果不把這些圖案整理起來，後人就更加不知道了。」於是他每天孜孜不息的，心想只要一年復原一到兩個就好，就這樣做了近四十年，可說是費時又費工，現在都收藏在籐箱中。其中夥計的總形伴纏共三十餘種，遺憾的是他還未收集完全。不過，現在來說，這已經是一大珍貴的遺產了。不是嗎？

所謂的總形，就是整件衣服都染了花紋的伴纏。像剛才說的根岸「ぬ組」的總形是葉團扇和方角十字的圖形，「る組」也是方角十字的總形，但設計和「ぬ組」不一樣。這種救火伴纏的設計，大多是表現組的數字，或是取自纏旗上的圖案。

為什麼要集中在夥計的伴纏呢，這是因為他們的伴纏圖案是最基本的圖案。救火伴纏的設計，每一組依其身分而有所不同，分為組長、副組長、小組長、筒先（幹事）、持纏旗者、持梯者、夥計。而最下級夥計的伴纏傳承自古早伊呂波四十八組的原形，是最容易看出來的。把夥計伴纏上「ぬ」這個字，換上「纏」或「梯子」都可以。這樣就變成持纏旗者和持梯者的伴纏了。

我手邊還留著一本安政三年（一八五六年）春天一盛齋芳道所畫的《江戶伊呂波組町分圖》，它可說是伴纏的總覽集，非常具有參考價值。把這裡的各組假名文字拿來當作樣本，嵌在衣背圓圈中，就可以表示出夥計的伴纏式樣，但是這種樣本是不能直接放大使用的。由於原本是用一色墨印染的，在「印」的地方有的加入顏色，有的沒有，若是加入顏色又是加入何色？底色本身是藍色還是藏青還是黑色？在實際染色的時候，就會冒出很多搞不懂的地方。於是就會再去東京消防廳的資料中心去查尋，或是從浮世繪等的和服花樣去推斷顏色。比如說，歌川芳年④有一幅〈勇之壽〉圖，人物就是穿著畫有「め組」圖案的和服，因此對它的顏色可以有某個程度的了解，但若要以小圖案修補到整件伴纏上，還是有必要考證。

③：江戶時代火災頻繁，據說七日一小火，三年一大火，因此火災時滅火行動豪壯熱鬧；而江戶人吵架氣勢不凡，因此兩者成了江戶的特色。

④：江戶末年的浮世繪畫家。

㉓——「海老屋」店内景象。

我家跟江戶消防紀念會的組長幾乎全都認識，所以能有機會看到頭領們小心保存的古老伴纏，但東京在大地震和戰火中付之一炬，從前的東西沒能殘留什麼下來了。

在這層意義上，瀧先生幫我們畫的鳶工版畫就顯得彌足珍貴。我家裡有的是根岸滅火隊原十號組「ぬ組」和「る組」的火場撲救版畫。幫我們畫這幅畫的「於玉之池」的瀧先生，本名石原瀧三郎，正職是鳶工頭領。他約在三十年前去世了，作品除了奉納給神田明神的撞鐘堂之外，應該還有流傳下來的。繪畫是他的興趣，火場滅火則是他最拿手的題材，我們請他幫忙，他就畫了版畫給我們。由於正職的關係，他對往昔的事情如數家珍，根本不需要時代考證。我想我父親從瀧先生那裡知道了很多事。

總之，從前的藍染店也很多，一個町內總有個兩、三間，但是後來也漸漸沒落了。這工作實在太費工了，也因為這樣，我們家做的藍染，在某程度上是依我們自己的方法染的，其中我染的也有好幾件。

使用型版來做型染的故事

再談談染伴纏的順序。我們家很多是利用型版來做手染的。其中最主要的就是棉布伴纏，現在就來介紹我們家的染法。

坯布，就是剛織好的棉布，是呈現淡淡的小麥色澤的。現在一般人多喜歡用白色的坯布來製作，所以會用漂白劑將它漂成純白色。這是在紡織廠就做好的，但以前都是我們自己做。

接著在坯布上放上型版，再塗防染色糊。

色糊是用糯米粉、米糠、鹽和石灰製成。糯米用國產的比較好。市面上也有賣現成的糯米粉，但我們家都是自己把糯米碾碎來用。一開始也像餅餡店那樣，把糯米粉化在水裡，慢慢煮到有黏性。大概煮上兩個半小時到三小時，就會變成米糰。放冷之後混入同量的米糠，加入適量的鹽和石灰，再三揉合。加入量的多寡決定於長年培養的直覺。像鹽的話，因為冬天較乾燥，所以要比夏天多加一點。石灰則可以加強糊的黏稠度。

色糊全部是我們家自己做的。糊的優劣決定染色成果的好壞，所以這道工夫不能稍有馬虎。由於色糊必須在染時不能融化，染好過水時卻得馬上融化，這種兩者兼有的工夫最是困難。用型版加色糊的地方，在染好之後就會成為白色挖空的部分，如果塗上去的糊有裂痕，藍染滲進去的話，白色挖空的地方就會出現像蠟染般的線條。若是這樣，在工作結束之後，要把它還原成全白是如何的費工，恐怕是一般人難以了解的。不過，讓白的部分完全呈現的功力，就可看出這家染坊的優劣；而掌握其好壞的關鍵就在色糊。所以再怎麼說，製糊都是每天的日課。

型版是在澀紙⑤上雕刻的江戶文字和花紋。中間懸空的部分，我們叫做目，以前是以絲線用漆讓它固定，現在是用絲做的紗網來固定。這種型版我們是請專門的型版店做的。

伴纏上會有各種文字，大多是以江戶文字為主。江戶文字又叫籠文字，四方格中只有輪廓線是黑的，中央部分凹入。它分成兩種，一是底色為黑，字反白，這叫做「日向」；與日向相反，底色為黑，只有輪廓線反白做成字緣，而文字本身和輪廓同色，叫做「陰」。不過，日向和陰都各分為江戶文字和角字，四種為一組。

此外，伴纏的代表性花紋，就是後頁附圖中的紗綾形、格子——包括矢鱈格子和翁格子兩種，以及薩摩條紋和格網等。這幾種花紋都是自古流傳下來的傳統式樣，通稱為江戶小紋。

回頭說到色糊做好之後，就把坯布展開在十二公尺長，相當於一反⑥布的上糊台上。一般的基準是兩反布做三件伴纏。伴纏的長度因人而異，總之，就是做到膝蓋上方。現在大家的個子高，衣服也得做得長，所以一反布會有一點超過十二公尺。上糊台的寬度大約勉強可同時為兩反布上糊。作業過程是在坯布上用石頭壓住，對上型版，然後以篦子塗上糊。

用在一件伴纏上的型版，需依該伴纏腰間的花紋有幾片模而定。腰間花紋是一片模的，那麼型版只需要襟領代表紋和腰間共兩片就行了，但如果腰間花紋得分成四片，那加上襟領紋就需要五片了。所以，若是整件都有花紋的總形伴纏，從肩膀到腰間要不斷的移動，型版也得再三放置，做起來煞費工夫。

這還不算什麼，剛才說到的薩摩條紋，是細長線形成的小紋，這種圖案真的是非常困難。第一，移動的時候，必須注意讓細線的天和地（頂端和底端）對齊相連，所以製作型版的人也非常費工，而且上糊的地方只有縱線，在移動型版的時候，相接處的糊總是很容易重疊在一起，糊有可能會橫向形成一條線，所以上糊一定要從正上方，否則就會歪掉。這是一種需要繃緊神經的工作。看起來好像差不多的矢鱈格子，因為有橫線，做起來就簡單多了。

大概就是這樣。看做的是什麼東西，做法也會有所不同。型版一般可以放上一百片，但是細小的東西，大約也只會用到五十片。

還有，上糊之後的地方，再用手拿著桐木屑附著其

⑤：是用柿澀塗在三張和紙上，使其黏合製成。這種紙可以防水，不易皺縮，而且容易雕刻。

⑥：「反」是布的長度單位，一反布為寬三十四公分，長十公尺餘。約是一個人份的衣服長度。

上。這項作業是為了在進入藍染時，防止色糊融開變得黏乎乎，造成布料相黏所必須進行的工作。這桐木屑最為穩定，效果也最好，是我們經過多年經驗才測試出來的。

若是只要藍染的話，那麼準備工作到此就完成了。但是像鳶工的伴纏等都還要添上朱色。伴纏不像一般和服色彩豐富，大約都是一色、兩色，而且只是部分上色，所以在這個階段，便是在必要的位置用筆添色。朱色當中有一種叫銀朱的顏料，乾了之後，為了讓它和剛畫上去時一模一樣，就用手拌糊塗上去，然後再鋪上桐木屑。

使用型版的話，大致就是這樣了。但是有時候也得像前面所說的添色，從一開始就得以手來上糊。這通常是在特別訂做的手繪伴纏或絲製品的時候。

若是棉布的最高級手繪品，我們是交給專門畫底稿的人來畫。有人專門畫伴纏的江戶文字和花紋，這不是我們印染師傅餘暇做得來的工作。這種底稿用的是水溶性的畫具，等染好之後可以洗得掉。畫好底稿之後，我們把糊放在筒子裡，用蛋糕師傅擠奶油花那樣的工具，把糊擠在底圖上。

若是絲製品，我們家是絕對不用型版之類的來上糊。絲布一定都是用手來上糊的。絲布用的糊不能含石灰，用的是特別調給絲布用的。若是用了加石灰的糊，絲布的白底就會變色；但糊裡不加石灰，黏性會不夠，所以不能用型版。

不管是一流的棉織品，還是絲織品，一旦花紋太細緻的話，我們的能力還是有限，有時候花一整天只能幫一片型版上糊；所以就有一種上糊師傅，他們是專門幫人做上糊工作的。畢竟這種工作再怎麼樣都得靠親身體驗才能學得了。從前東京藍染店的工作，就是分為畫底圖的師傅、雕型版的師傅、上糊的師傅和染布的師傅。換句話說，這是一種術業有專攻的複雜工作。我們家雖說是東京藍染坊的傳統，但從江戶時代開始就分工作業，我這裡就只堅持的守著染布這一塊，因為分工作業有其存在的理由。

照這些步驟，坯布終於上完糊，之後等它風乾，再進入下一個「吳入」的步驟。將生大豆冷卻後碾碎擠出來的大豆汁，混入松煙墨（粉），然後用刷毛塗在要做藍染的部分，這個過程就叫做吳入。這是利用大豆的蛋白質，可以使藍染的附著力更好。只用豆汁也可以染，但藍色裡有分紺（藏青）、納戶（青綠色）、濃花（天青）到淺蔥（蔚青）等好幾個色調，這就得靠松煙墨來調整。

藍是活生生的，得琢磨它今天的心情

除此之外，藍染時還要放進藍染缸裡。我們家從我父親那代就使用靛青、化學藍。靛青是一種藍染料粉，用來取代從前的藍球。藍草本是自古就用來染色的材料，大致

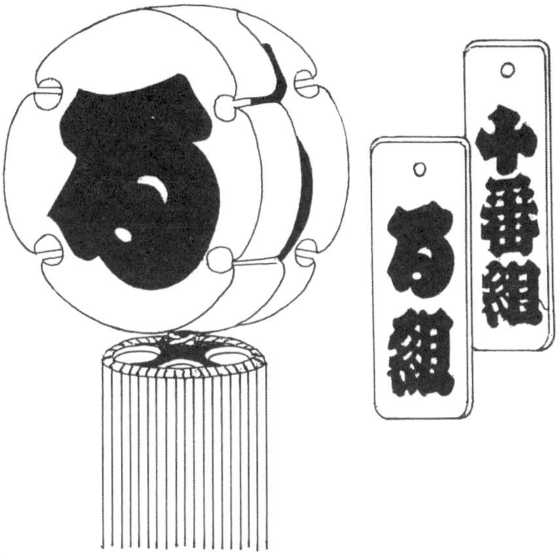

㉓——在「伊呂波四十八組」裡，根岸屬十號組的「る組」，右上是「る組」的纏旗和夥計伴纏。左上是江戶文字，上面兩個屬於「日向」，下面兩個屬於「陰」。底下是伴纏最具代表性的幾種花樣，從右至左為翁格子、矢鱈格子、薩摩條紋、紗綾形。

分為從天然的草（蓼藍）或樹（印度藍）提煉出來的，和靛青這類經化學合成的染料等兩大類。不管是合成藍還是藍草，在染法上幾乎都一樣，要先「建藍」。若沒有這道工夫，藍的深色會出不來。

將這種靛青的粉末，與水、石灰、亞鉛末融在一起，放置二、三天，就是建藍。這又叫做「debo」。現在我們家有七個藍染缸，以濃度分為濃、淺、中。這樣三種一組，共有兩組，另一缸是最濃的藍。

這染缸本來是水缸，直徑約八十公分，深為一公尺，從我爺爺的時代用到現在。每個形狀都不一樣。缸子埋在土裡，用以保持一定的溫度，只有表面用薄薄一層水泥固定。藍染料必須保持定溫，溫度的要求很麻煩，太熱太冷都不行。從古早以前，就把藍染缸埋在陰暗屋子的土裡，因為地面溫度不像大氣那麼容易變動；但即使如此，冬天寒冷的時候，上端還是會冷，所以得用木炭稍微圍住以調節溫度。

進入藍染程序之前，必須先確認建藍是否已經完成。其中之一就是藍花。藍染缸裡一旦開始醱酵，就會出現泡泡。這就叫做「藍花」。攪動藍染缸時，泡泡會自然聚集起來，從藍花的狀態就可以判斷是否已經可以染了，也就是藍已經建起來了。

藍花的狀態，在某一程度是可以立見分曉的。最好的狀態是攪動藍液時，感覺很輕快。若是感覺沉滯，就表示藍液已經疲掉了。藍液疲乏的話，可以把兩三天前預先準備好的debo，再重新補足。不可以直接倒入靛青粉末，因為這樣會化不開。所以每天都要進行建藍，必須察顏觀色，看看它的「心情」好不好。按照每天攪拌藍液的感覺，預測「第二天可以建多少藍」，到了隔天，便可判斷「這樣就足夠了。」這幾個步驟十分重要。這些事我父親從來不教我，父親只說：「若是不懂的話，就仔細看你老爸或師傅們怎麼做。」

人家說「偷師」，這個字眼好像不太好，但實際上不這麼學，是學不會的。我父親在染前和染後，都會去藍染缸攪拌看看。染前和染後，藍花的顏色、藍液的輕重都不一樣，這樣就能懂得怎麼看藍液的狀態。這就是親身體驗。

藍染是氧化後產生顏色。缸裡先用鹼水融解。將布染藍後再拖出來，與空氣中的氧氣結合時，就會初度染成藍色。所以缸裡一定要保持平面，當然染出來的布上會出現斑點。

所謂藍染，並不是一開始就把布放在最後想染的顏色的缸裡，而是從淺藍慢慢的漸次染在布上。一般都要染四次左右，才會呈現最後完成的顏色。若想一次就染成極深色，就會跑出斑紋，或是嚴重掉色，是染不好看的。若是想染淺藍時，得放在淺藍染缸裡，一次又一次的染。淺色經過一再的上色，染藍的顏色才會飽滿，所以得染好幾次。淺色染藍重複兩次，藍色並不會有兩倍的濃度，只是比剛開始時稍濃一點而已。

還有，藍染這玩意有個怪毛病，就是同一缸裡，不管你染幾次都染不起來。比方說，你只想用一隻缸來染布，可是顏色就是上不去；然而，如果你放進隔壁的缸裡，就可以染得很好。這種事經常發生，很有意思的。因此，不論如何都要多準備幾個染缸。

在染布之際，有一個動作叫做「染出」，就是把放在藍染缸裡的坯布拿出來，不經水洗而直接拿到太陽下曝曬。一般是一天，只要大致乾了就可以。由於糊是做成餅粉狀，只要放進染缸裡，不管放幾次它都會融解，就算染的過程中把布拿出來曬乾，糊還是會凝固變硬。「染出」也可以染兩次之後曬一次。總之就是反覆再放進去染。

以前，做完「染出」曬乾之後，就把坯布折起來，點燃枯木來燻燒一番。這樣可以讓布多吸取二氧化碳，燻過之後，染色的效果會變得更好。若是不燻燒，染色之後靜置一星期到十天也是可以的。在這之後，再次把布浸染。

若要說藍染有什麼困難之處，就是對藍液的察顏觀色了。藍的心情不好，再怎麼染也染不漂亮。一次染得太多，比如四十件的話，藍會變得疲勞，約有兩天不能使用，必須補充藍泥再次建藍。總之，就是再讓它醱酵。反正要讓藍恢復正常，就得要花那麼多時間。這是因為藍是活生生的。

再者，藍染要染得平均十分困難。藍染缸裡面泥稠稠的，若是缸裡不平穩，或是坯布不能平均吸色，那只要接觸到空氣中的氧氣，出色的方式就會不同，也會出現斑紋。坯布放進染缸裡的時間、當天的溫度、濕度、濃度都會造成不同的結果。

不過，現在因為有乾燥機，就完全不同了。以前只要天氣不好，染布店就要關門休息，尤其是入梅時節，幾乎是休業狀態。五、六月時還好，到了入梅就不行了，接著夏天來臨，這時候藍液就像煮過了一樣，根本不能用。

此外，藍染時除了藍色之外，還可以將吳入調整淡或濃，而將藍色變化出紺，或是納戶、濃花或是淺蔥。

藍色當中，從接近黑色的紺，到淺藍的淺蔥，種類十分繁多，但若從染色的角度來說，基本分為紺、納戶、濃花和淺蔥四種。紺色就是在吳入的時候，加入多一些松煙墨，納戶則是少用松煙墨，而用藍液。花色若要帶有一點紅的味道，便從木材榨取出淺棕色的染料，經過熬煮、濾去雜質，再混入少許松煙墨中，而松煙墨加得最少的則是淺蔥。

這四種類雖是基本，但花色中也有淺深之別，色彩是非常有變化的。所以一邊用，一邊就要先設定好接下來要染什麼色，還必須多準備幾個缸子。管理起來也煞費工夫。

接下來，染好之後，就要浸到水中。用裝有濾水器的自來水，將它漂洗顯色，並且還原。由於糊是糯米粉做的，用掃帚掃一下就會掉光了。上糊的位置會浮出白白一層，沒上糊的地方則染成藍色。把它晾乾之後，就可以說大功告成了。

在有限的條件中染出高品質

為什麼除了日本人之外，連外國人也都這麼喜愛藍染呢？答案就是它是自然呈現的顏色。藍草即是蓼藍，也就是草，而靛青則是以木藍為目標所製造出來的顏色，所以顏色非常相似。

確實，藍草所染的成果一見分曉。不管是質感、顏色，哪一件看起來都有日本特有的「土味」。這就是它不凡之處。另一方面，說到靛青，經常被人稱呼為印地安藍。但靛青和藍草相比，不曉得該說是感覺較輕，還是較具現代感，總之我是覺得，在這層意義上正表示它投合現代人所好，不是嗎？

從前我家全都使用藍草（蓼藍），但戰後，藍球數量不足，再加上用藍草染布非常耗時間，況且使用化學藍比較好染，也便宜許多，在這種種理由下，我們也開始使用靛青了。

藍草是自然醱酵的。將藍草磨成粉末，倒在水中，經過一段時間後就可完成，所以糊中不能使用石灰或鹽；此外用藍草當染料時，必須經常在一旁監管。若是用靛青的話，是由化學藥物使其醱酵，所以變化不會像藍草那麼劇烈。這些照理應該不能說，不過依它的狀態，大約靜置六天，就可以用了。

此外，在染布的時候，從前用藍草得染四次才能染得上去，若是不放進染缸裡染，至少要染八次到十次以上，等到一塊布染好，花上半年也不是什麼奇怪的事。

雖然如此，使用藍球從成本來算也是不太划算的。藍球一個要五萬日幣，只能用在一個藍染缸裡，就算這樣，伴纏也只能染十件左右。染料的價格就得花上五千日幣，一件伴纏若是不賣上一萬八千日幣就得虧本，這生意真的是很難做。

現在，我們店裡一件鳶工的總形伴纏定價是一萬八，這個價格大家都能接受。但是若有手繪，光是請師傅上糊的工資就是兩萬日圓，而且花紋複雜的「め組」纏旗的細網傘，「は組」的源氏車，則還要更高價。另外還有描圖費、坯布材費、染工費、縫製費等，每一部分都少不了錢。

然而若是不做手染，而是印花伴纏，一件就只要四、五千日圓。只要有伴纏的樣子其他的不計較，那麼再便宜都找得到。有人說，要買好東西就得出高價，這句話也是有行不通的時候。若是價格高得太離譜，各位，那也是做不出來的哩。簡單的說，就是在有限的條件內，盡可能做出最高品質的東西就對了啦。

漂亮的伴纏美則美矣，但手繪的東西內人就會抱怨連連。這也難怪，這麼多年來做得十分辛苦，卻一直盡可能的忍耐；而且客人都是多年的老交情了，也不可能到現在才漲價。說到底我們還是做工匠的性格，不會跟人算得那麼清楚。

有頭領曾經跟我說：「人家跟我說海老屋怎麼怎麼貴，可是只要想到你們做的事就覺得很便宜啦。」不過，成功染出作品時的喜悅，是沒有任何東西可以取代的。

如果不喜歡是做不下去的

我們「海老屋」染坊從明治三十四年（一九〇一年）開業至今，到我是第三代。開業當時接的是所有染色的生意。不管是和服、伴纏，還是手絹，什麼都染。據我所知，明治三十四年是我祖父帶著家小掛起招牌做染坊生意的那一年，其實我們家在那之前就搬到根岸來了。聽我父親說，當時我們家從事的是米的買賣，是進入寬永寺⑦的御用米商。當時的工作場就在隔著店門前柳通街的對面，那裡還曾經留有彰義隊⑧炮彈擊中的痕跡。當時，沿著日光街道⑨的商家十分繁榮，據說很多房屋一走進門就連著茅草屋頂的宅子，宅院不是更寬闊些嗎。因此，根岸這邊才會從那時開始就有「根岸之里閒寂之居」的氣氛。不過，現在已經不可同日而語了。

我是昭和十五年（一九四〇年）出生的。戰爭時才五歲，現在店面所在的柳通的這一側，到根岸四丁目那邊全都燒光了。染坊在戰後即刻便重新開張，但那時候找不到坯布，染料又很差，現在還留有當時做的伴纏，做得真是差勁透了。我們店是自由染坊，什麼生意都接，像是把美軍的舊衣服、褲子、襯衫重新染過、上漿等，我父親因此還被抓過。就在那時，他找到了手上握有坯布的人，就開始染暖簾之類的，不久之後棉布就大量推出了。等韓戰開始時，我們店裡已經忙得應接不暇了。

現在，我們店所在的地址，原本是一家叫「鳥萬」的料理店。我們店位在根岸花柳巷當中，占地狹小，鳥萬與

⑦：寬永寺為德川家光創建於寬永二年（一六二五年），是德川將軍家的祈願寺廟，歷代將軍中有六人長眠於此，十七世紀之後也都由皇族擔任住持，算是德川家的家廟。其舊址就在目前上野公園全境。

⑧：慶應四年（一八六八年）二月，德川幕府最後一任將軍將政權歸還天皇，引起部分舊臣不滿，因而集結，名為「彰義隊」，反抗當時在寬永寺成立的明治新政府。

⑨：江戶時代有五大街道，日光街道是從江戶經宇都宮到日光，是為了前往德川將軍的日光東照宮參拜所修築的道路。

花柳巷關係淵源較深，所以我們就互相換了土地。那是昭和三十年的事。若是現在，恐怕是連想都想不到的事。不過，大家都是老派的人，說起話來好辦事。

小時候，我一直覺得自己不會接染坊的工作。可是不知不覺間，一點一滴的也投入了這份工作。等我習慣當自然，意識到自己的工作時，已經是到了非做不可的地步。

昭和四十年代，店裡忙碌的情形，真是和現在不可同日而語。由於當時伴纏的需求急速上升，其中幾乎有百分之八十都是鳶工所訂的。他們的初演式現在是在晴海碼頭，當時是在宮城前的廣場，人數非常多。可能是因為戰後也過了一段時間，大家都有閒工夫來做這事了吧。

進入昭和五十年代之後，各地掀起一陣祭典熱潮。來自全國的伴纏訂單紛紛飛來，不只是祭典伴纏，像是工匠用的、商店用的印伴纏訂單，也時而可見。於是我們店漸漸成為專染伴纏的染坊了。

昭和四十三年的時候，我們家大大小小一共二十人，四代同堂一起吃飯。據內人說，每天早、午、晚要煮兩升米，吃飯時間分成前、中、後三次。當時早班的師傅們一大清早四點就會來吃飯。帳房則是由三年前以九十六歲高齡過世的祖母來負責的。

被工作追著跑了三十年，心裡總是有種不太踏實的感覺。並不是說做出來的東西是該這樣好，還是那樣好，而是想著如何能夠薄利多銷，每天都是這樣想。雖然說不上是什麼很了不得的事，但「染」的工夫要能夠獨當一面，得要花上十年功。剛開始的時候什麼都不懂，但開始做藍染之後，從當中漸漸體會到染布的樂趣。話說回來，可能我的骨子裡就是喜歡做染工吧，若是不喜歡是做不下去的。

現在，我們店裡的工作以伴纏為主，大約占百分之九十八以上吧。和服我們也做，不過需求少。比較特別的是，神社的旗幟我們也做。這種東西全部要手繪。大致上，我們接到訂單後，到交貨為止需要兩個月時間。

現在，我們店裡的作業員，包含女性一共有九人。男性有老師傅一人、夥計兩人，加我一共四人；女性有我二位姑姑、通勤來的兩人，加我內人一共五人在做事。夥計當中有一個是銚子大漁旗屋的兒子，他住在這裡學藝，當年他的父親也在我家當過學徒。男作業員以藍染的工作為中心，他們都要克盡其責。女作業員則是以處理訂單，或是幫忙將產品完成、包裝等為主。我姑姑則在她所知的範圍內專門負責和服。我有三個孩子，兩個兒子、一個女兒。高三那個兒子不知會不會繼承我的工作，他現在是跟我說他不幫忙，不過我是一直要他來做做看。

年底和春天最忙，染坊的一年

一年當中，大致上可以區分成這樣：伴纏和新年用的手帕、毛巾等年底工作告一段落之後，從二月底到三月，就開始要為五月第二個星期日，根岸一帶的氏神大人，也就是元三島神社或淺草的三社大人祭典，而忙著做伴纏了。六月梅雨，沒什麼工作可以做。不過進入七月之後，鳶工會進行世代交替，必須製作新的伴纏，所以我們也要忙一陣子。接下來就是九月開始的秋祭用伴纏。從前染坊在全國各地有很多家，各地方有需要就在各地方染。但現在染坊變少了，而且一般人覺得伴纏就該在東京染，才夠貨真價實，所以鳶工伴纏的訂單，從北海道到九州，全國各地都有。在秋祭時節，從各地方來的訂單也很多。前幾天，有位愛媛縣的客戶在飛機上看到廣告，下了近百件的訂單。

伴纏的花樣，不論哪一種的設計都是無與倫比的。那是因為它是經過時間的洗禮後，所留下來的最美、最好的東西。只不過由於它們是從江戶時代流傳下來的，是日本自古以來的產物，所以不能去做商標登記。就算皮爾卡登把這伴纏的圖案重組做成領帶或是手帕，日本也是一句話也不能吭；但是皮爾卡登若是認為自己擁有專利權，那同樣的理由他也不能獲得認可。即使它不能做商標登記，但也不是可以讓人隨便用的東西。客人若是有特別指定，從我們店裡的樣本簿上決定了花紋，就絕對不會有絲毫誤差。古老的花紋是永遠看不厭的。

說到手染，它的技術倒還在其次，最重要的是得合乎每個地方當地的風土。不管是染工還是花紋，都不能馬虎。說到手染，任誰都會想到京都吧，但以我的經驗，東京的人大多不太會買京都的手染。京都的手染品一致的顯露出優雅、沉穩的氣氛，只要把圖案呈現出來，就大功告成了。東京的手染卻正相反，特別講究細節。

染工完成之後，就要送到外面去做收尾工作。棉布和絲綢的收尾是由不同的店家負責的。這兩種各有五家。伴纏還附有圍裙或是工作長褲，我們店雖是什麼東西都染，但這些配件還是得請襪子店來縫製。這是訂做的，領子、腳、腳踝全部都要量過。若是不這樣，領子的地方就會像襯衫一樣敞開，那是不行的。

就像前面說過，藍染，是一個需要經過很多工匠的手才能成就一件伴纏的工作。各位也都知道，現在的時勢如此，所以各項工作的後繼人選，也成為師傅們的煩惱來源。

比如說，幫我們雕刻型版的師傅，三年前因交通意外過世了。他腦裡記得我們店所用的所有字體，從來不需要我去向他解說，只要一通電話就行。總而言之，他是老派的人，耐性也很足，總是竭盡全力的幫我們做。現在也有從伊勢來到東京的人在幫我們，由於他也得把我們店內用的字全給記住，所以費了很大一番工夫。不過，如果能順利的把他訓練好，對我們來說也是一個重要的財產。

㉓——正將染好的伴纏布用繩架晾乾的「海老屋」中庭。

㉔——從鶯谷車站過來，突然來到扇狀的三岔口。根岸三丁目「手兒奈煎餅」店門前。

這類工作就算是身有殘疾的人也都可以做，只要有心想要好好學習的人，我都願意教。學成了就是一門手藝，也可以當作賴以為生的一技之長，從此以往，應該也是不錯的一個工作，不是嗎？

做伴纏藍染的染坊，在東京有兩、三家，店和工廠一起的，除了根岸我家，其他屈指可數。話說回來，可能是因為我們在下町，所以比較容易保留下來。若是在山手那邊，穿上伴纏只會招來怪異的眼光吧。正因為我們住在下町，就算穿著伴纏，大家也都習以為常，這表示伴纏很合乎町內的氣氛。我們店因為在根岸，才有生意做，從這個意義來看，根岸還真是個好地方呢。

中根岸有個「和睦會」，從我爺爺那代就有了。這個會是町內喜愛祭典的人集合的聚會。在戰時到戰後這段時間，男丁們出外作戰，町內沒什麼人，町內制度等於名存實亡的時候，這個和睦會守望著這個町區。和睦會和町會不同，參加的很多都是古早就住在這裡的人，入會的條件是至少要在此地住上三代。但現在時代不同了，所以喜歡祭典就成了第一條件，他們希望讓人感覺這是個意氣相投者聚集的地方。現在會員共有五十二、三人，希望年輕人也盡可能來參加。

我出生在根岸，一輩子沒有踏出根岸一步。根岸這個地方，的確是下町的一部分，但它和淺草等地還是有些不

同。外地搬來的人可能會有點難適應。這可能是因為這個地方有種不容易接受別人，出乎意料的彆扭氣氛使然；但是，經過四、五年，當了解這個人的性格之後，就會自然的打開心門。而且只要交往過一次，就會把你當作一輩子的朋友。

現在雖然沒有左鄰右舍請吃萩餅，但從前只要一到彼岸時分⑩，家家戶戶可都會送餅過來的哩。附近鄰家只要煮了好吃的芋頭，就會送一點過來。哎呀，我這種形容的方式好像有點怪，不過，應該說這裡是有山手作風的下町吧。根岸就是這種地方。在下町當中，它也是個說話較為文雅的地方。說起來，或許就是從「根岸之里閒寂之居」的傳統延續下來的吧。

說老實話，我自己是打算做一輩子的藍染。周圍的土地漲得那麼厲害，要繳的稅金也變得很高。如果再往上漲，可能就沒辦法再擁有土地了吧。但是工作必須做一輩子的，我也還想繼續做下去。

⑩：彼岸是指春分或秋分前後共七日的一週。秋分的彼岸，大家會用紅豆和糯米做成萩餅，請左右鄰舍吃。

㉕——招牌（看板）建築的店鋪。關東大地震到昭和初期流行掛立銅板招牌的商店建築。㉔圖右側的房子。

㉖──下町綠意。一棵大柿子樹和數十盆盆栽帶出很有下町味兒的中古二手店。即使到了冬天，綠意也不曾稍減（根岸三丁目，千手院前）。

㉗——入谷的舊商店街。穩固的土倉式三層樓酒屋（入谷一丁目）。

㉘——看上去充滿重量感的二層樓石造倉庫（根岸五丁目）。

㉙——當舖「松屋」的黑色土倉（根岸三丁目）。

居酒屋的老板娘

清水敏子

鍵屋
地址：110台東區根岸三—六—二三—一八
電話：三八七二—二三三七

燙酒、溫酒、一般熱的酒

從前的東京人愛喝甘口①酒，尤其喜歡白雪或是月桂冠。可是現在人改喝辛口了。每當我問他們「要甘口還是辛口？」大部分人都回答我「辛口」。女人也喝辛口，所以連「櫻正宗」酒也做辛口了。如今，辛口酒頻頻推出，連大關（酒廠）也都只做辛口酒了。

我們店裡備有櫻正宗、菊正宗和大關等三種酒。這幾種酒就算時代變遷，口味還是不變。我也從來沒打算換過。有時候年輕客人會問我：

「有沒有兌果汁的燒酒？」

我只會回答：「我們店裡沒有。」

每個人喜歡的酒都不太相同。以辛度來排順序的話，第一是大關，然後是菊正，再來是櫻。櫻正宗以溫酒來喝最是好喝。大關要燙熱一點，感覺更辣鹹。但不管是櫻還是菊正，只要加熱都會變辣，所以客人要辛口的時候，我就幫他們弄熱一點。

我自己不喝酒，所以不太清楚。但若是讓我那已經不在的當家的，也就是這家店的老板來說的話，櫻是年長的人好整以暇品酒時喝的，菊正卻是咕嚕咕嚕一杯接一杯喝的。而大關這種酒，現在年輕人喝起來覺得辣味重，客人點辛口的時候，我就會端出大關，不過一般最常喝的還是菊正。我不知道他說的話可以信幾分，不過我當家說要夠辣還是櫻正宗最好。

這話說起來好像有點語病，不過只要看客人點什麼酒，我就可以知道他是什麼性格。喝櫻酒的人當中嚴肅的比較多。香菸也是一樣，看到吸捲菸的人，就會想「啊，

①：甘口和辛口是日本清酒的口味，它是以糖分或酸度的強弱來區分，糖分較高的是甘口，較低的是辛口；另一方面，酸度高而濃郁的是辛口，反之則是甘口。

❸⓪——午後片刻，「鍵屋」老板娘清水敏子彈起婆婆心愛的二絃琴。

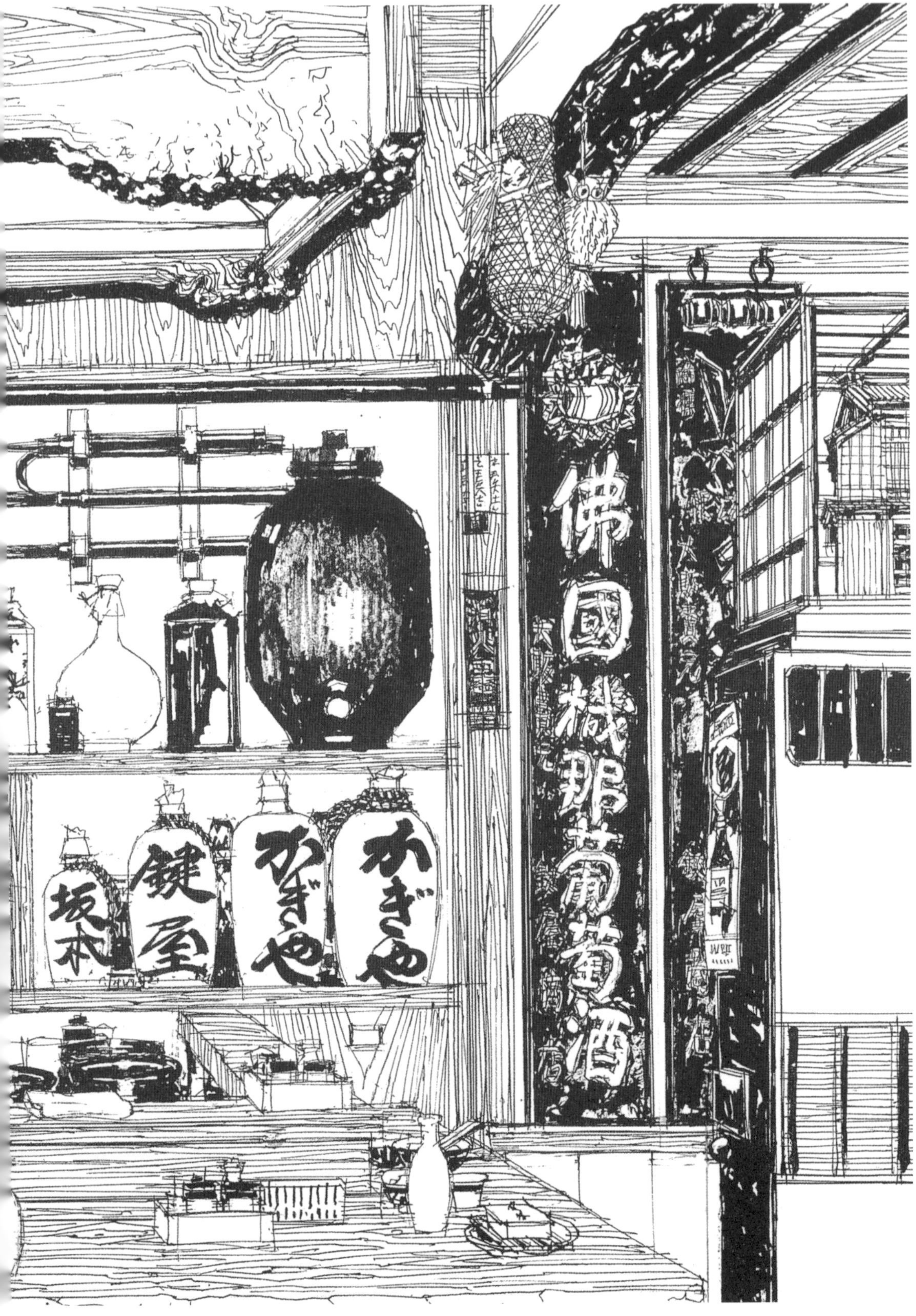
佛國機那葡萄酒
かぎや
かぎや
鍵屋
坂本

㉚——「鍵屋」店内景象。

這個人一定很頑固。」結果真不出所料。說頑固不好聽，換句話說就是個性強。所以點櫻酒配捲菸的話，就是那種一板一眼的典型頑固傢伙。

一般人來喝酒，走進店裡，心裡大都有個定見：「今天心情不錯，就點這種酒吧。」每個進來的客人心裡想的都不相同，不了解他們個人的癖好，的確是個難題。不過在我來說，我覺得燙酒和溫酒是最難的了。

酒分成燙酒、一般熱的酒和溫酒等三種，但溫酒是其中最難的。說到溫酒，就是得抱著坐也不是站也不是的心情，站在熱酒器（銅壺）旁等待。

客人若是叫一般熱的酒，不在乎酒溫，那我可特別在行。一般熱的酒只要從外表的狀態和蒸氣冒出來的模樣，我就能拿捏得剛剛好。就算銅壺的水滾沸了，還得看酒瓶，酒瓶是冷或已經熱了完全不同。我會先洗好幾十支酒瓶，全都把它熱好立著，可是一整天下來，尤其在冬天，酒瓶就冷掉了。剛開始的時候很需要花時間。

說起來，酒瓶從廚房端出去給客人再收回來，一個巡迴下來，時間還太早。我的意思是從客人那裡收拾下來的酒瓶，要放在熱水裡搖動。這跟一般洗杯盤不一樣，時間太快了，一巡之後，再熱酒需要花時間的。

一個銅壺應該可以放六支酒瓶，但我只放四支。若是有客人點了六瓶酒的時候，我在銅壺裡放進四支酒瓶，再放進剩下的兩支就熱不起來。總之，就像放進四碗水的意思是一樣的，不管火開再強，也燒不熱。這個時候只好先用茶壺燒水來熱酒。有客人會說：

「老板娘，哪有人用茶壺熱酒瓶的？」客人會這樣對我說。這麼做是不行的。放進茶壺裡的酒瓶，雖然會再放進銅壺裡，但在客人來說，熱酒的位置換來換去，看了就是不舒服。為什麼熱酒器可以裝六瓶，你卻沒裝六瓶呢？客人會問我。不過也有些客人一直看著我工作的，他們會幫我回答，因為六瓶一起裝進去，熱酒器的溫度下降得太快，所以一次只能裝四瓶啦。

第二巡時也不能裝六瓶哦，四瓶就是極限了。所以，如果有兩組四位客人，每組各要四瓶酒，酒再怎麼都來不及熱，所以我會拜託他們，各先讓我上兩瓶酒，之後再上兩瓶。

溫酒的難度在於，以我一向的動作來熱酒的話，就會熱過頭。它只比一般酒再溫一點而已。若不是這樣，就不是溫酒了。一開始先放兩瓶進去，過了一會兒再放兩瓶，客人點溫酒了，和之前的兩瓶一起拿出來的就會是溫酒。所以得看酒瓶熱的程度，有時候，後點酒的客人反而先喝到酒也不一定。雖然這樣不太好，不過熱酒就是這麼回事。我會特別先喊一聲「溫酒來了哦」。這樣的話，先點酒的客人某種程度也能諒解。

燙酒的話，一般人以為就算多熱一會兒也沒關係吧。可絕不能放到水滾沸了，而是摸了快要叫燙即可。熱酒器裡放進四瓶酒，如果兩瓶要熱成燙酒，只要放進兩瓶一般熱的酒，取出之後，再慢慢取出燙酒就行啦。大約是一倍的時間左右。我都是這麼做的。確實的做法到底對不對，到現在我也不知道。

不過呢，這酒啊說到底也就是第一瓶第一口定勝負啦。把酒倒進杯裡，如果溫度對了，客人就會覺得一切都好。

若是客人喝了一口，說：「嗯，好酒！」

我就會覺得：「哦，好極了。」

酒本來放久了就會變涼，所以注意力都會集中在第一瓶。第一瓶讓客人滿意的話，第二瓶以後就好應付了。

銅壺的內面全貼了一層叫白鐵的錫。這玩意對熱的傳導效果特別好。它還有個內蓋，就算熱水煮開了，也不會滾出來積在壺口邊。壺裡面還有個固定酒瓶的裝置，讓酒瓶不會直接碰觸到銅壺的底，酒瓶底和銅壺底大約還有一公分左右的空間。銅壺的做工真是精巧，果然茶壺還是不能跟它相比。

不過若是突然漏水不能用，那可就麻煩了，因為不能馬上修理，所以我通常都會預備一個擺著。對居酒屋來說，熱酒器是少不得的營生工具啊。

總之，酒這玩意兒就像是有自己的性格。我本想讓女兒接手做，可是她沒興趣。

下酒菜，全是從前鄉下口味

你問我一天下來時間怎麼安排？店裡是晚上九點打烊。九點一到，就把暖簾取下，但稍早一些，大概八點半開始，就得把第二天要賣的小菜，就是味噌豆②要用的豆子淘洗，放進水裡煮。豆子煮開了等它滾一會兒，不再隨著滾水跑的時候，把火關上，蓋上蓋子，第二天早上，豆子皮和肉都會整個發起來。若是等它冷了再煮滾，內皮就會脫落，或是裂開，這樣可不行，而要用比較小的文火，慢慢煮八個小時左右。什麼時候關火就看湯汁的顏色。我是不加任何調味的。端出去給客人的時候，只有稍微淋一點芥末醬油而已，但是非常好吃哦。

現在，我們的下酒小菜是味噌豆，在這道菜固定下來之前，也煮過四季豆，或是炒豆芽菜，連炸蝗蟲都做過。但是我一直想，希望能夠做一道四季通吃的小菜。

那時候言問通要拓寬，也就是昭和四十五年的時候。我們有時候會用「小田原屋」這家乾貨店的大豆，客人的風評不錯。可是過沒多久，小田原屋說是要收了。

②：味噌豆是指把大豆泡軟，用來做味噌用的豆子。

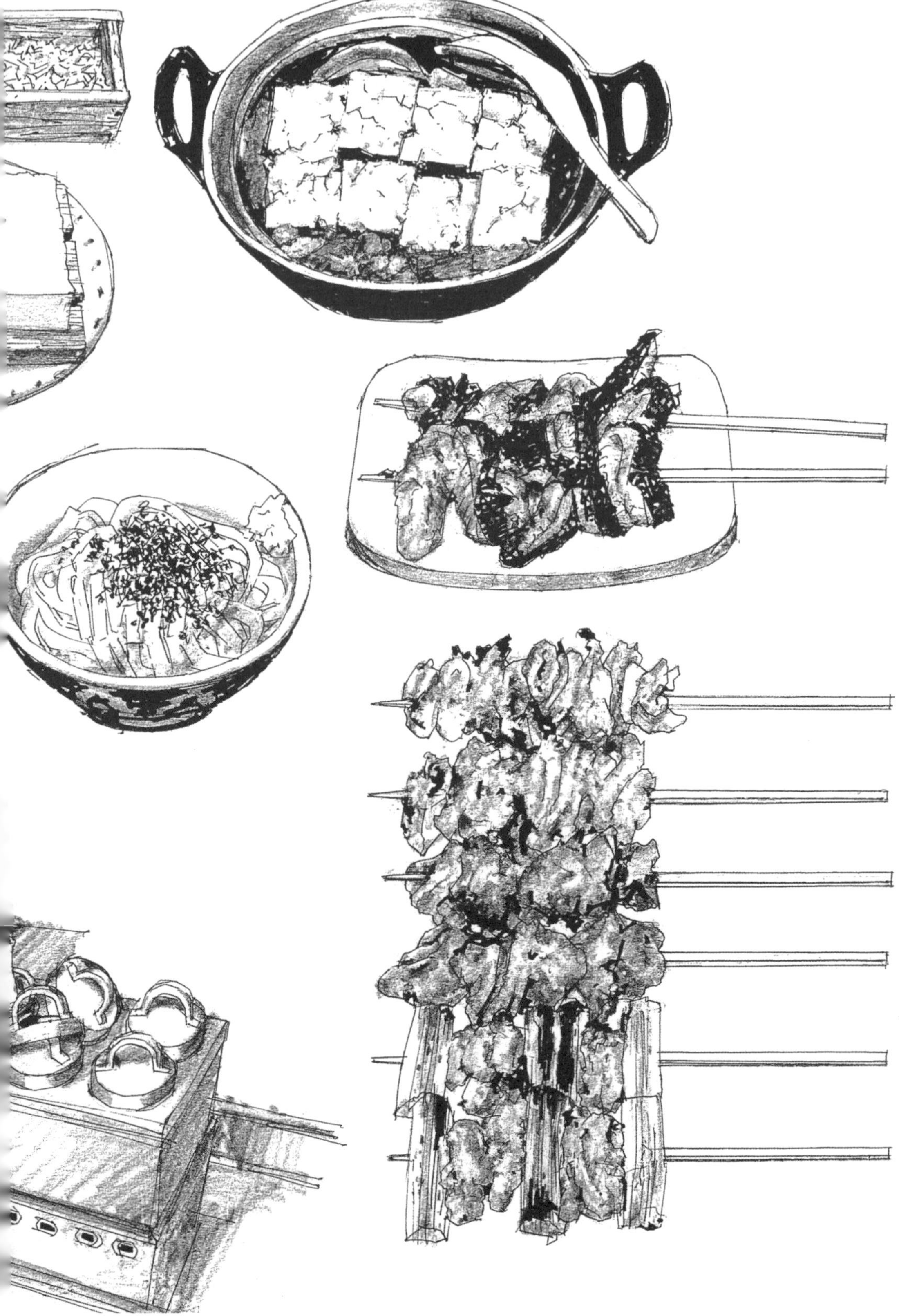

❸⓪──「鍵屋」的下酒菜。小菜味噌豆、撒滿蔥花的木綿冷豆腐、豆腐鍋、鰻魚串烤、雞皮、烤牛雜、鹽烤肉鴨、海藻醋凍、田樂串烤、鯨尾肉切片，還有最受歡迎的醃漬。

我們跑去店家，跟他說：「真是抱歉，可不可以請您陪我到河岸去一趟，把批發這種豆子的商行介紹給我們？」

乾貨店的少東就帶著我們到築地的一家批發店「三榮商事」。這家商行信用不錯，到現在我們都還往來。不過我們也只去過那麼一次，後來全都用電話叫貨。說起來，我跟那老板也十幾年沒見面了。

早飯吃完，大約第二天早上九點左右，我會拿出高湯，來做冷豆腐底下的佐料汁，或是涼粉凍的醋汁調味，還有醬油。全部做好之後，放進冰箱裡。十點左右就開始切切煮煮，菜刀不離手。若是沒做這些，大概十一點多，或是中午才開始準備。十一點之後，我女兒也都一起出來幫忙。烤的東西有四樣，像是烤雞皮、牛雜串烤、鹽烤肉鴨、鰻魚串烤等，但事前準備需要四至五小時。這些材料要在兩點半左右做完，然後，再來是攤平的鰻魚，把它先烤起來。客人來了之後，根本沒有時間烤這些東西的。除此之外，還有把烤好的雞肉刺上竹串，中間則開始煮牛雜鍋的湯頭。午飯就趁空隨便吃一下。

然後，大約是兩點半到四十分之間，豆腐送來了。豆腐一來，馬上先冰鎮。賣豆腐的就是根岸的「吉見屋」。老板也是個頑固的人。喝櫻正宗配菸草的人。他家跟我們家已經是三代的交情了，而他們的豆腐一定用柴薪煮豆子，烤豆腐也還是一板一眼的用碳火烤。當然，因為他們當天做當天賣完，絕不加防腐劑，吃起來真是特別好吃。

下酒的小菜，冬季用的是魚凍，裡面放湯豆腐；夏天用的是鯨尾肉切片。其他的都不變。

到了下午四點，冰店送冰來了，把啤酒拿出來冰鎮。冰鎮容器裡多少還有一點前一天剩下的冰，所以都還冰涼涼的。傍晚這時就把當天份的冰一起加進去。冰塊冰鎮的啤酒和冰箱冰過的啤酒，味道可不一樣哦。用冰塊的話不會冰過頭，感覺好像已經冰很久了，其實喝起來剛剛好。只要看啤酒起泡的狀況，就可以知道它是不是夠冰了。

送冰塊的來了之後，大概花十分鐘把晚飯解決。若是門口響起客人的說話聲，我一口飯可都吞不下去。

五點準時開店。雖然不是上台演「能劇」，可是每到這個時刻我就開始緊張。每天都一樣，就算打理生意已經是家常便飯了，但開店後三十分鐘還是過不去。可是總不能躲起來吧，非得站到打烊不可。以前我那當家的站在我現在站的櫃台前，總是說我：「你看你看，你又緊張了。」

一來是沒有「板前」（日式料理的廚師），二來我們店裡做的全都是舊式的鄉下菜，所以像糠味噌③幾乎都是我自己做。每天把米糠翻過來倒過去，做了三十年，因為每天都要去翻它，所以米糠很漂亮，味道也很棒。如果米糠臭了，也就走味兒了。不能帶著手套來醃東西。現在的人都嫌臭不願意做，你得把手伸進去，跟米糠說話才行。

做糠味噌要一個一斗裝④的醬油桶和一個較小的琺瑯鍋。醬油桶用來做粗醃，也就是準備用的，所以醬油桶裡醃漬的量比較多；當天要賣的時候，再從桶裡拿出來放進琺瑯鍋裡。琺瑯鍋醃的是一大早才放進去的醃菜，當天傍晚就可以端出來上菜了。醬油桶醃的是第二天或第三天要用的醃菜，也就是明天或後天晚上端給客人吃的醃菜。

醃菜也是看季節變換的，像冬天就醃蕪菁，白天先放進木桶裡，上面撒一層鹽。第二天早上，取出醃好的菜，嘗嘗鹽的狀況；接下來再放入琺瑯鍋的米糠裡，撒一層鹽。這樣醃一天，第二天早上起來，再把糠床翻一次。這樣鹽就會完全滲進糠味噌當中了。在端到客人面前之前，總要來來回回摸個三次。不能把菜一直醃著、放著就不管了，還是要不斷的翻動它，讓空氣進去比較好。若是密封的話就糟糕了。

每星期五一定要再補一次糠，一週一次。米糠用的是米店拿來的生糠，我是不用炒過的糠。三不五時不去翻動一下是不行的。星期五的時候鹽變得死鹹，米糠也因為太多而變硬了。每天每天的放東西進去醃，一個星期反覆的翻動，到這時只要再加點米糠，馬上就會變軟了。若是米糠還很硬，那就倒點啤酒進去。我若是有倒啤酒進去，鼻子靈的客人馬上就會跟我說：「咦，這醃菜有啤酒味兒。」然後再放一些老薑進去。

冬天的糠變得更硬。這時再三反覆的翻攪，到了夏天，就會變成軟軟的糠，鹽分也會跑出來，這時候醃茄子最棒。從糠的顏色和軟度，就可以知道夠不夠鹹，還有醃漬的程度。

夏天醃的是茄子和小黃瓜。當天醃的東西，當天就會拿出來，所以木桶裡就空了。想要長期保存木桶裡的糠，撒上鹽，然後把布巾蓋在上面就好。一星期得翻開來看一次。琺瑯鍋這邊的米糠，比較容易生水，我就會把舊糠丟了，換新糠補足；因為這水裡面含有糠味噌的精華，也就是酵母，所以是不能把水倒掉的，應該加上新的糠，讓它繼續發酵。這水浸到糠裡，就會發酵不是嗎？可是還是得用手去抓搓，才能確定米糠的量夠不夠，若是不夠，還得再多加一點米糠進去。

茄子一定得醃到變成漂亮的顏色才算好。新的米糠醃不了東西，顏色出不來的，所以每次放新糠進去，都讓我很緊張。桶底一定還要留一些舊糠才行。

和糠味噌一樣陳年不換的，就是調味醬（tare）了。調味醬分為鰻魚用和烤雞用兩種。鰻是魚類，雞是禽類嘛，

③：在米糠裡加入鹽和水，不斷翻動攪拌讓它發酵，每天都要再攪拌，讓空氣進去，這是做糠味噌醃菜的主材料。

④：一升的十倍，約等於十八·〇三九公升。

所以顏色稍有不同。這醬汁是會越用越少的。一旦醬汁太少，竹串插到甕裡醬會沾不均勻。這時候就得把醬補足，大約是剩得只到甕的一半左右。一旦有客人說，串燒沒沾到醬哦，我就會開始做新醬汁。放進醬油啦、味醂和砂糖再煮過。完全不加水的哦。夏天要做鹹一點，會多放點醬油，如果味道太鹹澀，就加點酒，讓它變得清爽一點。冬天的話就不加這些。

不管是牛雜串烤或是鰻魚串烤，只要一沾上醬汁，血水就會滲到甕周圍的碎屑或焦黑處，得先把它濾掉，再放在火上煮。冬天一星期煮一次，夏天一星期得兩次。光是醬油就得加四合才夠，不過一經煮過，量又全都縮了進去。這調味醬的作法是我婆婆教我的，量和口味都是數十年不變。

若是哪天這缸醬汁打破沒了，那我的老命也完了，所以就算是大地震，我也要抱著這缸醬汁一起逃。它就是這麼寶貝，那可不是一朝一夕可以做得成的哩。最珍貴的就是這醬汁和糠味噌了。若是真發生那種意外，我會請求烤雞店老板，把他的陳年醬汁讓一合給我，若是不這麼做，味道可是出不來哩！

現在這家店開張之後，有一道「烤雀」就沒再做了。這道菜用的雀是富山縣深山裡獵人捕來送我們的。山雀綁得很精緻，只要在水裡上下搖一搖，不需要再洗過就可以用了。這種雀肉好吃極了。我們當家的說，那個獵人一定是懷著感謝之心的，一邊說還跟著掉眼淚。可是現在那些冷凍的雀肉，處理得沒那麼仔細，山雀的羽毛都還附在身體上，若是把羽毛拔下來，整個雀體也都散了，肚破腸開，不能拿來賣人的。那個獵人因為生病，我們再也拿不到正宗的富山山雀，當家的說：「那我也不做了。」

氣味投不投合，光顧一次便知道

我們店的「格調」是我那當家的自己創的。若是你問他，他會說店門一開就是一個舞台。這個格調從用酒就要用酒粕蒸餾的酒，菜肴則是從玉子燒等開始之後，就一直未曾改變。就因為客人喜歡老板這種「格調」，所以「鍵屋」才能一直經營到現在。

我知道每天都該卯足全力去做事，但心情的狀態每天都有不同，所以真的很難辦到。不過我覺得最難的是每天要擺出一樣的笑臉。身體的狀況時有不同，雖然我已經經常留心要保持健康。我本來底子還算好，從來沒擔心過身體出問題。只是我的膝蓋有時候一痛起來，想到自己動不了就急得直發愁。

你看看我這手，右手食指第一關節和第二關節之間的指腹，腫得跟什麼似的。我不是常得拿著一升的酒瓶，把酒倒進小酒樽裡去嗎？一天要倒幾十瓶，所以現在手變得跟章魚一樣。手指常常要用力握著，結果久了便伸不直了。職業病啦。就因為這原因，我可以輕輕鬆鬆的拿起一升酒瓶，卻沒辦法幫手錶上發條。不過，工作還等著我，我得隨時隨地盯著，而且身體也還硬朗，不過是一兩根手指頭，不用放在心上啦。只要能有精神工作就謝天謝地了！

客人第一次走進我們店裡，我馬上就可以感覺得到，這客人跟我們投不投合。不管投合不投合，對第一次上門的客人，我會按照他的吩咐順序上菜，但不太會跟他交談。不過，到底我們是做客人生意的，一定得要記住客人的長相，抓住他們的特點。好客人用一句話形容，就是有禮貌，像是坐姿端正之類的。

我們店裡最歡迎的，就是進來低調喝小酒的客人。他們靜靜的來，喝完悄悄的走，我本來也沒放在心上。等我發現這樣的客人，才知道已經光顧三年以上了哩。第一，他們從來不會說些沒用的廢話，也不多囉嗦，對自己的酒量也很清楚。而且，總是能抓對時機。他們會觀察我的動作，在我端酒過去的時候，毫不猶豫的點菜，所以馬上就進了我的腦袋裡，等我女兒端菜過去，他們再第二次點菜。根本不用一再的揮手叫人。

聽客人點菜的階段也是形形色色。我女兒會按照客人進來的順序一一過去聽點。有時候，晚來的客人希望先點菜，於是大聲的喊人；然而不管客人怎麼大聲，點菜還是得按著順序來，一時也急不來。

遇到這種時候，我會跟女兒說：「喂，你啊，去那邊聽一下！」我對這類客人說話都比較直接，大概口氣太尖銳，說話方式也太冷淡了吧，我女兒竟然跟我說：「媽，對客人說話不能用那種口氣啦，這樣客人聽了觀感會不太好喔。」

這麼說也對啦，現在我也漸漸照著女兒的話去做。可是有時候自己沒意識到，等注意到的時候，話已經衝口而出了。我女兒也很生氣，可是母女倆若是起口角，客人肯定感覺很差。女兒也領悟到這點，當場她會回答：「好、好，我去」然後過去點菜，也懂得尊重我這個老太婆。這本來就是做子女的義務吧。這麼多年來我也都一直這麼過來的。

我只要抿著嘴就是一臉兇相。還曾經自己對著鏡子實驗，看看怎麼做表情才會讓人感覺舒服，畢竟始終咧著嘴笑也是會累的。我覺得只要把嘴微微張開一點，應該就還過得去，只要微微張開口，就不會那麼兇了。那在我來說，就等於是微笑了啦。

不過，一邊忙著熱酒，一邊烤東西的時候，再怎麼樣表情都會認真起來。比如說，在鹽烤的時候，不能兩面都撒上鹽。第一次烤的那一面是不上鹽的，這樣才能烤得漂亮。等到翻面，就輪到撒鹽的那面烤了。撒鹽的一面不論怎麼烤，都不會烤焦，可以稍微鬆口氣。這時候才有點空閒，去看看酒瓶熱得怎麼樣，或是幫客人結帳。等一兩瓶酒熱得差不多了，剛好也是食物烤好的時候。如果客人在這個時候跟我說話，我會亂了步調，焦慮起來。所以啦，人家說「動物園的動物不可餵食」，這句話雖然不能拿來比喻，不過這時候我就會對客人說：「別跟我說話，我會搞錯啦。」客人見狀便偷偷的對我女兒說：「今天老板娘好像心情不太好。」女兒了解內情，便回道：「這還不算什麼，她跟我爸一個脾氣，沒辦法啦。」

善於抓時機的客人就會看著我手邊的工作來說話。他們是在尋找我工作的空檔。

不過，偶爾也是會遇到跟我「頻道」對不上的客人。像是胡嚷了聲「給我酒」就跑進廁所的客人。到底我要給他哪一種酒都不知道啊！好不容易慢吞吞的回到位子，才說是要「啤酒」。

另外，還有喝酒的禮貌。我們店裡賣的是酒，所以多多少少有些酒醉忘形的客人，我們也都不太計較啦。但是有的人一醉就忘了別人的存在，傾身到隔壁客人身上去，坐得歪歪斜斜，那可不行。就像你看到的，這裡是大眾酒館，每個座位都很窄小，自然更不能那樣。你到山谷⑤那邊去看看，那種龍蛇混雜的地方可沒有人隨便擾亂隔壁的客人。

另一種就是一坐下來就到處找人聊天的客人。這種客人也很麻煩，因為有些客人喜歡一個人自斟自酌。你總不能因為自己喜歡，就去打擾別人嘛，這樣不太好。有些客人看不過去，也會明白的出言阻止。這樣一來，大家就會把目光都投向那個人了。

以前有一次，有些週刊雜誌介紹了我們的店。那時候客人真是多得嚇死人。一旦被媒體介紹之後，店裡的氣氛就全打亂了。若是一直這麼混亂下去，生意也就完蛋了，所以我常常不時的提醒自己，絕不能一被捧就忘了形。心裡若是沒有定見，決定自己要怎麼幹，很快就會被這種虛名沖昏頭的。「特色」這種東西是每一家店自己創造出來的，若說沒有特意去經營，那是騙人的。

我自己從賣酒的立場來說，不可能每個客人我都喜歡，而客人也都有自己的愛好，覺得這裡不合他口味的，就不會再來第二次了；因此，覺得這兒「還不錯」的客人，才會繼續留下來光顧。

我們開前一家店的時候，可能也是時代的關係，當時幾乎清一色是男客人，女客人真的非常少見。可是，開了現在這家店之後，增加的大多是女客人。女性如果連袂一起來，我會說：「請帶個男伴來。」拒絕她們上門。我那當家的說：「我個人對女性是沒什麼意見啦，可是做生意就不行。」

女性相偕來喝酒，通常沒什麼好酒品。在這種大眾酒館裡，女人就算像男人一樣咕嘟一口一飲而盡也沒人會說話；可是大部分女客不是黏著隔壁的客人，就是念念叨叨的，真是吵死人了。她們也不考慮一下，這樣是不是會打擾到想安靜喝酒的人。

最近另一家同業的老板娘跟我說：「如果拒絕女客人的話，生意就做不起來了。」可是若是店裡被女客占領之後，一些老顧客就少了這個棲身之所了呀。所以，我覺得就像以前人家跟我說的，保持原狀就好。

不管怎麼說，客人臨走之際是十分重要的。從他們離開的動作也可以看出客人的優缺點。通常我是不太會說「謝謝光臨」，除非剛好有空，反正客人也都是沒有招呼就進來的，雖然像是「請在這裡稍等一下，請坐這個位子」之類的話，我都會招呼；不過，最重要的還是客人臨走的時候。這時候，「今天下雪了，請多留心您的腳步」之類的提醒絕不能少。這在我們來說，就是表達「希望您再來」的心意。「滿心感謝」是商人的本分，也是應該的。

開店這麼多年，自然懂得客人的心意

此外，從客人一進門的模樣，大致就可以看出客人當天的心情。客人若是有什麼不對勁，就會靜靜的躲在一邊喝酒；若是有好事發生，就會看到他們爽朗的一口乾到底。這種例子多得數不清楚。我是不會主動跟人家攀談，一切都是憑直覺。這是我們家做生意的方法，應該不會差太遠才對。有時客人說「今天賒帳吧」，那種心情我們也可以了解的；多年做下來，一聽就知道是什麼原因。像是前幾天也發生過一件事。

那位客人喝酒的時候，就覺得他應該是個讀書人，而且他是個感官非常敏銳的人，因此我倒酒的時候也特別留心。那個客人有一段時間沒來，但是看他的神態，說句不好聽的，似乎有點變了樣。我心裡暗忖著，不知道發生什麼事了，他隔了半年才又出現，在此之後也經常上門，但是他的神態卻越來越差了。到底遇上了什麼事呢？我心裡一直在想。他每次都很謹慎的把一個小皮包夾在腋下，連去廁所都不離身。可是算帳的時候，他說：「老板娘，我沒有錢。」

「好啊，沒關係。」有兩三次就讓他這樣賒帳了。我們店是不會向客人討債的，因為第二次來算帳的時候，客人都會結清。我一直很好奇那個皮包裡裝了什麼，有一次趁他醉的時候問他。

⑤：東京的山谷區是指從江戶時代即提供簡易旅宿的地區，這裡多是打零工的下層階級出沒之處，約為現在的台東區和荒川區一帶。

⑮——下町夏天的風物詩——入谷的牽牛花市。攤販老板每個人都穿著自己搭配的牽牛花無領衫和圍裙，顯得特別好看（鬼子母神境内）。

「這裡面是權利書。」他回答。這可是非常重要的東西，若是丟了不得了，所以我便暗暗的幫他留意著。那次他也沒付錢就回家了。然而再來時，他說：「老板娘，我的存摺和印章都在這裡，就用它們來結帳吧。」說完，連那只皮包一起交給了我。我心想，這怎麼可以呢！可是在店裡也不方便跟他爭執，所以等他要準備回去時，我追了出去。

「您這麼重要的東西，我這裡可不能收。如果下次來，您再這麼做，我就不做您生意了。您每次賒了帳，第二次一定都付清的，所以以前我從來不說什麼，不過，如果你要賒三次帳就不行！」我把話挑明了說。

「嗯！」他手一揮就走了。

不知道是否顧及一絲情面，前天他又來喝酒了。那天他點菜時十分爽快，我心想：點菜的方式好像很愉快，這樣看來，他今天應該會付帳了吧。後來果然付清了帳款。

這些事憑直覺就能明白。從客人點菜的方式或是吃菜的順序等就看得出來。多年來，我站在櫃台後面接待了形形色色的客人，很奇妙的，自然而然就能讀懂客人的心。

我那當家的還在世的時候，有個老爺爺經常一個人來喝悶酒。這個人聽說是鋼琴的調音師，神經特別纖細，但卻是個意志相當堅定的人。只要一看見他進來，我那當家的就要跟我換位子，大概是覺得不要跟這個人說話比較好吧。那人跟我那當家的可能哪裡不太對盤。

「來，你跟我換一下位置。在那個人回去之前別跟他說一句話，你做得到嗎？」他這麼問我。

「做得到。」

我一口答應了。那是因為若是做不到，就沒法通過當家的對我的測試吧。我果真一言不發，招呼這位客人大約四十分鐘左右。他點菜，我就說「是」，除此之外，不說一句廢話。結果果然做到了。不過這麼做生意實在太難過了，還是說些「今天天氣真好啊」、「酒很甜吧」、「酒很辣吧」之類的比較輕鬆。我可以不說任何應酬話的接待這位客人，但我那當家卻連站在那位老爺爺面前都不行，就是有人這麼敏感。雖然他明明是個相當溫和的客人。我在這點就比較沒想那麼多，也不懂得客人的心思。我當家那個人，神經線就比我們強烈、敏銳個兩三倍。可能是被磨出來的吧。

就算一聲不吭，我那當家對客人的動靜還是非常注意的。剛開始我還以為他在開玩笑，他常會跟我說：「那個人啊，現在說話快要進入主題了，你先別去點菜。他沒叫你，你就別過去。」

喝醉了之後大談生意經啦，或是那一天最想說出口的事等，客人之間的談話一定都會提到這些。這種時候絕對不能過去打擾他們。「現在，最好保持安靜」之類的，大約看客人的神情舉止就可以知道。

總而言之，大約有三位經常往來的客人，是需要我們繃緊神經的。有一位從很久以前就認識的，五點一到就會上門，所以我一定得在四點五十九分開張。這位先生有他固定坐的老位子，他不來的時候，我也會保留這位子直到六點十分。每次來都是點兩瓶菊正配上四個菜——湯豆腐、醋漬海藻、蘿蔔泥、牛雜串烤沾醬。牛雜一定先從竹串上拿出來放在蘿蔔泥上吃。從來沒變過。這位先生到底是從何時光顧我們店裡的呢？我從來沒想過，也說不清楚，應該是很久了吧。

「先生，您有沒有吃飽呢？」

「不，還沒呢。」

我們店裡有許多很談得來的老顧客，但是我們絕不會和客人太過親近。我是覺得彼此都不可以涉入對方的生活中。

有時候有些熟客會邀我：「一起去賞花吧！」不管跟客人再怎麼熟，相識再怎麼久，我一定都會婉辭。我也一一囑咐女兒，要是在外面巧遇客人，並且對她說：「我開車送你一程吧！」也絕對不可以答應。拒絕也要有拒絕的技巧，像是「我跟朋友一起約好了在這等」，或是「我還有其他的事要辦」，以尊敬的態度委婉的拒絕人家。

我們會這麼做，也是因為若跟客人太親近，有些該說的話就不好說了。客人若是破壞了規矩，我們才有立場說說他們。距離是很重要的。所以我們也不能麻煩客人。

婆婆傳授給我的言談和舉止

「鍵屋」原本開在下谷，我聽說是從安政三年（一八五六年），大約距今一百三十年前創業，當時是從與上野寬永寺交易的酒商起家，代代都是做賣酒的生意。當時應該是被叫進寬永寺去聽令訂貨吧。你看招牌上寫著「大販賣」三個字，我想那時候應該是做批發的才對。

第一代老板曾根松先生是一個非常摩登的人，據說他是第一個從坂本村字入谷引進當時最高級奢侈品「瓦斯燈」的人。現在還留有一張他穿著西式大禮服的照片。隔壁是一家叫「橋本善兵衛」的紙店，以賣淺草紙出名。淺草紙就是再生紙，鼠灰色的，專門拿來放在廁所當草紙用。

第二代的老爺子叫作友吉，從他這一代開始做起了酒商。這位友吉就是我的公公。老爺子是很會品酒的人，他本來就好杯中物，年輕的時候，在日本酒的品酒大會得到冠軍，還曾經拿到了獎盃。

昭和初期的時候，他在自己的店裡，可以用一種酒摻入其他種酒，製造出自己喜歡的酒來。

「這是鍵屋獨創的酒，您覺得怎麼樣？」他曾經拿著自己調的樣品酒，特地去拜訪老主顧，還得到他們的訂單。那瓶樣品酒現在還在，「一升兩圓」。品酒用的器具是一只底座刻有青蛇眼睛花紋的大酒杯。用那只杯子，只要從顏色就可以分辨出是新酒還是老酒。新酒幾乎是清淨無色。而品酒就是要品出酒的色香味。

就我記憶所及，昭和初期開始，景氣漸漸惡化，中澤銀行發生了擠兌事件，下谷一帶鬧得亂哄哄的，我們也就變得窮起來了。我公公是個很珍惜東西的人，不論什麼他都收起來，像是海報、招牌、平假名轉盤密碼的保險箱、帳房前的格子木架、收銀桌、把酒桶木箍敲下來的木槌、錐子、角樽⑥、煤酒燈、滅火用的鐵水管、鍬刀、時鐘，任何東西他都把它修理好，然後收藏起來。這些全都是生意上用得著的，現在店裡的這些擺飾也全都是老爺子一手收藏的。

鍵屋原本的店在下谷二丁目二號地。就是下谷二丁目十字路口，往言問通的方向，現在協和銀行⑦那個轉角的第二間。轉角第二間的位置要比轉角來得好。建坪十五坪左右，但每個角落都善盡其用。那時候我還沒結婚，我丈夫出征去了，所以我就從橋場⑧石濱的娘家走路到下谷的婆家，一方面照顧兩老，一方面打理家務，做完了才回娘家去。

空襲大火那次，我記得是昭和二十年（一九四五年）三月九日的傍晚。那時候天色還很亮，不知道是因為太陽還沒下山，還是燒夷彈掉下來引發的火光。我哥哥家在千住五反野，是做木屐夾腳帶的師傅，我人則在石濱幫忙。但是燒夷彈實在太可怕了，只好到清川町的玉姬稻荷神社避難。那一帶是進行強制疏散的地方，旁邊不遠有個瓦斯槽，瓦斯全放光了，還被壓得扁扁的。我們在那裡好像整晚都沒睡吧。天一亮，我就趕到哥哥五反野的家去。第二天回石濱老家一看，只有縫紉機沒被燒光。淺草區一帶燒成一片荒地了。我忘了是那一天還是第二天，因為擔心下谷婆家的狀況，所以走路過來看。看了之後才知道我們家這裡沒事。老爺子和婆婆都沒受傷。店面門口本來有一條水管用來洗桶子的，那水管是用比帳房欄杆還大的格欄圍住，結果只有那個欄杆燒掉了而已，是附近的消防人員一起來幫忙滅火的。我們只有受到這點災害，算是運氣好的。

我們家不是位在馬路的轉角嗎，言問通靠上野那側和南側一帶，全都燒得精光，而東側則是從昭和通到下谷的一條路到入谷那側也都燒了。沒燒到的只有下谷二丁目和中根岸的一角。所以正洞院附近，直到現在還有沒被燒過的古宅。

說到入谷，鬼子母神廟就以牽牛花市最出名了。那裡以前有一家名叫「入又」的牽牛花苗批貨店。我嫁過來的時候，店就已經不做了，後來忍岡那邊又開了一家「入長」

的店，他們跟我們店交情特別好，從戰時到戰後，老板娘婆婆常來我們這裡喝茶。

我們下谷的這個家，逃過了大地震，又逃過戰火，我們家奶奶說，一旦發生火災的時候，總是會在上野山上變換風向，讓下谷不會被燒到。下谷和根岸正好是背對上野山上的風向的。

我當家的是在三浦三崎⑨的燈塔接到戰降的訊息。他們集合到松戶，所以很早就到家了。我當家的叫做幸太郎，大正八年（一九一九年）生，戶籍上是五男，他四個哥哥當中，一個年幼夭折，兩個死於戰爭，一個病死，所以就由他來繼承這家店。

我們的婚事早就說定了，所以他從軍隊回來之後，就馬上在昭和二十年九月結婚。我是大正十三年生的，結婚時正好二十一歲。下谷的房子雖然沒被燒毀，但是當時還有其他三個家庭住在裡面，好不容易才把他們請走，之後再把因為空襲疏散的老爺子和奶奶接回來。房子下層是土間和房間共二坪多，二樓有一個三坪、一個一坪半的房間，和一間置物室。店和住家都在一塊兒，一家子共有七個人。那時候我肚子裡已經有了老大（長男），連婆婆和家裡大小事都不了解，就這麼進了門。

婆婆叫做十女，是明治十二年出生的。我嫁過去時她應該是六十六歲吧。她是個元氣飽滿的老太太，雖然對我很嚴格，但卻是個非常好的人。她是德川幕府財務官的女兒，排行第十，被送到酒商當養女。待客禮儀都學得相當道地。

我喜歡曬棉被。我們家坐北朝南，可是南面向著言問通，所以絕對不能曬棉被。別說是棉被了，連衣服都不能曬，必須到屋後北側較冷的地方曬衣服。冬天的時候，衣服怎麼曬都曬不乾，實在很頭痛。而且我們家是做生意的，也不能放炕爐⑩。一旦裝上炕爐，坐得太暖和就不想起來了，客人來了想站起來招呼也不方便；所以就算到了寒冬，也只是手靠在火邊烘一烘而已。不過我幾乎沒烘過手，根本沒有烘手的時間。一早起床就進廚房，或是洗衣服。

我嫁過來之後，不懂得招呼生意，還不時會打破碗。所以婆婆就說：「我看你啊，先去學學茶道吧。」讓我去學了三個月左右。學習茶道的確很有幫助，餐具不會再打破了；而且，在我們開始做小吃生意之後，也發揮很大的作用。第一，上菜的方式漂亮多了。放啤酒的時候，「咚」

⑥：酒桶上附著大木柄，就像鹿角一樣，所以叫做角樽。
⑦：協和銀行已於一九九一年與朝日銀行合併，現在叫做「理想的銀行」。
⑧：橋場位在淺草西側。
⑨：位在神奈川縣相模灣的三崎半島。
⑩：日本一般家庭冬天會在桌下擺暖爐，然後用棉被蓋住。

的放在桌上和安靜的擺下，感覺是完全不同的吧。像是端出去的杯子，手指絕不能碰到客人嘴部會接觸到的杯緣；撤下餐具時也不能疊起來收。打翻的時候，要等客人把杯或瓶拿起來的時候再擦，不能因為自己要擦，勉強客人特意幫我們拿開，而是趁著客人剛好拿起來時迅速抹乾淨。清理煙灰缸時，也不能特地在客人面前做，而是等客人去上廁所再做。我們店是大眾酒館，客人跟客人之間的空間很窄，有時候很難擠身進去。像這種時候，就會聯想到學茶道的經驗。這些規矩都是自然而然學會的，所以就算走進廚房背對著客人，耳朵也要時時注意客人的動靜。

十女婆婆訓練我最多的就是言談。我雖然在三輪出生長大，但父母都是栃木縣人，說話尾音總會拉高，完全改不過來。他們習慣說栃木口音，一直沒改。比如說，稱呼別人「某某桑」的時候，明明語尾降下來就可以，但就是會拉高。我多多少少也帶了這種口音。嫁過來之前，從來沒在乎過這件事，也不覺得有什麼不方便；但是，我婆家畢竟做的是江戶式的生意，別的不說，光就這說話口音是不改不行的。所以首先就是得改掉栃木口音。

像是一些用詞上的問題，我老公對我說：「你說說看『ありがとう存じます』（謝謝）。」可是就算他怎麼要求我，這句話我就是說不好，一開始是沒辦法說「ありがとう存じます」的「す」字。不曉得問題出在哪裡，總之就是發不出音來。

他常常對我說：「每次你只說到『存じま』，後面的『す』都沒說。」

我不曉得被糾正了多少次，最後自己下定決心強迫自己說出來，後來真的學會了。語言這種東西，若是自己沒有心想改掉它，就一定改不過來的。

另外還有一個也是學得很有心得，就是禮儀。比如說，婆婆教我，人說男人出外有七個敵人，所以送丈夫出門的時候，一定要雙手平貼，恭敬的說「一路好走」、「歡迎回來」等話。客人上門，要跪著迎接，「不能比客人站得還高」。客人進來之後，我們得要曲膝，讓自己的身體低於客人。現在我們店裡的年輕人都站著聽取點菜，我看了不太滿意。一件小事就能表達一種態度，說不定客人會嫌他太沒規矩。不過我婆婆的教法跟我不同，她比較溫和，可能也是因為這樣，所以我才都能記下來。

除此之外，她是個從來不說長道短的人。現在我們店裡也還是這麼做，與客人相關的事，我們在外絕不多說一句，也不能談論客人的八卦。即使兩位交情很好的客人分別來店裡的時候，我們也不會主動的說：「那位客人剛才有來哦！」若是客人問起，我們才會簡單的回答：「剛才有看到。」若是沒問，我們是絕對不會說的。我們會見到客人一定有個理由吧，但客人會來的理由我們並不知道，所以我們不會在店裡說出來。

我那婆婆和我嫁進來的時候都一樣染了黑齒⑪。戰爭結束的那陣子，根本已經沒人時興染黑齒了。一張嘴整片牙齒黑烏烏的，附近的孩子都好奇的跑來看。當時剃了眉毛，還染黑牙齒，但聽說黑齒比較不容易蛀牙，才體會到婆婆希望我嫁過來後不用為牙齒煩惱的用心。不過，後來隨著年紀漸大，她牙齒也都掉光了，但她還拜託牙醫特別給她裝黑齒用的假牙，所以很快的治療之後，又恢復了黑齒。

她臥病在床的時候，對我說：「幫我把假牙拿下來吧。」我幫她取下，幫她洗乾淨。婆婆在昭和三十三年（一九五八年）以七十九歲高齡過世。她跟我性格非常投合，甚至常有人說：「她是您女兒吧。」可能是一直住在一起，漸漸的越來越像她吧。我當家的覺得這是好事，很高興的一邊捲著菸說：「對啊，她是女兒，其實我是女婿啦。」

我們相處了十三年，我照著婆婆教我的言談、禮儀態度、教養等，一一改正過來。

在店裡常常穿著武士裝的老板

戰後還沒開這家店之前，我們做過很多種營生。像是瓦楞紙開始有的時候，我們就賣瓦楞紙；以前也會一點技術，就幫人家刻門牌。在這家店開業之前，真的是過一天算一天。我帶過來的嫁妝全部賣了去換米。當時真的過得很苦哦，苦得難以想像。

戰爭的時候，因為酒類管制，只能配給，如果年輕人在的話還好，但我丈夫出征之後，家裡只剩老爺子和婆婆兩人，所以大門只開一半，勉強可以進出的狀況，因為得避人耳目的做生意。

戰後，當家的從軍隊除役下來，酒商的生意也已經沒在經營，將就之下才打算從居酒屋開始做起，所以也只取得了居酒屋的經營許可。

大部分的子女都不願繼承父親的行當，那是因為他們早就看清這一行背後的本質。我丈夫還小的時候，就對酒商的工作反感到極點，但可能是因為吃了不少苦，所以便願意繼承家業。開設現在這個大眾酒館，是從我當家的這一代才開始的，我們是昭和二十四年（一九四九年）六月二日開張的。

賣的雖然是酒，但也只是濾過酒渣的濁酒，而且也還不能使用瓦斯，只有一個燒煤球的煤爐，用平底鍋煎蛋放在賣場台上賣。前面說過，老爺子很會品酒，所以，製酒的作業好歹都沒問題。做好了就讓老爺子喝喝看，他有時

⑪：日本古代上流社會的婦人有將牙齒染黑的習俗，後來民間也開始流行。到了江戶時代成為已婚婦人的表徵。

ABUTO BEER

㉚——「鍵屋」店內。這裡裝飾用的道具、招牌、海報，都是在鍵屋做酒類批發、酒商時實際使用過的東西。

會說：「還可以加『一拳頭』進去。」所謂的『一拳頭』指的就是摻水。酒都用大瓶封裝，再倒入杯裡販賣。

我們賣的酒雖然是以濁酒為主，但還是一瓶一瓶的裝瓶。用的是從前素燒的燒酒瓶，大小約有凳子那麼大，一瓶可以裝一斗。我們都是量過才賣。酒瓶是同業家裡批來，大家彼此互相輪流著用。那時候的同業夥伴現在還有十二、三個人在，但半數都已經成了寡婦。即使到了現在，我們每個月還是會聚一次。戰後，從酒商轉業成居酒屋的，還有我們家後面賣河豚的「近江屋」。同樣也是賣河豚的，還有一家沿日光街道再往前一點，叫「NIBIKI」的店，從江戶時代就是開酒館的。大家都是好夥伴。我只記得下酒菜的玉子燒是當家的自己做的，其他還賣些什麼，完全沒印象了。說到店裡的陳設，可不像現在一樣有榻榻米的座位和櫃台，當時只有一個賣場台，可以坐五、六個人而已。營業時間也只有傍晚那段時間。白天是不做生意的。開張那一天，只有一兩個客人上門。

老爺子把酒混合，釀出了鍵屋獨創的酒。但昭和二十八年（一九五三年）酒稅法通過，不能再私自釀酒了。這麼一來，再加上我當家的那櫻酒配捲菸的嘴，是絕對沒辦法自己做混種酒的，自然也就不做了。

現在一升瓶裝的「王冠」（瓶蓋）是塑膠做的，還用鋁皮密封起來，但以前用的是木塞「王冠」，上面貼了獲許可認證的標籤。我當家的總是用手指「啵」的一聲把王冠拔開。那聲音好聽極了。我們其他人都學不會，得用鉗子才能拔開。但是那標籤只要貼不完整，一定得退回給酒商。

「這個標籤破了，請你換一瓶給我。」

只要標籤沒貼好，我們就不接受。

「不管我們跟酒商借多少錢，但借錢歸借錢，我最討厭公私混在一起了。像這種酒我不賣就是不賣。」

所以酒商的人每次遇到我當家的，就得繃緊神經，戰戰兢兢的。

從小事可以看大。只要卡啦一聲，客人開門進來，不管在做什麼，如果不能馬上將按人數的小菜、煙灰缸準備好放在老板的手邊，他的臉色就不太好看了。有時在洗東西，洗到一半，就聽見他說：「那種事等下再做！」「最先端上桌的東西都是固定的，只要客人卡啦一聲拉開門，你就得先準備好。」不過是一、兩秒的差距而已，他就不能忍耐。只要稍稍想喘口氣，等下子就有得受了。

此外，還有更過分的事。有時候說了「歡迎光臨」後，看到客人進門，才發現兩位剛好不對頭的客人一起進來。這種狀況最是糟糕了。如果趁著老板剛好轉過頭去時，快速把小菜準備好放在他手邊，那就沒事。他可以把客人很有技巧的區隔開來。首先端給第一個客人，轉頭，如果他手邊準備好小菜，他就會把小菜擺在預定的位子上，再讓第二位客人就座；但是如果小菜沒準備好，我還呆了半晌，氣氛就會變得有點僵了。這一來他就不高興了。只要小菜沒準備好，他就會「喂！」的一聲警告我。其實當真只是一眨眼的工夫，但他就是對這種小空檔特別在意。

還有，他認為客人點的菜就得馬上做好端出去，不能等的。照理說總會有個等待的時間嘛，但只要他一覺得客人可能就要催促了，就會垮下臉來。若是客人問說，某某菜是不是該好啦，可是卻還沒做好，雖然客人說：「沒關係，沒關係。」老板就會露出抱歉不已的表情。就是因為這樣，一旦我聽取了客人點菜，卻忘記的話，那事情可就大條了。雖然我很努力的做，但只要一做錯，他就特別挑剔。一旦做錯事，在營業中他會不動聲色，可是額頭就皺得好似幾條蟲在爬。這種狀況反覆幾次之後，那天晚上打烊時，他就會對我說：「喂，到二樓來，稍微坐一下。」

這下子得要聽他訓話兩個多鐘頭。他沒說完心裡就不痛快。第二天還要開店，還要忙呢，不是嗎。但就是不能犯錯。然後他說：「你要道歉！」

我說：「是，我以後一定努力不要犯錯。」

他就回道：「這樣道歉還不夠！」

總之，沒有說到他滿意為止，他是不會原諒我的。可是，我還是又犯錯了。生活就在反覆的犯錯與道歉之中度過。我女兒對我說過好幾次：「媽，你居然沒離婚，真能忍哪！」

但是，仔細想想，如果能從根本把自己當成客人，站在客人的立場來著想，換句話說，也就是要多想想客人在想什麼吧。我被他念了幾次、幾十次，最後終於把缺點改過來了。做生意嘛，最重要的就是打從心底體會，一定要從客人的想法出發，不這麼做是不行的。

我現在說的都是我多年來的心得。不過，客人也是形形色色，什麼樣的人都有。

他常常對我說：「我們也有權利對客人說，什麼事是對的，什麼是錯的。」

所以，當他說「這個人我得好好說說他才行」的時候，大多是他再三考慮，有了客人可能不會再次上門的心理準備之後，才會說的話。這話可是傳家寶刀，平時是不會輕易亮出來的。平常大多不會到這種地步，總是忍耐下來。忍耐不了的時候就把我當出氣筒。老板會站在現在我站的位置，做出「把他趕出去！」的訊號。

總之是把客人哄得消氣，讓他自己站起來走人是個關鍵。這完全是靠分組合作。店裡面平時是絕少有吵架的情形發生，但是也有幾次吵了起來。這個時候，老板就會用「我太太脾氣很兇的」作為開頭，把圍裙解開作為結尾。他會抓著領口就追出去。他身高不過五尺三寸（一六〇公公），算是小個子，不過他學過柔道，在楊心流還有上段的程度，力氣很大的。山口瞳⑫也知道，那時候他還沒得直木獎。他在《江分利滿氏的華麗生活》就提到那件事。

他曾經說：「老板總是穿著武士裝，旁邊若有個有點慢半拍的跑堂，氣氛就會好一點吧。」這種緊張在客人間也看得到。客人也是穿著正式禮服來的，其中還有很多是常來的老客人，可是還是很多人覺得「老板很可怕」。甚至有些人在櫃檯坐下來之後，根本不敢向老板點菜。吞吞吐吐的朝著我叫聲「阿姨」，然後才點菜的。

有人說酒徒們就像方豆腐一樣，一開始四角方方的，喝醉了就糊癱了。但只有我們家的客人卻是絕對不會癱的。在店裡的時候心情緊張，走出店外忍不住會大喊一聲「哇——」。很多客人都比較傳統，有些客人在家教很嚴，或是原本就是嚴格的家庭環境，所以就算是辦酒席也喜歡我們這裡的氣氛。這些客人直到現在還是會光臨。

放不下太多事而受傷的詩人

說到這裡，或許聽起來我先生像是個嚴肅無聊、只專注工作的人。其實他很擅長和客人互動。年輕的時候他學過川柳、俳句、落語⑬，最後是詩，不過俏皮話他也很拿手，還很會幫笑話下結語，就算氣氛有些緊張僵硬，但只要他跟喜歡開玩笑的客人對上話，氣氛就會一百八十度的轉變過來，於是客人第二天還會上門來。

我最記得的是一位在國鐵資料室工作的多年熟客，他個子小小的，但那時候總是有美女相伴前來。為了顯示自己很行，他都會比平常多喝一點。在我背後不是貼了一張kabuto啤酒的海報嗎？他指著海報上那個穿和服的女人說：

「這女人肩上有縫褶⑭，一定還是處女啦。」

從前的女人長大之後，肩上的縫褶才會放下來。這時候，老板也不附和他，就說：「先生，你把上衣脫下來看看。你的白襯衫也有縫褶啦。」

他就是會說這種笑話。他也可以和客人對上句子，雖然是即興的。像〈鍵屋〉這首詩，就充分表現出我們店裡做生意的實景，我非常喜歡。

鍵屋

金庫前　木櫃前　時鐘下
如此座席的稱呼　只限今日有
吊燈旁的足鐙　總是開著白百合
一旦人多起來　量酒杓就像機關一樣　上上下下
櫻正宗上　瓠瓜形的老翁臉
像為無盡人生而悲喜

這首詩放在一本題為《風之歌》的詩集中，於昭和四十年（一九六五年）以清水游谷的雅號出版。由內田百閒先生⑮題字，高橋義孝先生⑯寫序。裝幀是小野忠重先生，文字由五百旗頭欣一先生以木版雕刻，然後裝在手製和紙折成的封套裡，共印了兩百部，分送給大家。

除此之外，他也會魚拓和版畫，是個興趣很廣泛的人。想做什麼事就堅持到底，絕不放棄，每到這種時候，老婆的意見他是一點都聽不進耳朵裡；所以當他想做什麼事的時候，只能對他說，那就去做吧。

在店裡無時無刻不緊張，他是把緊張一再的壓住忍住在做生意，等到打烊的時候，不是在裡面房間爆發開來，就是喝酒把自己灌得醉醺醺；這種狀況根本沒辦法跟他好好說話。店關門了之後，如果他出門，就不知道那天他會何時才回來。平均來說大約是凌晨三、四點吧。在外面一喝酒就會喝到人事不知，或是喝到哪裡去自己都不知道的地步。這時，我穿著睡衣也沒辦法睡。直到腳步聲揚起，然後不是會「咻」的一聲把門打開嗎，我就要回道：「欸，你回來啦。」這句話的時機和口氣實在很難拿捏。你一定可以想像我滿臉不高興，可是還在下谷開店的時候，三十幾片玻璃全都被他打破了，電風扇也掉下來，電話機整個翻倒，那種情景啊……真是一塌糊塗的。

就算沒鬧到這個地步，有時候大半夜的，他也會突然說：「肚子餓了，給我下碗蕎麥麵。」別以為反正做好了他也睡著了不會吃，就想隨便煮一下算了，他可不許你這麼做；但好不容易煮好了麵端去，他卻已經去睡了。有煮還是沒煮，他只是要看看我有沒有誠意而已。他會聽著我煮麵、切蔥的聲音，想著，嗯，她真的在煮麵了，然後他才安心入睡。

「好了，煮好了哦，快來吃。」

這時候他早已睡得鼾聲大作。我則是一肚子不甘願，所以那麵我也不吃。雖然很可惜，可是我就是不吃，就這樣放到第二天早上。

如果他問：「昨晚我做了什麼事，你記得嗎？」

我就會回答：「沒事，跟平常一樣，什麼事都沒發

---

⑫：山口瞳，一九二六～一九九五，日本作家，曾經於一九六三年以《江分利滿氏的華麗生活》獲得直木獎，後來為酒類雜誌撰文，宣稱每天都在居酒屋出入，與地方上的人們交往。

⑬：川柳是江戶中期開始流行的一種十七字短詩，它不像俳句有季節等的限制，較為口語；落語則近似中國的單口相聲。

⑭：日本人習慣在小孩衣服的肩頭上多縫幾褶，以便孩子長大時可以放下來增加袖長。

⑮：內田百閒本名內田榮造，一八八九～一九七一。小說家、散文家。作家夏目漱石的門生，著有《百鬼園》。

⑯：高橋義孝，一九一三～一九九五年。日本的德國文學家、評論家。師事內田百閒，山口瞳則是他的學生。

生。」我絕對不會說昨天怎麼樣了云云。這是一種不抵抗的抵抗，不過其實他心裡也很明白。

有時候他會說：「妳這個人什麼都不說，也不抵抗，可是這種不抵抗就是你的抵抗吧。」

這種時候，早上起來還留著一些酒意，宿醉最是恐怖了。他會在旁邊要你做東做西，囉嗦得要命，吵得根本沒辦法工作。不過就算他再怎麼醉，到了傍晚就會完全清醒。這一點很讓我佩服。做賣酒生意的，老板自己成了酒鬼，喝到倒店的例子不勝枚舉；可是我們家的不會。

不過逞勇鬥狠、打架的故事倒是少不了。有一次他身上帶了點錢，沿著鶯谷電車軌道一路醉著往下走。有兩個扒手無聲無息的靠近他，伸手就往他懷裡揣。我那當家的學過柔道，馬上斜著身子站成三七步，說：「混小子，自家兄弟也想下手啊！」

他突然這麼一說，他那個臉又嚇人，看起來就像是黑道大哥一樣；再加上這句好像戲裡常說的台詞，結果對方什麼也沒敢偷就逃走了。他那一副姿態在店裡也經常擺出來哩。

我只看到他私底下的那一面，當家的另一面，在大河內俊輝先生[17]所寫的《能劇藝人的側寫》一書的「游谷忌」當中都有描寫。雖然不太好意思，不過希望您能去看看那本書。大河內老師是寶生流[18]的評論家。他喜歡喝酒，他說要學學我當家喝醉酒的樣子，所以兩人常常一起喝一杯。大河內老師是一位要求很高的人，你有看過唱能劇的演員吧，他可是毫不留情的大肆批評呢。連我女兒都說「那位老師面貌和善，長得像栗子一樣，其實好可怕哦。」不過老師和我當家的在心裡是有相通之處吧，正所謂意氣相投。

「在鍵屋，烤鰻魚串是游谷做，牛雜串烤是太太做，烤雞皮則是女兒做，各有分擔的做插串的工作。女兒不管長多大，都還是一副女學生的清純模樣，但其實已嫁作人婦，育有幼子，每天從家裡到鍵屋來工作。

『女兒做這份工作相當久了，但是偶爾也會有雞皮擺好，鐵網目卻塞住的狀況。這時候就能感受到，這一家子好像出了什麼事。只要她一發起脾氣，就會犯錯連連，沒辦法恢復到原來的狀態，所以她會安靜下來，讓自己不要生氣。』」

「『烤鰻魚本來要用比較不油膩的幼鰻，但是今天這種材料不夠多，所以只好找些小條的鰻魚。於是做成的烤鰻魚串就比較油，不過這跟時間、季節有關，也是沒有辦法的事。我們每天都請人送來定量的鰻魚。如果竹串還剩一支，不用秤量也知道，肯定今天的魚量不夠。送鰻魚來的那位，從很久以前就認識的，若是這位老板不在了，烤鰻魚串就做不出來了。』」

我那當家的是真的具有這種敏銳的感性呢！「老師，你一面暗笑，一面把我說的話全都寫進去了。」他說完，就回家去了。

「接下來要說我老婆的事情。喝醉之後的游谷，曾經仔細凝看我老婆的手，說：『太太，你的手好粗啊！』

『哎呀，真不好意思。』

『不不，這很了不起呢。不過我希望我老婆手上的皺紋能夠消失不見。』

說著，眼淚就在眼眶打轉了……我從來不像游谷這樣體貼的看我太太的手。」

這種甜言蜜語他從來沒對我說過。在外面才會這麼說吧。不過從別人那裡聽到他這麼說，猜想他應該真的是這麼想的吧，夫妻可能就是這麼連結在一起的。他到外面去，可能是為了擺出男子漢的姿態才說這些話，但是也覺得他不對我說的話或許才是真心的，就把它當做真的好了。雖然他是這麼一個嚴厲的人，但是就因為這樣表示他有在關心我。

他喝醉了還會跟老師說：「喂，你啊，給孩子的媽買件和服吧！」

據說老師深受感動呢。說起來，他真是多管別人家閒事，更何況他自己也沒給老婆買過什麼和服啊。可是一喝醉就會冒出這種話來。

只有一次，店裡經營還過得去的時候，他曾經買了一件新的和服給我。那是手織的草木染大島紋和服，對我來說那實在太華麗了，所以我跟他說不要了。戰後一直過著有一搭沒一搭的日子，和服也全數賣掉換成食物。靠老婆賣和服才能生活的罪惡感，他可能一直都沒忘記吧。

當家的在昭和五十五年（一九八〇年）以六十一歲過世。這種脾氣的人本來就不會長壽的啦。他是個自己折壽過活的人，而且他那臭脾氣誰勸都聽不進去，沒有辦法啦。他在店裡也照樣發脾氣不是嗎，很少露出笑臉。不過在男人堆裡倒是很受歡迎，女人的話就不行。他到過世前還是喝到哪醉到哪。當家的心情，大河內老師是這麼寫的：

「說到游谷這個人，他就是在乎太多事情了。太在乎就會讓人傷心……那種怒氣……若是放在自己心裡，就不會有任何問題。可是他一旦喝醉，就再也沒辦法壓抑。然後就以『那些傢伙，找他們幹一架吧！』的形式呈現出來。游谷跟別人幹架的場面我也看過好幾次……

「形成他這種性格的，一是天生的資質吧。他母親是財務官梅田長定的側室之女，可能是遺傳的關係吧，他本就

⑰：大河內俊輝，大正十年（一九二一年）出生於東京，昭和十八年（一九四三年）明治大學畢業。日本的能樂評論家。

⑱：能劇樂師的流派之一。

是個心高氣傲的人；但塑造出他今日性格，最大的影響應該是戰爭的經驗吧。……他看盡了荒涼的戰場、死去的袍澤……無法忘記……這就是憤怒的游谷、小言幸兵衛的游谷之所以存在的理由。」

當家的確有一段時間視軍隊如命，在那之後的半輩子可能一直走不出來吧。他進去現役軍隊後吃了很多苦頭。

臨清閣

春婦求生展嬌聲
士兵為求活口而排整隊
在朔北的風中

（摘自《風之歌》）

前幾天，一個說是在練唱小曲的老客人來店裡，我們很久沒見了，喝了三杯他突然想起了當家，懷念之中竟然流下淚來。他要走時，我正想對他說：「多保重啊，下次請再光臨。」可是他已經默默的走出去了。當家的這個人，就是現在仍讓男人著迷的人呢。

當家過世之後，這家店也變柔和了。變得柔和之後，也給人稍許放下框架的感覺。這樣是好還是不好，我不知道。柔軟一些是好的，但把框架全都卸下來也是不行的，所以我們也下定決心要好好維持下去。

忍耐與習慣忍耐很重要

以前在下谷的家是在安政二年（一八五五年）大地震之後所建的，後來由於要擴張環狀七號線的馬路，店在昭和四十九年（一九七四年）遷移到根岸來。下谷的家現在則原形保存在武藏小金井車站附近的小金井公園。

從下谷到根岸，直線距離只不過數百公尺而已，但是我們在根岸是新加入的店家。我們店不是沒做酒類零售嗎，所以，客人大約只是「鏈屋啊，哦，它在那裡哦。」的程度。搬過去之後，老客人還是會光臨，但店門口周圍卻被貼上「不准便溺」、「禁止隨地便溺」之類的貼紙。當家的說，我們店裡明明就有廁所，所以隨地便溺的並不是我們的客人。可是附近的人認為反正我們就是居酒屋，所以對我們極為不滿。後來我們遇到看似要隨地小便的人，就對他說：

「啊，等等，到我們家來上。」

直到現在也都還是這麼說。不過只要牆上一有便溺的痕跡，就拿著水桶過去把它沖掉；或是清晨起來後，看到哪裡髒了就去打掃；甚至只要一有人通知某某地方髒了，我們馬上一個箭步就飛奔過去。這種情形在剛搬來到兩、三年後都一直持續著。這種辛苦的日子過了一段時間，慢慢的，現在大家也會反過來幫我們的忙。

人家說「石頭上坐三年，冰冷也會變暖和。」沒經過三年，不會從心底真的變成朋友。我當家的每次一喝醉，就會直著嗓門大聲唱歌回家。在下谷的時候，大家都很清楚他的德性，只會偶爾過來對我說：「昨天晚上真安靜呀。」可是在根岸就不同了。曾經有鄰居來抗議說：「安靜點！」結果這邊也反擊「你在說什麼鬼話！」最後就是跑到門口大吵了一架。

不過，就性情來說，根岸的人只要熟了之後就比較溫和。我們下谷的店是對著大街做生意的，街坊彼此間絕對不能向別人示弱，所以在下谷的時候，就算有時候味噌不夠，暫時借一下就好，可在那邊卻絕對做不出這種事。現在時代變了，鄰居互相接濟的情形本來就少很多，但當時那種情形卻是有緣由的。

戰爭結束後生活真的非常困窘。只要多一點點味噌，就能變得更好吃，或是米只要再多一點點，就夠大家吃，這樣的時候也不曾去向別人「借一點」。大家都是擺出架勢，挺直背脊的站在那裡，絕不讓人看到自己貧乏的狀態；甚至逢年過節還會特意過來送禮。所以並不是所有的下町，都會「飯煮好了，過來一起吃一點吧」，大家交際都只是表面，其實並沒有什麼深交。這就是馬路邊開店和巷子裡開店的不同。

這種情形到鄉下去特別明顯，有時會覺得原來鄉下跟東京沒什麼兩樣。但這種想法只有在下谷時才有。根岸這裡就不是這樣了。雖然剛開始的時候吃了一些苦頭，可是等大家熟了，交往就要比下谷時輕鬆快樂多了。

從我嫁過來之後，就一直忙著幹活兒沒停過。有句話說井邊閒話家常，但我跟鄰居們聊天大都只能聊上五分鐘。夜裡大家都睡了之後，就是忙著補褲膝或是補布靴。布靴什麼的，從孩子到老爺子的，都是我自己縫補的，因為買不起。不過我又不是專業縫紉，總是縫沒多久就破了。一年到頭都在補。像是連身褲之類的，幾乎已經補到不像樣了，連身體在哪邊都搞不清楚，可還在補。一方面是因為戰爭結束之後，衣料都特別貴，實在買不起；另一方面也是因為不管再怎麼補，長輩們都會很高興。

這家裡說起來最令我驚訝的事，就是進廁所時用的廁紙竟然是明治某年的收據。仔細一瞧不會覺得很「那個」嗎。這件事我一直印象深刻。從明治到大正、昭和時代的收據都一直保存著。後來有一次，長輩跟我說：「這個拿去做廁所紙！」我一看，是大正時代的收據。這就是我們家，任何東西都不能浪費。

不過，有時候被念了太多次，我也會暗罵一聲「什麼東西嘛」，把東西給丟了。這也只是聊勝於無罷了。飯後收拾洗碗的時候，我會先洗自己的碗筷，洗到乾淨發亮，其他人的就隨便洗。這算是做媳婦的一種小小反抗吧，其他的也沒有什麼可以拿來發洩的了。

我婆婆這個人，是個絕不會開口使喚人做事的人。每次都是我先開口：「婆婆，我幫你梳頭吧。」每隔一天就向她說一次。或是在她出門前，早早就對她說：「來，我幫你繫腰帶。這是外套，然後是拖鞋。」這些事我已經自然而然記起來了。所以直到她臨終前，她都希望我在身邊照顧她。我一直陪著她直到嚥氣為止。

我們從來沒有一家人去哪裡玩，或是去哪吃飯。倒是有幾次婆婆她們去溫泉旅行，我負責看家。做法事的時候，也沒有拜託餐廳幫我們料理，全部都是在自己家裡做，在家裡吃。在那之前我也從來沒去過廟裡。永遠站在廚房裡當大廚。

我剛嫁過來的時候，這裡好像有跟娘家約定好，一個月可以讓我回去一次。可是三個月過去了，我一次都沒回娘家。不過，事情是看人怎麼想的。這也可以想成他們少了我不行，非常看重我。

我記得女兒出生後過了一段時間，我母親因為擔心我的身體，帶著要送給小外孫的玩具，站在店門角落。不知是我姊姊還是誰，硬要拖著她進來，可我母親站在門口要進又不敢進的拖了好久。我當家的全都看在眼裡，他說他可以體會那種心情，還淌下淚來。

因為婆家環境是這樣，所以我父親過世的時候，我也是搭了計程車趕回去，只停留了大約十分鐘。父親那時已經走了，而且不湊巧的，我兩個小孩都生病發著高燒。

現在這些牽絆都沒有了，有時候也想去旅行一下。可是店又不能不顧，房子也不能沒人看著。想說在身體還能動的時候，還是盡量工作吧。一年大概會跟大家一起去旅行一次。

我覺得忍耐和習慣忍耐是很重要的事。習慣這種忍耐需要花很長的時間。可是一旦心裡習慣了這種忍耐，別人吩咐你做的事，可以說反而，也可以說更深入的，成為理解這種忍耐的方法。有時候我老公喝得醉醺醺的回來時，我也會想：「乾脆跟他一起死算了。」可有時候又會覺得：「算了，他明天早上起來又會變成跟佛祖一樣了。」雖然他嘴裡說：「我絕對不會向你道歉！」可是當他說這句話的時候，心裡已經在道歉了。我也是漸漸明白這個道理的。

我從小的時候身體就很硬朗，也很少生病，這一點我真的非常感謝。我們家在三輪是開料理亭的，但我父親吞兵衛在我七歲時跟我們離散了，所以就把我寄放在叔叔家裡。我嬸嬸是個非常嚴厲的人，如果出門前沒打招呼說「我這就出門了」，就不准我上學校去，並且罰我跪坐一小時；稍微做錯什麼事就會受到懲罰。鄰居的大嬸看不過去，經常從中阻止。我的忍耐大概就是從那時候學會的。我想能忍不能忍是十歲左右的一種教養。我孩子十歲左右的時候，我常想把自己忍耐的習慣教給他們，可是兒孫自有兒孫福，這也是沒辦法的事。

現在做了這麼久的生意，忍耐這件事也很重要，因為我若是應付不了客人，那可就麻煩了。當家的率先自己示範如何醜態畢露，可能是要鍛練我吧。我猜想他連這種事都會事先計算好的。

這麼多年來，煩惱了很多，也想了很多，最後才得以成就現在的鍵屋。雖然我不清楚未來會怎麼變化，不過我是不會變的。總之，我本就不太善於圓融吧。

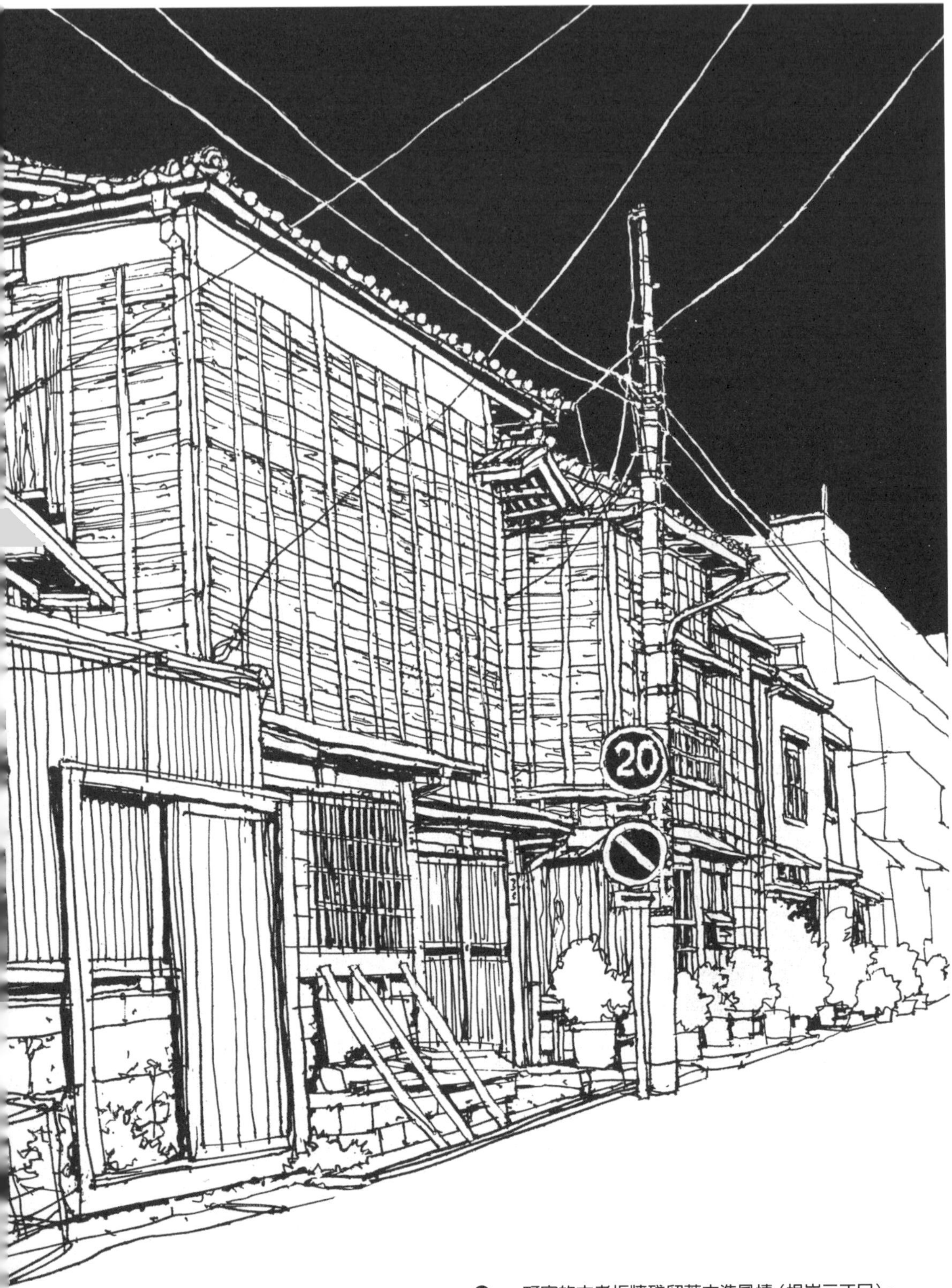

㉛——町家的古老板牆殘留著木造風情（根岸三丁目）。

㉜──門與牆等在在顯露昔日藝匠的工作是如何講究，又是如何自得於高超的技術，令人不禁想一探下町的房屋（根岸三丁目）。

㉝——雪花飄舞的午後澡堂（寶泉湯，根岸三丁目）

三味線的蒙皮與修撥

渡邊一二

撥一
地址：110台東區根岸一－一－一五
電話：三八七五－五四七六

到淺草三味線行「撥孝」謀事

我是大正八年（一九一九年）出生於福島縣田村郡船引町大字今泉字鳥足。那是以三春馬聞名的三春再進去一點的地方。這裡本就是馬的產地，也是以菸草栽培為主的一個地方，當時是個貧困的小鄉村。我父親在我出生後百日，我母親在我兩歲二個月大時撒手而去，所以我對父母都沒有印象。家裡就我一個孩子，是奶奶把我養大的。我爺爺也過世了，所以和奶奶兩個人相依為命。我們家是賣醬油的，不過也只能算是家庭副業，家裡很窮。我還記得連五錢的習字筆都買不起。我奶奶喜歡賭博，常常三五好友聚在一起賭。

大正十五年，我進入村立的今泉尋常小學就讀。一個年級三十人，一、二年級一起上課，採複式學級。全校共有三班，老師只有三個人。我最喜歡的學科是國語，雖然不好自己褒自己，但我的成績一直都很好。

昭和九年，算起來我十六歲那年，在飛田晛老師的介紹下，我離家到東京去。老師是我高等科時的級任老師，也是我們學校的校長。我就這麼進了淺草三味線琴撥店「撥孝枡屋本店」。離開今泉的時候，飛田老師說：

「一二，男人就是要工作到把腳毛磨光為止。」

「這雙手腳就是你唯一的本錢。要珍惜你的本錢，運用你的腦袋，好好工作。」

他跟我說了很多勉勵的話，現在似乎都言猶在耳。昭和九年五月八日，我從郡山坐普通車到上野，大約花了八個鐘頭。那天是個大晴天，撥孝派了人來接我。

撥孝是個專門製造新琴撥、修理壞琴撥的撥具店。這家店現在還在淺草千束通那裡，他們在屋久有個工廠，最盛的時期，連打雜的小廝加起來共有十五人。那時候淺草有十二、三家三味線行，但撥孝是最大的。跟我一起進來打雜的，是一個從栃木縣黑磯來，名叫君島九十九的男孩。從我這個「一二」到君島的「九十九」都有，就可以知道撥孝有多大了。

琴撥有象牙、水牛角、鱉甲和木頭等材質，但撥孝銷售的是象牙和木撥。

處理花柳巷事務的地方叫做「見番」，淺草那地方就有「新見」和「舊見」兩家。當時兩家的藝妓就有一千七百人左右。藝妓的和服是道具，三味線也是重要的道具，所以有藝妓抱著三味線，而更多藝妓則拿著琴撥；而且旁邊不遠就是吉原。在吉原，有一種稱之為花魁的女郎，是比藝妓更高一等的。吉原的藝妓算是女郎的附屬品，技藝是很專門的，所以吉原的藝妓每個都是技藝的高手。而這吉原的藝妓又分為仲之町藝妓和橫丁藝妓兩派。

三味線行為琴蒙皮，就像一般家庭到了年終換榻榻米一樣。藝妓總是希望過年的時候能夠有把又新又漂亮的三味線可以用，所以都會在年終時來預訂。妓院裡較大的空間都有三味線架。每家都有十五、六把到二十把三味線，所以整個淺草就有兩千把三味線等著換皮。還要加上吉原那邊的訂單，就算三味線行有十幾家，一時間也來不及做。

另一個忙著蒙皮的時期是習藝期間。春天習藝是在四月到六月左右，秋天習藝是在九月到十一月，這段時期也常做蒙皮的工作。

撥孝在東京的三味線商當中也是最大的。其他與我們相當的店，有下谷稻荷町的菊岡、木挽町的菊岡和撥英等大型三味線專賣店。撥英位在人形町的甘酒橫丁，這是撥孝的弟子分出去開的店。我也是撥孝的弟子，和撥英算是師兄弟。撥英開得可久了，在關東大地震①之前，就以撥孝分店在人形町開張，大約跟我父母是同一輩的。

當上撥具店的弟子，第一要學的就是鋸子怎麼使，所以就讓我們做撥鞘②。做了幾個撥鞘之後，自然而然就會使用鋸子和鉋子了；不過這段時期很短，大約只有一個月左右。剛開始的薪酬只有五十錢，相當於零用錢的額度。

會用鋸子和鉋子之後，也不可能馬上就讓我們做新的琴撥（木撥），而是從修理用過的舊撥子開始做起。當然，那還是最便宜的樫撥。木撥分成握把和刃端兩部分，兩者用名為「蟻（掛）」的鉚榫來連接。木撥彈久了之後，刃端的角會磨掉或是缺角，所以要把刃端全部從蟻掛上卸下來更換。

然後，將工廠事先做好刃端形狀的木頭，用鋸子鋸出鉚榫的型，然後用木撥用的鉋子鉋出和舊撥子一模一樣的刃。這麼一來，就跟一把新撥子一樣了。做好的撥子要用

①：關東大地震發生於一九二三年九月一日，規模達七．九，是日本有史以來最大的地震，由於發生時正是中午十二點前後，造成三日大火，死亡達十萬多人，受害者有一百九十萬人。

②：撥鞘是用來保護琴撥尖端的套子，呈細長形。

砥草磨過。我們這家店本來就有五、六個打雜的小廝，於是幾個人便會比賽一天做幾把撥子。想有機會接觸到做新撥子，必須等你完全學會修撥之後，這至少需要修業半年到一年的時間。

在撥孝的工作時間是從早上八點半到晚上八點半或九點，但這門生意賣的不是日用品，客人也不會絡繹不絕的進來，所以，我們的店會一直開到十一點半左右。

就算是開始做新撥子，這段期間也並不是只做撥子就好。一旦上面吩咐：「去那邊把三味線的蒙皮拿回來！」我就得騎上腳踏車去取貨。有時一通電話來，「馬上把弦送過來。」我就得把三味線的弦裝在袋子裡送去。總之就是做小廝打雜供人使喚，空閒之間，才做琴撥工匠的工作。

我們還在店裡那時候，一個出師的琴撥工匠，一天可以完成十到十五把琴撥子。

業務跑遍根岸、白山、神樂坂、烏森的花柳巷

進入撥孝大約三個月以後，我就轉去做琴杆師。之所以這麼做，是因為撥孝的老板娘說：「店裡只培養做琴撥的師傅也不是辦法。」撥孝的老板娘自己沒有小孩，所以很疼我。現在回想起來，應是她認可我的工作態度吧。

在撥孝，做琴杆的師傅都是通勤工作，早上八點到下午五點，一支琴杆得要花不少時間才能完成。由於撥孝不只培養琴撥師傅，也要培養三味線琴杆師傅，所以我才被調到那邊去。因著這個緣故，雖然木撥我只學到一半，但這家店本來就是琴撥專賣店，生意忙的時候，我也得回來幫忙做琴撥。

剛開始學做的是花梨琴杆，因為它最便宜。等技巧漸漸上手之後，就開始做紫檀、紅木杆。然而，我並沒有打算一直做個琴杆師，所以我熟記了尺寸和工作的順序，請師傅教我手藝到某個程度。

長杆按尺寸裁好再製作，這與和服織布的裁剪是一樣的。三味線的琴杆有二截和三截等種類，連接這些部分的鉚榫做法、鑿子的使用方法、榫眼的開法等，都是一開始最基本要學的。等這些都學紮實了，才進一步學些……像原木本來有節，要裁下適當的木料避開木節，就能夠賣高價錢……之類的。

現在已經不做二截的三味線了。從前，在淺草的花柳巷，進入舊見之後，會由提箱的人幫忙拿著三味線，為了方便他拿，要做成兩截；新見那邊則是直接提著長杆走，所以兩截或三截都無所謂。另外也有一支杆的三味線，它不能折又很長，所以製作特別費工。

選裁木料就算沒有問題，琴杆在用鉋刀修過後的拋光才是一大考驗。它要用砥石做初磨、中磨和最後的修磨，前後磨三次。這樣才能讓琴杆熠熠生光。琴杆也有上漆的，但是上漆的都是唬人的。在木質底上加工最好是不要上漆。琴杆據說一天可做一支。學做琴杆得花上兩年時間。

㉞——三味線屋「撥一」店内景象。

我從鄉下出來就直接進了撥孝，但是我不喜歡做女客人的生意。對這門生意反感到極點，好幾次都想辭掉算了。我到東京之前，從來沒看過三味線，也不知道這是什麼樣的工作，這也不是自己期望中的工作。說到唱歌，我從小學的時候就沒這個天份，由此種種，我不覺得自己適合在三味線行工作。

其他都不提，我最討厭的就是包女人、買藝妓的話題或是黃色笑話。十五、六歲剛進店裡，學做琴杆的地方常有藝妓客人進來。她們看到我就會說：

「哎喲，小哥，一大早就在玩長杆哪。要不要我來安慰你一下啊。」

剛從東北出來，話還帶著鄉下土腔的小廝，聽到這樣的戲話，根本不可能回答得上來，只能紅著臉眼看著地下。賣象牙的老板上門也是滿口黃腔，因為這就像是打招呼一樣。不只如此，連我的師兄看到喜歡的女郎走過門前，也會使喚我說：「喂，你跟在那個女的後面，瞧瞧她進的是吉原哪家店。」

這些事情都讓我厭惡得不得了，因此過了一段時間後，我便和君島志願加入海軍。那時候大概是十七還十八歲吧，不過才通過一次考試就被店裡發現了。那時候有個新來的小廝，他父親做過釀酒商，是個參加過日俄戰爭的英雄。他把我和九十九叫到跟前，好好的訓了一頓。

「你們這些小伙子心裡燃燒著希望，但是若是拿軍隊跟你們現在店裡修業相比，那可是個要拚命、又辛苦又嚴苛的環境啊。你們的想法太天真了。我是參加過日俄戰爭沒錯，但是只有大傻瓜才會去從軍。」

他還說，不論做哪一門生意都一樣，最重要的就是忍耐。又說不厭其煩的做所以才叫「從商」③。他嘮里嘮叨的說了一堆，最後我們只好打消進海軍的念頭。那時候才真的定下心來，從此之後，就一心專注在這門行當上了。

撥孝位在淺草，娛樂自然不可少的。可是工資雖然調高到一圓、兩圓，跟現在比起來還是少得可憐哪。我從來沒去買過妓女，雖然這話自己說好像有點怪。那時節花柳病正盛行，哪個人沒得過花柳病就不算男人。但我們有徵兵檢查。我很擔心回鄉下去檢查時，被人家說：「喂，你有花柳病。」

總之，到了二十歲，不論你喜歡還是討厭，前提就是得去從軍；所以休息的時候就打打草地棒球、草地相撲，還有就是常常去爬山。淺草那裡本就有空地，而且馬路上也可以玩投接球。我們這些工匠是休初一和十五。如果能休一整天的話，我就會在前一天夜裡上山。像是奧多摩、大菩薩嶺、谷川岳等，關東近郊一天可以來回的山，我幾乎都走遍了。因此，雖然我在淺草的三味線行工作，卻沒有玩女人的回憶。

海軍事件之後，我就被分配去外面接業務。之所以會變成這樣，是因為原本做外務的前輩常上咖啡廳，把我們店裡的三味線私下賣出賺零用錢，被店裡抓到了，所以老板叫他走路。於是我便接下這個跑外務的工作。

撥孝有十五個工匠，其中五個要跑外務，不出門的時候，在店裡也和其他工匠一起工作。說到當時的外務，以我所能做的事情有：在客戶那裡修琴、賣三味線、賣琴撥。如果再分細一點，舉凡根緒、胴掛④、胴掛的紐、指套、膝墊、琴頭、弦、琴馬、撥皮、撥皮的糊……總之所有三味線用得到的東西，都各帶一式，跟店裡一樣的部品都各帶一樣放在外務用的工具箱裡，然後出外聽候客戶的要求。

我負責的地區就是根岸這裡，客人相當多。戰前，根岸區的花柳巷在柳通四丁目旁，也就是現在三業會館的後巷裡。那裡可是有獲得經營許可權的。不過，戰後在許可地之外的地方也變得可以營業了。但就算是如此，在戰前，那裡也有二、三十家妓院，藝妓也有一百五十到兩百人。我的客戶是「駒屋」或「一松屋」等，約有十五、六間。他們大多是清元派的，不過根岸花柳巷跟其他地方相比，還是落後很多。

根岸之後到白山。白山也有二、三十間。大塚那裡雖然少，但牛込的神樂坂比較多家，大概是根岸的一倍。那裡和烏森、現在新橋的烏森神社境內共有五、六間，下谷也差不多家數，都是我的客戶。總的來說都是在都心，遠一點的，西邊也有到鶴見，北部也到過現在的西荻窪附近。

當時已經有省線電車了，但費用很高。最便宜的還是市內電車。最划算的就是從淺草雷門坐到品川，只要七錢。我們幾乎都騎腳踏車。一天走兩個到三個地方，提著工具箱到處走透透。

要去鶴見，先要從淺草千束町出發，到新橋十五分鐘，從新橋到品川的八山十五分鐘，從八山到蒲田警察署十五分，從蒲田警察署到川崎車站前的十字路口十五分，最後的十五分鐘是從川崎到鶴見花柳巷。速度很快吧。現在的第一京濱公路、國道十五號公路當時是卡車通行的，順的時候有時可以抓著卡車的屁股後面跑。不過這樣很危險。若是卡車緊急煞車，整個頭都會被卡車輾碎。

戰後以根岸為主要據點努力經營

我和現在的老婆在一起是在昭和十五年（一九四〇年），二十一歲的時候。那時節正是當兵前夕。第二年一

③：不厭煩與從商是同音。

④：根緒、胴掛都是三味線的專用名詞，根緒是指在三味線最下方，用來將弦拉緊，綁在倒冠的組紐；胴掛是琴鼓側面，演奏時擱右手的皮套或硬殼套。

月十日，我就拿到徵兵令，進入海軍通信學校，在橫須賀的海兵團擔任普通科練習生。大東亞戰爭爆發就是在當年的十二月八號。昭和十七年二月，我從通信學校畢業，隨即登上由商船改造的特設防艦「昌榮丸」，參加聯合艦隊的北方作戰。這艘船是母艦，即是第一監視艦隊的司令部。曾經去過阿留申、阿圖島、基斯卡島、幌筵島、西姆西島等。但是在昭和十九年六月，我接到命令，要我到通信學校就讀高等科，我便下船了。可能是艦長幫我推薦的。當時船上的所有戰友，現在沒有一個人還在世上。我因為去久里濱的通信學校上課，才逃過一劫。可以說生與死就在這裡交叉了，只有這一點真是我的運氣。後來雖然去了豐橋，但是名古屋的空襲情況實在太激烈了，又遷移到小松的機場。我一直在小松待到昭和二十年三月。在豐橋的海軍航空隊迎接戰爭結束。

解甲復員是在昭和二十年八月二十六日。十月來到根岸，就是根岸三丁目，我現在住的地方。這裡本來是我大舅子住的，雖然是租的，不過在我大舅子搬走之後，我繼續住了下來。根岸一帶當時燒得光禿禿的，殘留下來的房屋都像長屋⑤一般。劫後餘生的人們，好幾家擠在一個房子裡。我們家占地有十九坪，兩層樓，建坪有二十五坪，上下各有兩間一坪半和三坪的房間，樓下是別的人家居住著。

戰爭剛結束時，從鶯谷車站到言問通之間的下坡道兩側全部都是攤販，還有個飄送著瓦斯燈氣味的黑市。那條坡也就叫做黑市坡。車站周圍旅館林立，但是比起來安靜得多，不像現在那麼熱鬧。

這一年，實在不知道這門生意到底能重新開張，還是得放棄，我一直想找出個答案。即使如此，沒有什麼比待在撥孝更好的了，對我來說，最重要的資產就是我幾乎跑遍了整個東京的花柳巷。不論去哪個花柳街，可以說沒人不認識我的。拜此之賜，我從軍隊中回來之後，花柳巷重新復甦的同時，我的生意也重新開始了。

我離家出征之前，曾經賣出八百圓和一千圓的三味線給下谷的藝妓。當時，一千圓可以買一棟長屋呢。那位大姐的老爺據說在名古屋是個坐二望一的資產家，她一個月有一半時間都陪著那位老爺去旅行。兩把三味線賣了一千八百圓，撥孝的老板可是笑得合不攏嘴。

應該是昭和二十一年三月吧，偶然在白山遇上那位大姐。她說：「你很會做生意，不如自己開一家三味線的店吧。我現在正需要一些根緒，你幫我帶一些來。」

根緒就是三味線琴上，將三根弦固定在一起的組紐。在那個時期，一個根緒要一百五十圓。等我帶去時，「啊，這塊根緒，顏色很漂亮呢。」說著一口氣買了十個左右。

那位大姐本是從白山出來的，我在撥孝的時候經常往來白山的花柳巷，客戶很多都是藝妓院的。就因為這位大姐一句話，我終於決定自己出來開店。我一邊跑外務一邊在根岸的家開起了三味線行。連屋號都沒有，就用「渡邊」兩字，騎著一台腳踏車跑遍花柳巷。

說起來，以白山為中心，人形町、芳町、明治座的周圍我也跑得很勤，此外還有芝神明、神田，當時到處都有花柳巷。戰爭前跑的地方自然也不能忽略。

剛獨立出來的時候，在東京要買材料，只有湯島隘口坡道上有一家叫「志摩藤」的批發店。而工具，就是一把鋸子、一把鉋子，那時候像蒙皮的工具不容易找到，但是畢竟有些門路，好不容易把需要的工具都找齊了。像是象牙之類的也都是黑市買來的，但總算是有。當然價格是高一些，但在花柳巷不用擔心這點，藝妓們的荷包也沒問題，所以相對來說並不算貴。

只有絲弦，反而是由我這兒批給志摩藤。這是因為撥孝有個專門製造絲弦的廠商叫做「早川」，它開在池袋立教大學的棒球場前。戰前我還在撥孝的時候，就跟這家店有來往，所以我去訂貨還比批發商去訂要來得快。畢竟那時候絲弦店在東京也不過只有五、六家；就因為這樣，後來由我下訂單，再賣給批發商。有時候得在店裡等到半夜十二點絲弦做好，然後在回家的路上把貨交給批發商。

三味線的弦是將絹絲用手拈搓，再用糯米糊或寒餅⑥將它固定。現在來看材料會是個問題，但是戰爭剛結束的時候，只要是絲，來源都沒問題。

三味線最上面的弦是第一弦，中間是第二弦，第三弦則在最下面。第一弦最粗，從十五之一到三十之一；第二弦是從十二之二到十八之二；第三弦則是最細的，從百目之三到十八之三⑦，數字越大弦便越粗。按照弦的粗細，號碼也不相同。而且依據「清元」或「長歌」等彈唱的曲目，第一弦的粗細完全不同。此外還要看個人喜好，同樣彈「清元」的第三弦，有人喜歡粗弦，也有人喜歡細弦。所以弦的種類也很多，通常一個絲弦箱裡，固定都放有第一弦六條，第二弦十六條，第三弦五十條。

靠著做絲弦批發，生活算是安定下來了。一根第三弦就可以賺一圓，若是賣一萬根就能賺一萬圓。藝妓們到處表演生意忙，絲弦用過一次就丟棄了。那時代就是這樣。

從戰爭剛一結束我就開始做絲弦批發了，在社會黨片山內閣上台（昭和二十二年）之前，生意都做得很不錯。白天，我就巡迴花柳巷，賣三味線和其他零碎東西，有時

⑤：長屋是指長條型的平房，隔成數間，戶與戶之間共有一面牆，但各有玄關。長屋大多是建在都市密集地區，大多做成商店或租屋。

⑥：寒餅是在寒冬做的糯米糬。

⑦：這裡指的是弦的種類編號。弦的種類繁多，第三弦兩百條加起來重十八匁，便簡稱為十八之三。而第二弦是第三弦的兩倍粗，第一弦是三倍粗，所以第二弦是以一百條的重量來標記，而第一弦則是六十條的重量。一匁相當於三・七五克。

也會接到修理的訂單。到了晚上就去絲弦商那兒等絲弦做好。當時下的訂單之大，以至店家主動說：「現在沒有十四之二，等做好了給你送去。」

這十四之二是小歌用的弦，但這種事常發生。當時所有的貨都只付訂金而已，所以通常先向批發商把貨款收一下，轉手付給絲弦商。早川的老板就說：「現在這世道，付了訂金就急著要我們送貨過去。以後不曉得會不會有一天，我們得親自上門，拜託別人買我們的弦啊？」這話他常常掛在嘴上，後來那種時代真的來臨了。

片山內閣上台之後，由於稻米管制，現在的料理店全都只能歇業，一時之間，景氣跌到谷底，我的工作也只好跟著暫停。直到昭和二十五年韓戰爆發帶來了特需景氣，才慢慢有了復甦的跡象。而以花柳巷為中心的國樂世界也跟著復興。不過，從絲弦商開始，一律都是交貨時付款，而不是付訂金；也有改成每年在中元節和年終時付錢的。變成一種不借錢就賣不了貨的狀態，有段日子過得很苦。

昭和二十七年，入谷的鬼子母神廟附近有個店面，我就把它租下來了。於是「撥一」，也就是「渡邊樂器店」合資會社誕生了。租來的店面很小，只有六坪。但是面對言問通，位置算是很好。從這時候開始，算是把店面和家裡分開了。這段時期，根岸的花柳巷復甦了，藝妓也相當多。

店面開張的同時，我也收了一個徒弟，後來又收了一個。我把自己會的全都教給他們，他們也幫了我很大的忙。不但做事踏實，而且人品也很好，像蒙皮的技巧等，一學就會了。我出去跑業務，除了特別的事之外，店裡全都交給他們。忙碌的時候，一天要蒙個十把的皮呢。昭和二十八年拿到駕駛執照，第一部車是「rabbit」⑧。

昭和三十一年政府通過賣春防止法，於是花柳巷漸漸衰微。因為這條法律而受到的傷害非常之大，我們的生意再也沒有榮景。

由於言問通的拓寬工程，店面也要被收購拆除。昭和四十九年，搬到了現在的根岸一丁目。當時，這附近是一位名叫上長的老板他家的車庫。就像你現在看到的，這家根岸的店開在後巷裡，跟鬼子母神廟那邊開在大街上，完全不可同日而語。

三味線的琴杆和琴鼓

現在，我的客戶當中，專業的有出身歌舞伎的，藝大的老師、收了徒弟授藝的工匠師傅。雖然花柳巷的藝妓以前都是客戶，不過最後一位藝妓客人是芝區的藝妓，她已經洗盡鉛華搬到千葉去了。除此之外，還有因為興趣而學彈三味線的人、練習唱小歌的家庭主婦，有人練習唱長歌，也有人唱民謠。

雖然不是我的專業，不過在這裡我想為完全不懂國樂的人，稍微介紹一下長歌、常磐津、清元和義太夫。待會兒說到琴杆和撥子的時候，會比較容易懂。

現在，在人形淨瑠璃⑨中會演奏義太夫，歌舞伎中則演奏長歌、常磐津、清元。但是如果回溯這四者的關係緣由，大概可以分為義太夫—常磐津—清元與長歌二大類吧。在十七世紀末期到十八世紀初，淨瑠璃在大阪有竹本義太夫創的義太夫節，而京都有始於都太夫一中的一中節，江戶有從吉原流行開來的十寸見河東創始的河東節，這些曲調都在各地名噪一時，相互競藝。

享保十九年（一七三四年），從京都一中節出來的一位宮古路豐後掾，來到江戶表演大受歡迎，被稱為豐後節風靡一時；但是幕府卻以其詞曲引發淫靡之風，而在兩年後勒令禁止。豐後節遭到禁止後，豐後掾的徒弟常磐津文字太夫，修改其旋律，另開一派，是為常磐津節。然後，從常磐津又分出富本節，富本節又再次分流，到了文化十一年（一八一四年），由清元延壽太夫所創的曲子，叫做清元節。因此清元可說是淨瑠璃中最新的一支，它受京都的影響較少，充滿純粹又爽朗的江戶前風格，受到江戶人的喜愛。

相對於淨瑠璃，長歌是十七世紀末在江戶誕生的歌舞伎⑩音樂；接著又慢慢發展出有人吟唱的小歌，作為舞蹈劇的伴奏。後來，它汲取淨瑠璃各流派的曲風，擴大了它的藝術層面，進而在江戶末期，脫離歌舞伎衍生出座敷長歌；現在說到三味線歌曲，可以說指的大多是長歌。

如您所知，三味線依其琴杆的粗細，可分為細杆、中杆、粗杆等；但是細杆和中杆的差別相當微妙，不像粗杆那麼分明。一般來說，說到三味線就是長歌用的，勉強來說這就是細杆；相對而言，清元、常磐津、新內的三味線⑪，就是比它再粗一點，也就是中杆；然而像義太夫的三味線和津輕三味線、浪花節三味線等，全都是粗杆。所以，在製作細杆和粗杆時，從一開始的取材到原木的裁切方式都不一樣。

琴鼓的取材也依粗杆和細杆而有所不同；材質不論好壞，一律都使用花梨木。花梨木最適合做琴鼓，而且取材時木紋很好，第二片、第三片之後，越往裡去（木芯）木紋的圖樣就越差。花梨樹直徑約六十公分，從前是從越南

⑧：「rabbit」是二次大戰時中島飛行機公司利用美軍留下來的小輪摩托車，試作後大量生產的最初期機車。在昭和二十二年正式推出後大受歡迎。

⑨：淨瑠璃出現在十六世紀，剛開始是一個盲眼老人，以琵琶和扇拍子說唱淨瑠璃姬與牛若丸淒美的愛情故事，故稱之為淨瑠璃。十七世紀初期，淨瑠璃增加了人偶配合三味線伴奏的淨瑠璃音樂，演出人偶劇，稱之為人形淨瑠璃。

⑩：歌舞伎類似中國的京劇，是結合了歌曲、舞蹈和對白的一種近代戲劇；也是日本代表性的庶民戲劇。

⑪：新內也是從富本節衍生出來的。

進口的木材。琴鼓是用四片花梨木以膠黏合而成。內壁則有分完全不加工，和為防止聲音渾沌特地做成鋸齒花紋的綾杉胴。當然綾杉胴比較高級。

三味線這種樂器，做琴杆的師傅就只做琴杆，琴鼓則有另外專門做琴鼓的師傅。所以要製作一把三味線，首先需要做琴杆的琴杆師，接著是琴鼓師，這是專做琴鼓的人，另外還有做弦軸的人來捲弦，金屬的部分有金屬師，蒙皮師是專門幫琴鼓蒙皮的人，所有的師傅都各有專業。另外插一句閒話，弦軸一定要用黑檀來做才行。若是油亮亮的容易滑開，而黑檀木是最沒有油亮感的木材。

最後，把這些零件全部湊合起來的就是組裝師。哪支琴杆要配哪種琴鼓也是組裝師的工作。實際上，在琴鼓上做出榫眼的是琴杆師。琴杆師、蒙皮師、組裝師的工作我都會做，所以我這地方可以說是製造廠。從稅法上來說就是繳納物品稅的人。

不弄破就學不好的蒙皮技術

說完琴杆和琴鼓的故事之後，接著就要談談皮和蒙皮的技術了。

三味線的皮有貓皮和狗皮兩種。貓皮叫做「四」，狗皮叫做「犬皮」。當然貓皮比較上等。貓皮是從背脊剖開，用腹部的皮；狗皮是從肚子剖開，用背部的皮。大約一隻貓可以取兩片，一隻狗可以取七、八片。義太夫、津輕、浪花節等粗杆的琴皮用狗皮就可以了。因為粗杆必須皮厚，面要大，因此大多用犬皮來做。

貓皮沒有損傷是最好的。這裡說的損傷是指貓還活著時的抓傷，並不是剝皮時切壞或是鞣皮時搞出來的痕跡。雖然如此，但為了取得完美的皮，在飼育期中過度保護，造成脂肪太多的話，也做不出好皮。在家裡小心呵護，不讓牠受傷，並且認為養得胖胖的，才能做出上好的三味線皮，這是外行人的看法。其實還是需要讓牠有某程度的運動。年齡雖然也有影響，但傷痕是最大的問題。一般來說，在家飼育卻沒有傷痕的貓寥寥可數，沒有傷的貓甚至比很多傷的貓還要少，畢竟貓並不是為了做三味線皮而活的；但這種傷痕連肉眼都看得見。

貓皮在冬天鞣過的品質較好，夏天就差多了。因為貓是自然生長的動物，夏天天氣熱，皮也比較薄；到了寒冷的冬天，皮就會變厚。按照自古的慣例，貓皮是幾片綁成一束來賣。一束裡面有好皮，也有無法使用的皮。如果裡面有較多適合自己使用的皮，就算賺到了，反之則會不划算。選皮靠的是多年培養的直覺。我們店會先把冬皮買起來，然後放一段時間。總之就是要配合客人的喜好來選皮啦。

蒙皮的時候，貓真的比較神經緊張，所以和狗相比，貓的皮比較薄，而且在拉開的位置，也和狗皮不一樣。說起來，狗也很難做，一點也不輕鬆。但是，犬

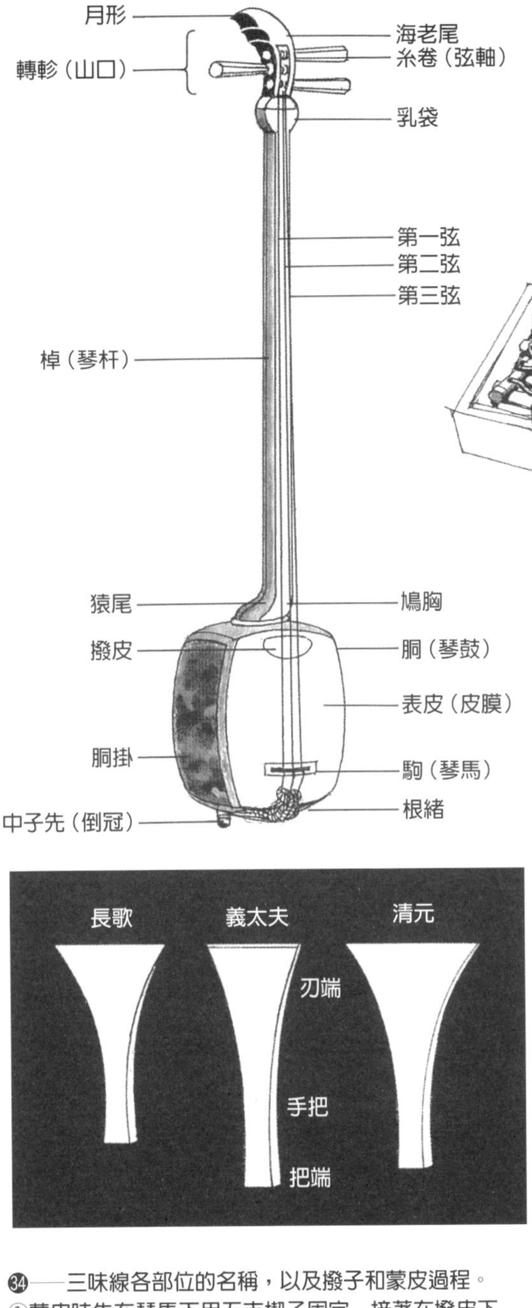

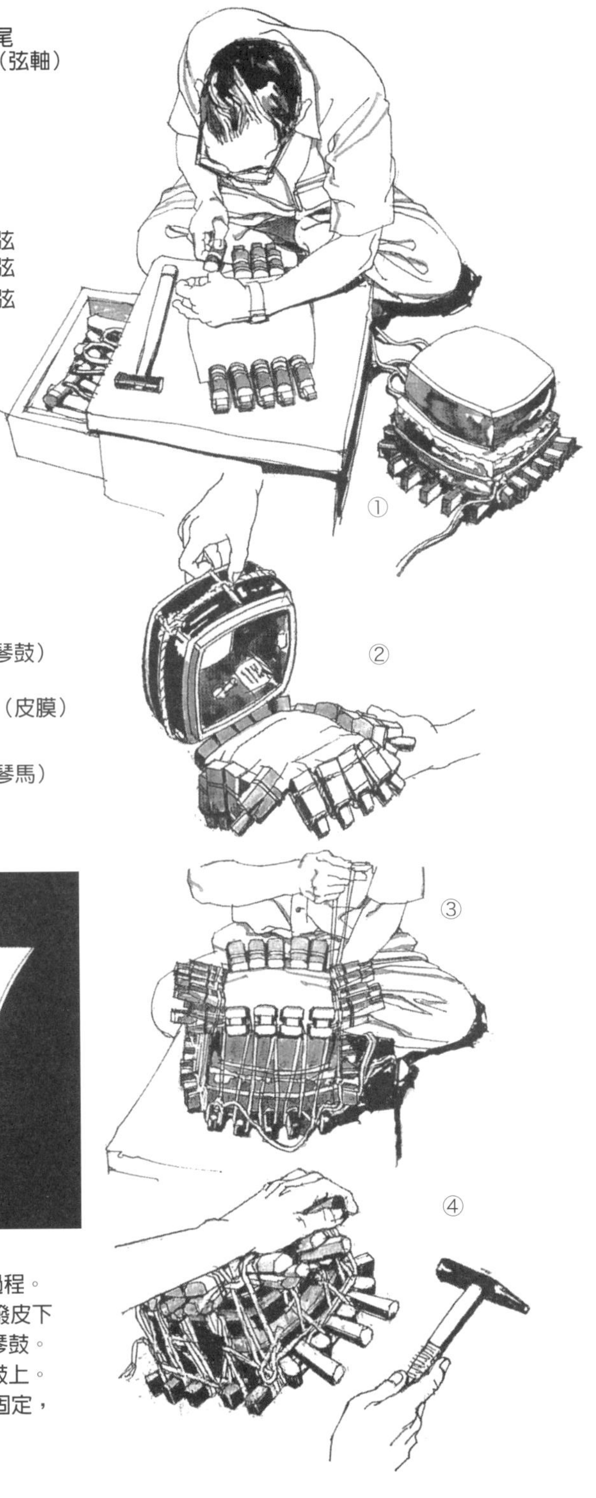

㉞——三味線各部位的名稱，以及撥子和蒙皮過程。
①蒙皮時先在琴馬下用五支楔子固定，接著在撥皮下用四支楔子固定。右下為固定在蒙皮台上的琴鼓。
②兩側也各打入四支，再把皮蒙在上了糊的琴鼓上。
③用線把琴鼓固定在台上，用手，甚至腳使之固定，拉緊線，再插入錐子扭緊。
④之後再打入楔子，拉緊到不能再緊為止。

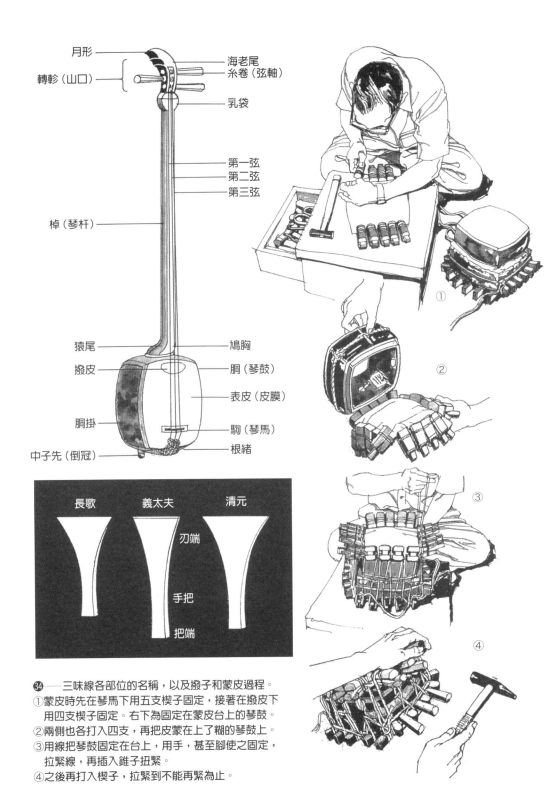

皮做的三味線，大都是用來學習用，所以很少有人會挑剔它的蒙法。但貓皮三味線都是正式表演用的，價格也高，所以不論哪個客人都會很在意蒙皮做得夠不夠好。不過犬皮和貓皮的不同之處，一般外行人是看不出來的。只要隔著一張唐紙⑫，連我也看不出來。

蒙皮的技藝我並不是在「撥孝」當學徒時學的。在撥孝他們才不會讓我做蒙皮。除了要培養成蒙皮師傅的小學徒之外，其他人是不讓做的。皮和錢一樣，不是可以隨便浪費的東西。

獨立經營之後，也有客人來訂購三味線的蒙皮。剛開始我把它當成生意，所以就雇了一個蒙皮的師傅。但是就算我一整天都在外面跑業務，也找不到符合師傅手藝的工作，只好把他辭退了。不過還是有蒙皮的訂單進來，於是我開始考慮，不如自己來做做看。我看過那個師傅工作的情形，順序也都記在腦海裡了，我想不過是蒙皮這一點工作，自己應該可以做得到吧。我這個人實在有點胡來，接到訂單就真的開始做蒙皮了。沒練習就直接上場，不像別人都是去修業才開始接訂單。這樣做多少遇到了一些困難，但是我認為這是真正學會蒙皮的捷徑。那是個戰爭剛結束的時代，而我也太年輕了，才做得出這麼胡來的事。所以蒙皮的工夫，我並不是特別向誰學來的。

蒙皮的技術真不簡單，不把皮弄破是學不好的。這可是需要資本的。我自己獨立開店，經濟上在某種程度還算自由，可以自己研究學習。現在還留著很多做失敗的皮哩。若是換算成金額，恐怕是一筆不小的開銷，但如果不做破那麼多皮，技術是學不起來的。

總而言之，開三味線行第一是蒙皮，第二還是蒙皮，蒙皮做得好還是做得差，關係著三味線行的盛衰榮辱。只要做得好，不論哪裡的客人都會上門；但是，蒙皮的手藝一旦退步，客人必定會減少。我說的是實話。

蒙皮能夠做到出師、沒問題，就是接下五把琴的訂單，最後順利把五把琴交到客人手上，這就算成功了。若是幫五把琴蒙皮，最後有一把蒙得不算好，表示修習還不夠足。不論什麼都一樣，即使其中有些成品不夠好，但平均起來還不錯，那就可以算是出師了。

我跟清元志壽太夫⑬大師交誼太久，所以印象有點模糊了，但是跟他認識可以說是一個很大的轉機。受到老師的疼愛是一件很幸福的事。志壽太夫大師生於明治三十一年（一八九八年），前一陣子去慶祝他的米壽⑭呢。大師是戰前到戰後的清元節代表人物，若要說到聲音高亢優美，他的聲音的確真是棒極了。歌曲的轉折可以用豔麗來形容，是志壽太夫獨有的，別人想學也學不來，是個真正的達人。他在說唱家當中已經是第一把交椅，但是仍然嚴格的要求自己繼續精進、磨練技藝。從我們眼中看到的他，也絕對不是個會半途而廢，放棄學藝的人。他的脾氣就是凡事堅持到最後方休。我當小廝的時候，在撥孝的店裡經常見到大師，所以他也跟我很熟。戰後，從撥孝出來獨立，繼續從事三味線工作的只有我一人，所以大師也對我特別照顧。

志壽太夫的立三味線是由正壽郎負責彈奏的。等到換成他兒子榮三郎彈奏時，他的三味線和琴撥就交給我處理了。榮三郎和弟子們的三味線一直由我負責修理。他的弟子現在都是在歌舞伎表演，幾乎所有人都是。我是在榮三郎的訓練下才有今天。我把琴皮蒙好帶去後，他會要求我：「這琴皮蒙得太軟、太鬆了。你再重做一次！」榮三郎現在是東京藝大的清元節教授。

榮三郎喜歡厚皮，厚皮必須一再的拉才能拉開。由於志壽太夫對高音有所要求，因此立三味線一定得要夠清亮才能配合他。像榮三郎對他的立三味線，就得特別花工夫。

三味線分成「立」、「脇」、「上調子」。立三味線是領導其他三味線的首席演奏者；脇三味線是次於首席，輔助立三味線的人；而上調子，是用比地調子較高的音階來合奏的三味線。三味線本身都一樣，但若要比較的話，上調子還算簡單，立三味線可就真的折騰人。

像榮三郎這樣的狀況，表裡的蒙皮費都要比一般高，但是為了他們的三味線，得多買好多張皮才行。大約一百張裡面，最多只有四、五張能用。這四、五張皮不用說，一定要沒有傷口的，厚度也要夠，而且還要榮三郎看中意的才行。而其他唱小歌的人，則指明要又薄又漂亮的皮，就像這樣，看每個人的喜好、彈的是長歌還是清元，皮也都不能一樣。所以，有沒有眼光選對適合客人的皮，就成了成敗關鍵，光是選皮有時可以花掉一整天。

說到這蒙皮的技術，只能說完全憑的是直覺。沒有兩張皮是一模一樣的，有時候同一張皮也有微妙的厚薄差距，所以蒙上皮要聽聽聲音，同時盡可能的把皮拉到不能再拉的地步。若是不把皮拉到似破未破的境地，就發不出好聲音。貓皮一張的原價很高，當然非得慎重行事不可。

再用力拉就會破，但若不再拉就會太鬆……在這種邊緣地帶時，到底是要再拉，還是停手，不是用尺可以量得出來的，只能靠著直覺，沒有別的辦法。有時也會掛上琴弦，試試聲音，但主要還是手的觸感、感覺和外觀。這些都是靠自己幾次、幾十次，甚至幾百次的試做，才得到的領悟。

⑫：宣紙。從中國傳來的，所以叫唐紙。

⑬：清元志壽太夫，一八九八～一九九九，日本清元節的說唱大師，後獲頒為國寶。

⑭：八十八歲。由於米字分解開來就是「八十八」，所以稱之為「米壽」。

總之，把皮拉到幾乎快破了的地步才好，如果是怎麼拉都不會破的皮，就表示力道還不夠。我這裡的琴是要在歌舞伎座演出者的三味線，用久了都會鬆的，所以我得幫他們換皮。三味線的換皮也是看人、看琴而有所不同。平均蒙一次可以挨上半年左右。

由於三味線是靠聲音來分高下，尤其是在歌舞伎演出的人，或者藝大的老師等專業使用者，他們都對琴特別寶貝。得到他們這些人的訂單，是一件非常光榮的事；但從另一層意義來說，卻沒什麼好高興的。拿到他們的酬金，其欣喜遠遠比不上工作的辛苦。

每個人來到這兒都會說：「拜託你把琴音給弄得更美一點。」這些專業人士之下還有很多人，技藝也都在伯仲之間，萬一有人批評「這琴的音色不好」、「哎呀，你退步了」之類的，那一切就完了。他們的要求特別嚴格。我做了這麼多年的生意，但遇到這些專業人士，從選皮開始到蒙皮完成，連喘口氣的時間都沒有。在對方還沒說，「好，那我收下了」之前，腦海裡更是片刻不離工作的事。光是為了選皮，就讓我在數不清的夜裡失眠。蒙皮是一件非常微妙的工作，身體不好時，琴音也會紊亂，而做出來的成品不如已意時會焦慮難安；這些都會表現在蒙皮的工夫上。總之，就是得繃緊神經。不過，我這兒也是專業的，大部分的時候是不會輕易認輸的。這種專業者的工作真的是要花上十二分精神。

還有……這種話得壯著膽大聲說才行，彈琴的人也漸漸衰老了，彈不出那麼好的音色了；也因為這樣，他們的要求就更高了。即使我這邊手藝夠好，但客人卻慢慢在退步呀，這種話雖然說了也沒用，但我就是很想說。不過，看法本就是因人而異，你也可以想成：就因為有這樣的人，我的技藝才一直不會退步啊。這也是因為他們覺得我的手藝值得期待吧，就這一點來說，我十分感謝，我會為他們盡最大的心力去做。

另一點，這蒙皮最辛苦的是，要配合在時限之前完成。奇妙的是，破了一次的三味線，再做時還是會破，第三次做可能又在別的地方出岔子，就在來來回回忙著這些簍子的時候，交件的時間已經到了；客人的琴是要上舞台用的，他們可是等不來的，只好支支吾吾的說抱歉。這種被時間追著跑的差事是最最辛苦的。當然，順利的時候，幫一把三味線蒙皮只要兩個小時就可以好，等它變乾也只要三十分鐘。

由於在歌舞伎或其他場合表演都是一起的，所以這些挑剔客，有時兩個人或三個人軋在一起，遇到這種時候來不及了，有時也會請他們在店裡等。總之，蒙皮這份工作，就像技藝一般學無止境。永遠沒有「只要這樣就好」，一直學到死都學不完。

做一把完全吻合彈琴手的琴撥

琴撥是三味線的附屬品。撥子當中以象牙最為高級，當然，象牙也分好的象牙和劣等象牙。象牙若是有著圓圓、自然的節，做出來的是壞撥。沒有節、彷彿光亮精鍊過的才是好象牙。在彈奏的時候，如果有節的話，琴弦容易斷，象牙本身也容易缺角。象牙琴撥不易尋得，有時想找也找不到。象牙店買進象牙，先用鋸子鋸過，再加工做成撥子狀，然後賣給我們。在這個階段，還只是半成品而已。我們還要將客人挑選好的象牙，繼續刨磨成客人希望的薄度，做成完全合乎客人手掌的刃端，這便是琴撥師的工作。

象牙撥是在蒙皮之後學會的。這門技藝我也是沒跟任何人學的。在撥孝的時候，我曾經很仔細的看過師傅做象牙撥，這就成了我的財產。不過象牙撥子果然比木撥來得困難。若是做失敗，那幾十萬的東西就這麼沒了。除了這個原因之外，做象牙撥的工具也和木撥不一樣。象牙是用銼子來琢磨的，最後才用鑿子修飾。銼子我這裡有，共七支吧，這裡就是全部了。一支銼子一般來說表面是舍利紋，背面是砥草紋。舍利紋比較粗大，用在削大片時，之後再用砥草紋來削，最後才用另一支細長銼子的砥草紋做最後修飾。

首先，把象牙店送來的未加刃的撥形加上刃端；再把兩側前端削薄才能彈奏。此時，就要看客人喜歡厚的，還是薄的。客人通常只說自己的喜好，很少把用過的撥子拿來給我看的，所以大多是我自己按照直覺來做。

我幾乎從來沒有削得太過頭而重頭再來過。再怎麼說，一支撥就要幾十萬，做壞一支就吃老本了。

這種象牙琴撥是正式上場時用的，學藝時用的木撥也有很多種。從材質來說，木樨和黃楊木最貴，櫟木最便宜。木樨以箱根產的質地最佳，黃楊木則要薩摩產的。木撥很輕，所以握把的側邊要注入鉛來調節重量。小孩拿的撥子大約是十匁到二十匁。彈常磐津、清元就要用這種重撥子。彈清元的女人有時要拿到五十匁重的撥子來彈。相反的，長歌、端歌、俗曲則用輕撥就可以。小歌的話會用手指撥弦，不需要撥子。

我這裡所有的木撥都是手工做的。連接握把和刃端的鉚榫、榫頭之類的，如果做得好，只要用鋸子削過就能夠完全的接合起來。這裡再用膠黏合。現在有aronalpha這種瞬間接著劑，但從前都是用膠來接合的。好的膠叫做明膠，明膠帶有一點紅色，顏色很像在結緣日時賣的飴糖，是很清澄的。一般的膠在接合處常常會變黑，所以我用明膠。

這種明膠也可以用在象牙撥子上。只不過接了象牙的撥子叫做「接合撥」，價錢只有「丸撥」的一半。象牙撥的結構和木撥不同。一般在握把的部分是斜斜的接榫。這位

㉟——從四個角度看到的木造町屋。三面都是停車場，獨自矗立在角落（根岸三丁目，行之松前）。

置不像木撥有接口。「接合撥」通常是給拿不到酬金的藝人使用的。就像佛像用一根原木雕成一般，完全象牙做的象牙撥，就叫做「丸撥」，是最高級的琴撥。

象牙撥彈奏的聲音，和牛角撥、鱉甲撥完全不一樣。

有人說：「一把好的三味線絕不能使用木撥。一定要用象牙撥才行。用木撥彈奏，音質就變差了。」

撥的造形和大小，依彈的是長歌、清元、義太夫等種類而有所不同。這是因為長歌、清元和義太夫所用的三味線也不同之故。不同的三味線自然要換不同的琴撥。用細杆溫柔彈奏的長歌和用粗杆彈出厚重感的義太夫，琴撥會因三味線的種類而有不同的發音方式。所以琴撥也是依此準則更換。長歌的琴撥刃端大而寬，刃端薄，連一釐米都不到。清元的琴撥形狀很像長歌用的，但整體都大一號。相反的，義太夫的琴撥造形完全不一樣，刃端較窄，不像清元那樣大而寬；不過，刃本身有相當的厚度，像我手邊這把就將近五釐米。

一般說到三味線，大都指長歌較多。長歌用的三味線是細杆的，琴皮薄，琴弦也細，所以撥子比較小。它可以發出纖細、溫柔的聲音。清元的三味線是中杆，琴皮比長歌的厚，撥子也比較大。義太夫用的是粗杆，犬皮，撥子形狀就和長歌、清元完全不同了。

撥子的尺寸大致上都是固定的。像是六寸、六寸五

分、六寸七分⑮之類的。這是從刃端到把端的總長。然後再由刃端的長、把端的長來決定。比如說，把端八分、八分半、九分、一寸的話，八分和八分半是長歌；九分是中間的民謠；一寸則是清元。不過，義太夫的撥子，形狀並不相同，長度也不一樣。

撥子上，連接手把到刃端的角或稜線叫做面。把這個角削平磨圓叫做「面取」，不削平磨圓保持原狀，就叫「不面取」。這部分也是視個人喜好，有的要面取，有的不要。長歌等一般的琴撥，幾乎都要面取的。

象牙撥子最主要的工作就是安上刃端和面取。這項工作最重要的，就是完全吻合使用者的手。我會要客人說說他持撥的感覺，再把它運用在撥的形狀上，這樣比較好彈嘛。客人的臉孔和脾氣一個個都不相同，有人喜歡刃端薄，有人喜歡刃端厚，這都是靠著長年累積的直覺做出來的。

一般的三味線行，大多做到蒙皮為止，像是撥子的加工，他們是不會做的。有些店賣象牙撥，但都是委託象牙店削好，做到能彈的程度再拿來賣。擁有削象牙的技術，又還在經營的三味線行已經不多了。我都是在訂製的客人面前做給他看的哩。

⑮：一寸約等於三・〇三公分，一分約〇・三三公分。

國樂為何走下坡？

現在用三味線的人少了，花柳巷裡藝妓也都不在了。在根岸，直到不久之前還有四、五十個藝妓，但現在只剩下五個了。就算想出去跑生意，也沒什麼需要，只好坐在這裡等客戶上門。客人多的時候，請購單可以到七、八十張呢。現在有時候一個月也看不到一張。

為什麼國樂會這樣走下坡呢？說起來，首先是入行難，這是第一點。以清元來說，像是〈阿染〉、〈明烏〉等曲調，雖然有人聽過這名字，但若是問他〈阿染〉是什麼樣的曲子？該怎麼舞？那就不知道了。從前誰都知道的戲劇常識，現在已經完全在生活中消失了。如果不懂，不知道〈阿染〉是什麼，那麼即使歌舞伎上演這齣戲，也激不起非去看不可的熱情了。清元就這樣式微了。

說到長歌，大家至少知道〈勸進帳〉吧，但是這也和清元一樣，很難入門，想要全本學會得花個好幾年。長歌修習第一首學的是〈松之綠〉。以這首〈松之綠〉來說，曲子只有一段，可是要把這一段記牢卻不簡單。從前町裡的師傅每天都授課，現在改成每週一、三、五，或是一星期二次。所以今天學的東西，到下回上課時又都忘光了。

現在民謠和小歌正流行，可是說到學的東西，都是短曲。如果這種玩意兒要更普及，基底沒有擴大是不行的。像是清元就有三百首曲子，長歌也有八百首左右，一般人

大概能知道多少呢？就算長歌的入門曲〈松之綠〉，我在昭和五十八年調查時，全國的發行部數只有四千部。

這和國樂的圈子，甚至其他的圈子都是同樣的道理。絕對沒有人因為技藝高超，就能馬上到達什麼都能唱的地步。這個世界就是這樣。不管技藝有多好，若是沒有拜師，或是沒有一個引你向上的人，根本連上台都不可能。我這麼說是因為這圈子也是有派系之別的。像是這位大師出來之後，弟子們也跟著出來；或是那位老板出現之後，下次換他的學生……都是像這樣的方式，遵守著一條嚴格的縱向脈絡。這圈子不會因為某人才藝高超，所以這邊拜個師傅，那邊有個老板，出現腳踏兩船的情形。要說它封建，的確是很封建。大師演出的時候，年輕人就必須端茶倒水的幫忙。大師的短褂要幫他摺好，草鞋也要收拾。

由於這個圈子就是這樣，所以以藝名來說，下面的人可以從師尊的名字裡繼承一個字，本家繼承一個字，再從別處……所以藝人的名字都很長。下面的人並不是技藝差，只是這圈子的結構如此。想要在這圈子裡揚名，就得馬上拜位老師。國樂的不振，或許跟這種制度有某個程度的關係。

說起來，花柳巷的衰微都很嚴重的呢。昭和三十一年，賣春防治法通過。從根岸這裡，各地的花柳巷都消聲匿跡了。現在還留有較多藝妓的只有向島、淺草、大塚、神樂坂。其他經營三業⑯的地方都幾乎看不到藝妓了。到了這種時候，若是藝妓手上連一把三味線也沒有，她們也就抱著可有可無的心情。大家都會說：「若是妳買的話，我才要買。」三味線和撥子都是在這種氣氛下才賣出去的。

把三味線帶到花柳巷去，生意一件一件的談，大約還可以賣掉不少。在神近市子⑰等人發起運動，制定賣春防制法之後，花柳巷受到衝擊，有才藝的藝妓也都年紀漸長，更加沒有男人願意花錢在歐巴桑身上了，可以說十分淒涼。現在能夠像樣的彈三味線，還有點才藝的藝妓，都已經六十幾了。年輕人當中沒有人願意來做藝妓的，這也是無可奈何的事。

雖然我們這一行從古到今一向是手工業，但是隨著科學化的腳步，現在也到了機器可以做三味線的時代了；我們學來的手工技術，根本完全競爭不過。在大阪，知事⑱將三味線指定為傳統工藝品，可是機器三味線，大阪也做得好，價格更是低得完全跟我們不同等級，因此東京沒有製作機器三味線的地方。手工做的雖然好，但用手做出來的東西，不會有兩個一模一樣的。但你到那工廠去看，機器可以做出一模一樣的東西。

此外還有撥子。木撥已經沒人用了，全部換成壓模製作的（塑膠）產品。這種壓模的看起來像象牙。

三味線可以用機器做，連蒙皮都能用機器來拉了。帶著三味線來要求蒙皮的需求者不斷減少。我們業者已經到了只有關門一途。在全國的理事會（全國國樂器工商業組織聯合會）上我也說過，希望在ＮＨＫ的節目中多增加國樂的播放。東京分會、神奈川分會、中部分會等也去和ＮＨＫ洽談，但他們覺得這是為了三味線行的利益，因而不願意答應。我們又搞了個連署書，跟常磐津協會、清元協會連名，向他們請求，不過作用不大。

現在全國加入聯合會的三味線商共有六百家，光是東京的會員就有一百八十多名，但像我這樣開了零售店在做的，屈指可數。其他的人都是二手舊貨店。為什麼會變成這種情形呢？那是因為每一把三味線都被課以一成五的物品稅；這些琴可不是支那戰爭留下來的用品咧。那種二手店不用什麼店面，只要有一坪空間就可以工作了嘛。如果有修理三味線的手藝，客人來取三味線時，可以順便賣別的用品，不用開店生意也能做得下去。為了逃避這種物品稅，戰後大家都轉成二手舊貨店。不過如果老是怕抽稅，就做不了大生意啦。就整個業界來說是這樣，但就個人來說，當然稅金能少就少一點。

這物品稅跟酒稅一樣，查得非常嚴格。稅務署的人來，會先把原材料和帳簿全都查一遍。就算是一切吻合，什麼問題都沒有，但只要三味線少了一把，那一追下去罰得可就嚴了。昭和四十一年，我們帶頭向全國三味線商募款，發起物品稅撤廢運動。當時的首相是田中角榮。後來四月一日起，不僅是三味線，連放三味線的桐木櫃和其他製品的物品稅全都廢止了；所以現在桐木櫃一座五十萬還是六十萬，是都不含稅的；西式家具還得要徵百分之十五的物品稅。不過，物品稅是廢止了，但是國樂器整體來說，長期低迷的走向是停不下來的。雖然我不是社會黨啦。

三味線行最重要的靈巧和音感

昭和四十三年，現在的東京國樂器商組織會成立之後，我擔任了三屆的理事長，後來又做了十五年的副理事；因此，一家三味線行是手藝巧，還是有好客戶，或是很有錢，大致都看得出來。

現在擔任會長的，是一位叫做石村定夫的，他在目黑徵集全國三味線行的子弟。換句話說就是石村學校。他向家長說「把孩子送來學東西」，家長便把孩子送到他那裡。

各地都有這類事情在進行，只要還有歌舞伎，就會有劇院繼續留下來，而它的伴奏當中一定需要三味線，所以國樂是不可能完全滅絕消失。只是像我這種經歷從前盛況的人覺得淒涼而已。令我惋惜的不是有技藝的人消失不見，而是人數逐漸變少。就拿我自己來說吧，我兩個女兒都嫁人了，這個家業沒人繼承。來向我學藝的弟子有五個人，但在三味線行工作的只有四個人。

我剛開這家店的時候，幫我做琴杆的師傅曾把他的孩子送到我這兒來。這個人在我身邊修業十一年，現在他回家自己開三味線行。另外還有一個是我家對面洋服店的兒子，他在下谷中學時每個暑假都來我這兒學。這孩子手藝巧而且工作做得很好。比如說，象牙撥子太長，請他幫我切斷，他不但把它切得很漂亮，還把剩下的象牙拿來做象棋的棋子。平時叫他寫個字都寫不好的人，刻起「桂馬」、「香」等字卻有專業的水準。真的是靈巧又能幹到驚人的地步。他十六歲來這兒，可惜三十四歲就因為胃癌過世了。如果他還活著的話，應該已經有能力繼承這家店了吧。

後來又有一個木匠，是我的親戚。他一來就會使鑿子和鉋刀，精細的木工比一般人學得快。這雖然是很好，但他太早獨立出去了，現在好像吃了不少苦頭。這是因為他還沒確實抓住客戶就獨立，不像我當時那樣，不論跑哪個花柳巷，都能吃得開。

接下來進來的是電器行的夥計。精細木工或其他的他一概都不學，只學了蒙皮就出去了。現在在千住那邊，據

⑯：指料理店、藝妓院、茶室。參見〈鳶工頭領父子兩代〉之⑩。

⑰：長崎人，原本為新聞記者，後來認識大杉榮等社會主義者，從事社會主義運動。一九五三年代表社會黨出馬參選眾議院議員，當選後連任四屆。

⑱：大阪府知事，相當於市長。

說做蒙皮是第一把交椅。

然後是一個自福島白河高中畢業，到根岸「香美屋」餐廳工作的男孩。這男孩的腰部有脊椎軟骨脫出的老毛病，不方便站著工作，希望能找個坐著做的工作，透過町內會人員的幫忙，才到我這裡來的。他在香美屋工作三年，一直到過完成人式才來。一開始我就開門見山的說：「如果你打算半途落跑的話，我就不雇你哦。」

他在這裡做了六年半，後來跟越谷民謠老師的女兒結婚。現在在越谷附近做貓皮或狗皮的工作。

總之，這份工作最重要的就是靈巧和音感啦。音感就是能聽聲辨音。蒙皮的鬆緊會影響到音的清濁。用手指彈一下——啊，這個蒙得很好；哦，那個要再加把勁——這種辨音的能力最重要了。你要說它是直覺也行吧。總之，修習歸修習，最後還是要有天賦哩。

從前這地方的人就稱讚「根岸之里」是個好地方，到底好不好我是不知道啦。戰爭結束後，很多人從火災中逃出來，我也是其中之一，大部分人已經沒有「根岸之里」的那種閒情逸致了。整個町的氛圍是比其他地方要寧靜得多，不過上一代的名人，像是三遊亭金馬啦、林家三平啦都過世了，捐贈大筆金錢想要把這地方搞好的有錢人也不在了，這點影響很大呢。想到町內的情形，倒是希望能有一兩座宏偉的大宅。

我當三味線的工匠已經五十幾年，在根岸落腳四十年，町會的工作、大山講⑲或是祭典，一般我都會參加。酒，每天兩杯，到現在還這樣喝。我只有這點樂趣。

現在我太太也很健康，兩個女兒和四個外孫，大家都住在附近，所以過年或是有個什麼事，大家馬上就能回到家。這是我最欣慰的事了。我一生下來就和父母緣薄，現在子孫都在身旁，家裡熱熱鬧鬧，我就覺得很幸福了。這，可能也是託住在根岸的福氣吧！

⑲：江戶時代非常盛行朝拜大山的活動，大山是指神奈川境內的一座山，又叫雨降山，山上有個大山寺，人們到大山講上朝拜並聽講是為大山講，時間大約是七月中旬。

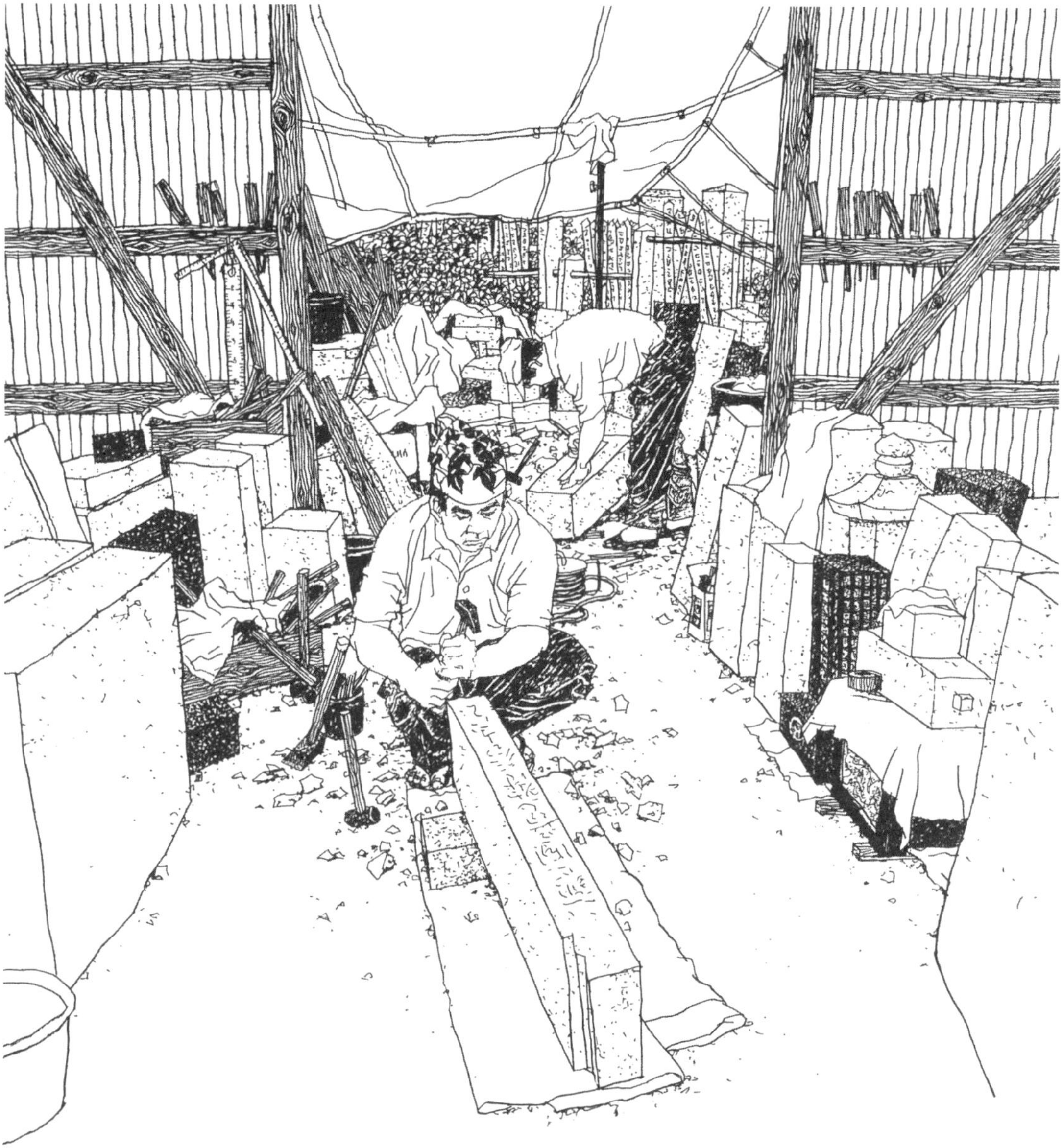

㊱——西藏院角落的石材店（榊原石材店）。町中寺廟多，
這種石材行特別與根岸合搭（根岸三丁目）。

㊲──很有大正時代味道的「整容淨髮」的招牌仍然高掛牆上的理髮店。除了椅子以外，其他的用具都是大正13年創業時使用的東西。脫了鞋換上拖鞋也令人懷念（根岸三丁目，本藤文雄理髮店）。

㊳——咖啡店「卡拉凡」店內。徹頭徹尾近乎頑固的保留著下町氣質，追求咖啡真髓的諸岡實先生。

㊴——下町的兒童社交場所——紙偶戲。每天一到下午四點，森下正雄就會到世尊寺前擺起紙偶戲。不論是構圖、故事，紙偶戲都可以說十分古典，但還是吸引了現代小朋友（根岸三丁目）。

小巷裡的玩具店

川崎英夫

兔子

地址：110台東區根岸三－一八－五
電話：三八七二－六六九五

聖誕禮物是個聖誕老公公

我開店之後第一件最想做的東西，就是聖誕老公公。十二月二十四日傍晚，穿著紅袍，戴著白鬍子，給孩子們帶來玩具和夢想的聖誕老公公——我曾在心裡對自己說，一旦獨立開店一定要做來看看。那一年我太太大了肚子，她要求我當年就別辛苦她了，所以我到了第二年昭和五十三年才開始做。

聖誕節用的型錄，十一月底印好了，我在傳單上寫了：「您如果想要聖誕老公公，請在十二月十六日前預約。」然後投寄給「兔友之會」的會員以及一般客人共五百份。截止日期訂在十六日，是因為還有客戶想購買傳單之外的商品，在二十四日前的一星期內，是我備齊所有商品的時間。第一次的聖誕老公公共來了七十家的訂單。雖說是七十家，但有些家庭裡面還有兄弟姊妹，所以數量近百個。十七日開始，將商品添上聖誕專用的包裝，綁上絲帶，寫上名字，以免弄錯。但是這些商品都不能疊放，否則裝飾用的蝴蝶結會壓壞了。說實在的，家裡的空間，只要能放禮物的全都放得滿滿的，幾乎連睡覺的地方都沒有了。

十二月二十四日當天，我自己也懷著夢想，所以沒用車子，而是用保母車做成雪橇的樣子，旁邊還加了軌道，用卡帶播放鈴噹的聲音，一邊讓狗拉著車子前進。根岸直到現在都還保留了很多羊腸小道，有些地方車子開不進去，所以用保母車這一點還頗方便，而且也很有過節氣氛，孩子通通圍攏過來，覺得有趣極了。就算會花一些時間也是沒辦法的事。禮物全部發送完畢後，已經過了十點，所以從第二年開始，我換成汽車代步。在汽車上面做裝飾。

開始發送聖誕老公公禮物的第二年，我正在配送中，大約八點左右，有個住在根岸五丁目的老人家，拄著枴杖在一旁看著我。

「你這個人為了孩子真是做了件好事啊。這麼說實在很抱歉，不過是否可以留一個給我的孫子呢？什麼？我們一家子晚上都很晚睡，再晚都沒關係，十點也行，十一點也行。拜託你了。」

這位老先生我既不認識，更何況自己也累得很，但是看到他拄著杖特地來等我，所以我就接受了。大約十點左右吧，我送完了最後一個，帶著他要求的禮物走去。那位老先生還坐在玄關上等呢。聽到我的聲音，可能是他的孫子吧，大約幼稚園年紀的小孩飛奔而出，看到我的樣子，眼睛瞪得大大的，說：「爺爺，真的有聖誕老公公呢！」

看來可能是他爺爺先前對他說：「今天聖誕老公公會送禮物來哦。」可是他不相信，還說：「世界上哪會有聖誕老公公啊！」之類的吧。

我心裡想：「能幫他們送到真是太好了。當個玩具店老板真是太好了！」

在玩具檢查協會設籍十年

我是昭和十二年（一九三七年）出生於吉原揚屋町。七歲的時候，我們家搬到新橋車站前的藏前工業會館旁邊，一個有住宅的店鋪。母親在那兒開了一家玩具店，叫做「兔屋」，它在地鐵銀座線靠近銀座的舊出口上來之處，地點極具地利之便。除了內幸町附近有一家之外，根本沒有其他玩具店。不過昭和二十年三月九日汐留車站大火之後，五月二十五日以後由於強制疏散，我們搬到了鎌倉。

我母親是大正二年（一九一三年）出生，六歲的時候開始學舞蹈和長歌，從見習藝妓開始就在吉原出場了，但是在我去上學之後，她就辭掉藝妓工作，搬到新橋去。所以我們家有很多繡了紋飾的藝妓和服、習藝用的三味線、鏡台、葛籠①、梳子等舊東西。有些還收藏在上野的下町風俗資料館裡。我母親對手邊的東西都維護得很好，她的家當全都一起跟著疏散到鎌倉，放在有地下防火設備的地方，這真是幫了大忙。我們家的雛娃娃②都是從前的樣式，臉蛋和形狀和現在的相當不同。來到根岸之後，我父親過世，母親收了弟子，教小歌教了十年，後來又教新內小歌二十五年。

我在鎌倉一直住到昭和二十三年，小學五年級的第二學期，是那年歲末來到根岸的。這裡原來是吉原的茶店老板替自己兒子買的土地，沒想到他兒子戰死了。見我母親

①：用葛藤蔓編成的箱子，用來放衣服等東西。
②：日本自平安時代流傳下來的傳統，在三月三日女兒節當天，家裡會準備一對男女娃娃來祝賀女兒健康長大，男女娃娃都穿著平安朝的貴族服飾，有的還各附隨從三到八人，包括大臣、女官、樂團等。

誠懇相求，就讓給了我們。建地總共有四十八坪。

現在我們住家的部分原本是個貯水池。店前的空地雖然做了簡單的鋪設，但在還沒有建大廈之前，本來還留了大約四間的老舊長屋。剛進門的地方，旁邊正好有都營電車線經過，不過再走進去一點兒，剛好是個轉角，電車的速度降低，所以電車的噪音幾乎聽不到。這附近的孩子都把上野的山當作遊戲場，現在改成了公園，但當時四面八方都可使用，我們總是跟在帶本壘網的大人屁股後面去玩棒球。

高中畢業之後，老實說，我根本沒想過要做玩具的生意。我父親是在我高二的時候過世的，在父親熟人的推薦下，我進入了藏前附近由玩具製造商共同組成的「東京出口玩具製造商協同組合」。那是昭和三十年，出口業十分興盛。日本的玩具主要都銷到美國去。像是一些錫鐵製品，或是填充娃娃裡面裝電池後就會動的那種，我們這組織就是檢查出口用的玩具。

這個組織原本叫做「東京出口玩具工業協同組合連合會」，是批發商有感於出口玩具檢查的必要性而成立的組織。昭和二十四年，「增田屋齋藤貿易」的齋藤晴弘先生、「阿爾卑斯商事」的一志定美先生、「野村玩具」的野村貞吉先生等第一次到美國視察玩具現況時，發現日本輸出的玩具——大多是發條玩具——品質低劣，不良品很多，他們覺得非得好好振興一下才行。回國之後，便在業界組織了連合會，提倡檢查制度。

在我進入組織的第二年，昭和三十一年，名字換成了日本金屬玩具檢查協會，後來又歸屬通產省工業檢查所管轄，但最初它是業者自主發起的檢查機關。從這個檢查協會後來衍生出玩具的安全標章制度。

協會在不良品的檢查和仿製品的防阻上，花了很大的力氣。每當有出口申請時，協會的檢查員就會到各製造商的工廠去巡迴檢查，決定誰是合格，誰是不合格。我就是負責處理檢查事務的窗口。比如說，當有廠商提出某玩具五百打的出口申請時，我的工作就是寫公文，交給檢查員。

這項檢查有很多步驟。像是用落體實驗檢查玩具是否安全啦，運輸中會不會破裂啦等。檢查員有十幾個人，每天都被檢查工作追著跑。這時候的出口品是以放進電池會動的電動玩具為主，像是機器人、小汽車、火車等，那叫做摩擦帶動動力玩具，就是已經不用發條，而是利用飛輪讓車輪摩擦地板奔馳前進的小汽車。

此外還有仿製品的防阻。建立專利權和創意登記的部分，也是檢查協會的工作，只要有類似的產品問世，我們就會去阻止他：「這個不能做哦。」

當時的玩具商都是家庭工廠，幾乎只要有輸送帶就

㊵——小巷裡的玩具店「兔子」的店內。

可以開始做，女工大多是老年人，有的聚集了三十人，規模算是很大吧。玩具的策畫或設計，很多都是由工廠社長、老板兼任。由於大家都是下町人，記憶中工作起來比較順利。

我在這個檢查協會從昭和三十年做到四十年，工作了十年。在職期間發生了一個大問題：玩具塗料中含鉛。昭和三十二年九月，美國玩具規格協議會發表報告，驗出日本製玩具的塗料中含有百分之二十二的鉛。他們抱怨說，只要舔到就有毒，這形成了一個大問題；但是接下來那個月，美國公共衛生局長官又表示那不是事實，否定先前的報告，總算讓人鬆了一口氣。

這個事件對日本玩具業者來說就像是晴天霹靂。當然，這事件的發生背景，似乎是美國製造商對於日本的猛烈攻勢大感吃不消，而排斥日本製品所造成的。一般提到檢查時，廠商都有些不以為然的樣子，但在這次塗料含鉛事件之後，他們再次認識了檢查協會的功能。於是在第二年，昭和三十三年，檢查協會根據出口檢查法，成為通產省的指定檢查機關，往後便可以強制檢查了。

當時是出口業不斷擴展、眉開眼笑的時期，我自己也為這份工作感到驕傲。我本身並不討厭做生意，也不想一輩子做這種文書窗口的工作。如果可以的話，也希望能走上玩具這條路。當一個玩具商的心願遂越來越強烈。檢查協會和玩具商不一樣，想要從檢查協會的上班族世界，一下子改當個生意人，這一行並不這麼好經營，心想在著手之前，我一定要去批發商那裡拜訪。這時候增田屋齋藤貿易，也就是現在的增田屋股份公司，幫了我很多忙。

在玩具製造批發商、零售店學習

「增田屋」是玩具業界最頂級的製造批發商，總公司也是在藏前。我在這裡最初的三年，主要工作就是出口玩具的出貨作業。一般是用瓦楞紙箱或木箱把玩具裝箱、捆包，打印上「made in Japan」和出口地洛杉磯的字樣，然後就出貨了。在檢查協會的時候，天天穿西裝打領帶，但在這裡是勞力工作，一整天都是穿著作業服工作。

雖然我是個新人，但在其他地方工作過十年以上，所以比起高中畢業一起進來的同僚，在年齡上差了一大截。身體勞動的出貨作業也實在辛苦。不過，其他人差不多一年內就紛紛有了異動，我卻持續做了三年。早上九點到下午五點，每天都忙得團團轉。

檢查協會的工作都是事務性的，說起來就是坐辦公桌的公務員。只懂得做這種事的人，實際進入商場工作能忍耐多久，老板一直看在眼裡。今年（昭和六十二年）過年，我去向增田屋社長拜年的時候，他對我說：「你這個人真的很努力，我一直看你何時會叫苦求饒哩。」

我知道老板一直都在注意我，而我不喜歡失敗，所以總是抱著絕不服輸的心態在做事，幾乎沒有一刻休息。

我負責的玩具大約跟在檢查協會時期差不多，但在協會的時候大多是金屬玩具，可是增田屋還有一些不需要檢查的紙玩具。出口對象自然還是美國居多，其他還有中南美，尼加拉瓜啦、墨西哥啦。每季出口的東西並不相同。

出口玩具是以聖誕時節商品為主，如果沒在夏天到來前趕上船期就來不及了。捆包作業從三月開始，新進人員進入公司是在四月，正是工作最繁忙的時期。這段時間，大部分都是美國來的大筆訂單，一千打、兩千打的很多。不過七、八月換成中南美洲時，訂單要求得比較細，像會問一箱是多少錢等。

接下來我被調去負責百貨店的業務。換句話說，就是在跟增田屋有業務往來的百貨公司玩具賣場擔任巡察員。工作是獲得百貨公司的訂單，負責進貨，創造買氣，並且在星期六、日到賣場去幫忙。去幫忙當然是把自家商品的位置擺得比別家更好，讓它更有賣相。最近百貨公司已經改變做法了，但那時候還有派遣店員的制度，像我的工作就很類似。

雖然不用再做身體勞動的工作，但這次的工作是與客戶打交道，而且還是對玩具商來說最重要的顧客百貨公司。我並不討厭百貨店巡察的工作，但卻抗拒星期天沒有休假。百貨公司在星期天業績最好，特別忙碌，我不能不去幫忙。如果不去，就拿不到訂單，這是很現實的，為了提高自己的業績，就得把星期天當成回饋，這是無可奈何的事。即使如此，我還是費了一、兩年時間才慢慢習慣。

當時，我所負責的百貨公司賣場中，特別費心的有橫濱的高島屋、關內的野澤屋、上野的松坂屋、新宿的小田急、京王、伊勢丹等。玩具賣場在百貨公司大多設在六樓以上，就算沒有使用全樓層，占地寬廣的百貨店還是得特別注入心力才行，因為營業額是與賣場面積成比例的。

Q太郎、鹹蛋超人、雷鳥神機隊、熱門蛙、怪獸、假面超人等，電視主角商品形成一股熱潮，就是在這個時期；只要加上電視宣傳，就能大大暢銷。現在想起來，接待顧客的方式、說話方式、從舉辦活動到商品裝飾、如何配置才能賣得出去，進而到包裝的方法、配送系統等，這些繁瑣的事情都是在當百貨店巡察員時學會的，算是一大收獲。

我在增田屋工作了九年，辭職的時候心裡已經打定主意要自己開店，所以請求社長准我順利辭職。那時候玩具業一片榮景，很少有人做了九年、十年後自願辭職的。我當時已經三十七歲了，可見想自己開店的信念是多麼強烈。此外，我覺得只在批發商工作還不足夠，必須再到零售店去實際體驗學習。

㊵——發表會已近在眼前，下町美人川崎諒子女士正在加緊練習新內小歌和三味線。練習當天，從白天一直練到晚上八點，時間很長。休息時間，大家天南地北的聊了起來。她的弟子當中有人從田園調布過來。

我去的是位在自由之丘的一家大型玩具店「惠比壽屋」，靠著我爺爺的關係，託別人介紹我進去。自由之丘從以前就是高級住宅區，從車站一出來，是一條商店街叫做藍珍珠街，有名的店都聚集在此，「惠比壽屋」也在其中，地段甚佳。一開始為了修習的事情過去一趟，正好是在聖誕節前，由於前一任店長做沒多久就辭職了，很自然的就把整家店交給我負責。惠比壽屋的地下樓也經銷服飾和童裝，包含老板在內共有六個人。我進這家店就被授任為店長，做滿三年。

對這裡印象最深刻的，是由於在負責百貨公司的時候，常常看他們舉辦活動來招攬顧客，所以很好奇零售店是否也會辦活動；後來發現這裡的活動就是每星期輪流展示各家的商品。百貨店的展示期都長達兩星期或三星期，但惠比壽屋的客流在某種程度上是固定的，所以以一星期為區隔舉行活動。

由於店門前就是大馬路，於是推出五台花車，邀請大小廠商在店頭做販賣活動。以季節性來分，春假、黃金週，當然還有聖誕節和過年時，一定有活動。除此之外，每一星期也要排日程表，把接下來兩個月的輪替表做好，再請廠商在星期六、日來幫忙。

我覺得最快樂的時候，是聖誕節前最忙碌的二十三、二十四、二十五日，大小廠商約有十五、六家都跑來幫忙，這個經驗我到現在都還很難忘懷。深深體會到辦活動並不是百貨店的專利。當然，有些話是現在才能說，當時是做玩具的只要開店就能賣錢的時代，再多加一點動作，或是辦一些活動，還能吸引主顧客之外的人來買呢。

雖然同樣都是玩具零售，但百貨店的玩具賣場和地區的小賣店，顧客便有很大的不同。最大的不同之處在於百貨店的客層都是不特定的多數；而一般小店則與區域緊密結合。就算是自由之丘的惠比壽屋，或是我現在的店，如果不與地區需求密切結合，經營就會有很大的困難。在某種意義上，我們小店必須賣一些百貨公司裡沒有的商品。

期待已久的玩具店在小巷裡開張

惠比壽屋讓我當了兩年店長，而根岸這裡的玩具店也很少，所以漸漸強化了開一家店來做做看的念頭。我希望若獨立開店，能像惠比壽這樣經營，那是最理想的狀態。有可能成功也可能會失敗，總之風險很大。我想在工作餘暇時來做，這麼說好像有語病，但最初想法是我繼續上班，讓內人和我母親來經營。

那時候根岸的玩具店，只有柳通出來那裡一家、根岸小學旁邊一家、根岸小學後面的一家塑膠模型店，一共三家。為什麼根岸的玩具店這麼少呢？這是因為只要稍走幾步到入谷，就有比根岸大很多的玩具店；而且距離淺草、上野、御徒町、北千住都很近，客人通常也會到那邊去買。雖然情勢如此，但附近競爭對手少，在條件上來說還是十分有利的，因此打算積極的進行下去。

那麼，店要開在哪裡呢？鶯谷車站附近、柳通、入谷牽牛花市附近，很多地方我都去看了，但是價錢都很高。就拿入谷附近來說吧，房租要十萬圓，柳通七萬圓，不只是權利金，還有倉庫的問題也要考慮，這讓我總是下不了決心。考慮到最後，不想未來一直得付房租來做生意，雖然我們家住在巷子裡，但總是自己的，地方只有四坪大，但把院子打掉後的範圍應該可以做吧。

那時節正是很多玩具店都在郊外開張的時候。我最深有感觸的，就是今後要開店一定需要有停車場才行。話雖如此，但想在都心找個停車場，根本是不可能的想法。畢竟當時才昭和五十二、三年，大多數的孩子才剛開始騎腳踏車的時候。腳踏車部隊非常多。看到這種景象，我想根岸沒有停車場沒關係，只要有腳踏車放置場就行了。而且與其面對大街，不如騎進巷子裡反而比較好。這樣一來家長也比較安心。再者住在根岸的孩子，可以不用大老遠特地跑到百貨店去買，只要在家附近就買得到，最是理想吧。

從家長的角度來說，去太遠的地方買東西，不但擔心發生事故，而且金額太大時，家長只要跟孩子說：「去兔子那裡買。」然後打一通電話來說：「現在我孩子要過去，麻煩你了。」就一切搞定。若是玩具弄壞了，也不用特地坐電車去換貨或修理就可以解決，因為我這裡還有售後服務。我的顧客都是鄰里的孩子，所以地點位在大馬路邊還是住宅區裡，根本沒有什麼差別。不如說，設在住宅區裡還更好一點呢。

接下來，在根岸開店需要屋號。想到在新橋開店時的店名，再者這店是準備給我太太來經營的，於是就用我太太的生肖，叫做「兔子」。

我們是在昭和五十二年五月二十五日開張的，託了大家的福，從檢查協會時代至今有聯繫的諸位好友，像是增田屋的社長、「萬代」玩具、「寶」玩具等許多廠商的主管共二十幾人前來祝賀，真的非常感謝。由於那天不是休假日，孩子們到下午三點以後才進來，大人也很多。

剛開始的時候，原本是以惠比壽屋為範本來思考，所以該店做得好的生意我們也想經營。惠比壽屋有凱蒂貓等的三麗鷗產品，十分受歡迎。商品門類也是以它為主，像是其他玩具店絕對沒有的文具系列，也有一部分三麗鷗的商品，其他像是「綠」的文具、印了偶像的筆盒、墊板等，都有進貨。不過以地段來說，如果自由之丘是十分，根岸頂多只有一、二分而已，所以商品類別不能同日而語，剛開始時也很猶豫。

雖然算不上什麼反向思考，不過把店開在巷子裡，不但可以停腳踏車，也不需要房租，更不需要店員，就因為如此，我打算一面開店，一面繼續做惠比壽屋的店長。當然，開一家店分成好幾個階段，我請了大約二十天假，盤算著開店三天左右應該就能大事抵定了吧。沒想到事情一有了起頭，不知怎地就忙得不可開交。光是我太太和我母親根本應付不來。我太太缺乏商品常識，當時進貨也沒有配送系統，所以一定得我親自出馬才行。結果，開店之後，只為了道歉而前往惠比壽屋一次，之後便再也沒法過去工作了。

既然在根岸做起玩具生意，就必須走向與地區結合的路子，而且還需要有些優惠贈品。根岸的祭典是在五月的第二個星期天，剛好是開店的十天到兩星期前。我們請祭典中的大人和兒童神轎、山車在家門口暫停，幫我們發放給孩子的禮物，玩具與開店廣告裝成一袋，總共五百個，當作是玩具店開業前的宣傳。這個宣傳的功效甚好，開

41——下町小巷四景之一：根岸三丁目。

店以來一直忙得停不下來。由於孩子們都很喜歡，而且就算是一只球，也包含著回饋鄰里的意思，所以只要一到祭典，我們都仍持續送禮物給孩子。

此外，開店的同時，我們還製作了「兔子優惠卡」。這在現在來說已經是稀鬆平常的，但玩具業界長期以來一直有個默契，就是絕對謹守定價販賣，而不太考慮減價折扣。我們店的生意一直是單打獨行，所以就設立了這種卡，每三百圓蓋個印章，集滿十五個就可以換得一張免費二百圓的購物卷。卡片背後還寫著：「要孝敬父親、母親」、「隨時把你好、早安和謝謝掛在嘴邊」等六個守則。

在當時的玩具店幾乎沒有人做這種服務，只有三麗鷗、天線商店有這種行銷手法，所以我想，我們是否也能做做看呢？這個措施獲得孩子的好評，一開始沒多久就有一百人以上登記了。

這種優惠卡通用了三年左右。雖然只要換到卡的當下，即可以在我們店內購物，但我考慮到有些孩子喜歡

下町小巷四景之二：下谷二丁目。

吃糖果，就跟附近的關根糖果店合作，用卡也可以在他店內折抵。後來孩子們又希望糖果可以在自家附近折抵，或是可以用卡在各地購物，因此我們開始籌畫類似家族的兔友會。

於是兔友會成立了。我又想，在申請會員證的時候，要加點什麼創意呢？最後想到的是開車的駕照。駕照上要貼照片的嘛。照片就由我來拍，卡片上寫著姓名、年齡、地址、電話號碼，貼上照片後再蓋上騎縫章。把它放在名牌夾裡，就可以變成名牌了。現在回想起來，沒在資料裡加上血型真是一大失敗！

取得會員證的客人，不論何時都享有九折優待。現在公開的說已經沒關係了，剛開始製作會員證時，若是證件上載明這個優惠，會引起同業的抱怨，所以只好向客人口頭宣傳：「用這卡買東西可以打折哦！」此外我們還有「生日送小禮物」、「修理免費」等優惠。

來我們店裡的小孩，最大的是到小學大約五年級左

㊸——下町小巷四景之三：根岸三丁目。

右，進了中學就不會來了。最小的是快進幼稚園的孩子。會員證最初發給了一百二十人左右，現在減少只剩一半了。會員慢慢變少，倒不完全是因為年齡漸長、畢業了，而是加入的孩子減少。開店到今天第十年，會員證發行也第七年了。從幼稚園畢業的小朋友現在是中學生了吧。孩子的絕對數量在減少，根岸恐怕也不外乎如此，所以新會員無法再增加。

這個兔友會的評價很高，擁有會員證的小朋友當中，有人會對其他人說：「這家店都看我面子，我只要進去就可以買得比較便宜，乾脆我幫你買吧。」

然後叫朋友在店門口等。我太太覺得幫不是會員的孩子買東西不太好，著實抱怨了幾句，我跟她說這有什麼關係呢。這就像我們大人到酒館做的事一樣嘛，只要把它想成是孩子做的就行啦。

玩具店的四季

說到我們店裡一整年的狀況，正月初一、初二、初三的生意最好。這是因為孩子們拿了壓歲錢，身上都有一、兩萬圓。家長也還不會馬上要他們把手上的錢「交出來」，所以孩子就會跑到玩具店裡買東西。到了初四，銀行開張，家長便會要孩子「別亂花錢，把它存起來吧。」生意會差一點。到了初七前後，到鄉下又拿到一筆壓歲錢的孩子們回到家，又會來玩具店買東西，雖然跟過年那幾天不能相比，但到初十為止生意都還算不錯。過了初十之後，就會咚的掉下來。

到了二月之後，現在學費、教育費都很高，每個家庭都緊縮開支，就算不需要準備考試的弟弟或妹妹，父母也會跟他們說：「你哥哥要升學，所以別老是花錢買玩具！」當然生意也就一落千丈。

三月三日的女兒節，跟我們的生意沒有什麼關係。春假的時候會稍微上揚一點，等新學期一開始，生意又滑落下來。尤其是孩子剛進幼稚園或是升一級，父母就催著孩子「好好用功！」更別說是買玩具了。另外他們和新認識的朋友出去玩的比率也很高。

接下來是黃金週，這時候生意會回升。然後是七月，梅雨季結束，煙火節開始之後，一般來說生意都會好轉。以煙火為中心的暑假，孩子們會為店裡帶來蓬勃生氣。不過到了九月、十月，又是毫無起色了。

一進入十一月，就完全是瞄準聖誕節。每個家長都會對孩子說：「聖誕節時再買給你，現在先忍耐忍耐。」

我在當百貨公司巡察員時，從十二月的第一週或第二週開始，就擺出聖誕禮品了。但近年來聖誕節氣氛越過越遲，現在到過節前夕才到達高峰。總之，十五日左右開始到二十日間慢慢醞釀，過了二十日就開始急劇上升，二十四、二十五日是最巔峰。二十六日直線滑落，倒地不起直到元旦，才又一口氣竄升。每年的曲線圖差不多都是這樣。我們店附近，經營玩具零售的，年營收大約有三分之一是來自聖誕節和過年時的業績。

看最近孩子消費的方法，聖誕節時雖然家長會出錢買給孩子，但通常都不會選擇高單價的商品，大約都固定在三千圓以內或四千圓以內的範圍。相反的，過年那三天，孩子因為是自己的錢，相比之下，較會買高單價的東西。

此外，以前玩具經常會拿來當作生日賀禮或贈禮，但今時不比往日，一般來說，有孩子的年輕太太可能是因為被房貸或教育費逼得很緊，所以送孩子玩具的不像從前那麼多了。

不過根岸這個地方，有很多自古早就住在這裡的居民，其中老人家也很多。根岸六十五歲以上老人才能參加的「五月會」，會員好像就有七、八十人。他們的兒子成家後就搬出去了，女兒也出嫁了，當過年或春假、暑假，兒子女兒會帶著孫子回來。老人家身上都有點錢，這時候

㊺——巷弄裡的二層樓小型公寓（根岸四丁目）。

就會給孫子買玩具。這種感覺從開店之後一直都是這樣。報紙常常報導說，中元等時節東京變成空城，但根岸卻反而有很多從各地回來的人。這種情形也可能是戰時沒有被燒毀的影響。然而，現在這時節從外地回來的人增加，變成一半進一半出的情形。

另外，若是和山手區的自由之丘相比較，在山手區父母買玩具給孩子的比率比較高。比如說，同樣是五千圓的玩具，只要孩子吵著要，而父母可以接受的話，「好吧，買給你。」也是會出手的。在下町區，雙親都工作的家庭比較多，每天會給孩子兩百、三百塊錢零用。孩子把這筆錢存起來，有了五千圓，就會買五千圓的玩具。我想這兩個地區的不同就在這裡吧。

我開這家店經過三、四年之後，在孩子當中爆發最大熱潮的，應該是鋼彈的塑膠人偶。低單價、大約千圓以下就可以買得到。先預約，每天追著它跑，就是這商品的走勢。接下來流行的是game watch的掌中遊戲機。這是高單價商品，可以說是家庭電腦的先驅。現在任天堂的家庭電玩相關商品領先群倫，我想它應該會持續一陣子。

我們店是沒有休假的。一年三百六十五天，全年無休。已經十年了，從沒休息過。當然啦，如果傍晚開始下起大豪雨，或是颱風來的時候，我們會提早關門。早上大約八點半左右開店，打烊時間在秋天十月到五月底是七點，六月到九月是八點。

我家有三個女兒，還有一個在讀四年級的兒子，一共四個小孩。他們心裡怎麼想我是不知道，不過他們從來沒有叫我帶他們去旅行，或是吵著大家一起去玩之類的。我想他們看到父母這麼忙，心裡都很明白吧。

「既然放暑假就早點起床，把店外四周打掃一下。」

「你看你媽工作這麼辛苦，至少也幫忙買個東西。」

我們家每個孩子都會讓他們在能力範圍幫忙家務。大家都很乖很聽話。所以我覺得還是應該讓孩子看看父母工作的狀況，對孩子來說是有正面幫助的。

說到旅行，在這裡還沒開張之前，我們全家曾經一起到熱海的後樂園飯店做一天一夜的旅行。脫離白領自己創業，我問過很多人的意見，大家都口徑一致的說做生意不是那麼容易的事哦。別人在休息的時候，你卻必須工作。

所以我向孩子們宣告：「從現在開始的十年，爸爸會不眠不休的工作，以後沒辦法帶你們出來玩，所以今天你們愛怎麼玩都行。」

那一天，大家盡情的玩樂，我想孩子們都還記得吧。不過這十年來，沒有休息的工作，我太太也會抱怨說：「有時候放個假應該也沒關係吧。」可是沒辦法，因為這是自己決定的事。

因此，不用跟父母商量，我那最大的兩個女兒，都不願意繼承這種沒有休假的生意。但下面兩個雙胞胎姊弟，都表示想要繼續做玩具生意。未來會怎麼樣還不知道呢。不過，因為朋友常跟他們說：「你們家賣玩具好好哦，真羡慕。」那時候最流行的玩具——現在來說就是任天堂電玩——我們店裡應有盡有。不過我是不會讓孩子們玩電玩的，給自己小孩玩還不如拿來賣，所以在我們家，要玩也沒有玩具可玩。但是生日和聖誕節就另當別論。平常我都會讓他們把零用錢存起來，再來買玩具。

只要跟玩具沾上邊的，我們都賣

去年（昭和六十一年）我們也做了聖誕老公公，可是只有往年的三分之二。數量是五十個。一般都可以到達七十個呢。就商品來說，也沒有什麼特別紅的，有好有壞不一定。去年流行的叫做「會說話的小鳥」，你對它說「早安」，它也會回答「早安」。還有一種叫軟綿綿的棉花糖製造機。這個大約賣出十個。我們店裡只要賣出十個以上就算是暢銷商品啦。但是從去年年尾到今年過年，生意特別不好。

現在玩具業界的景氣真的非常差。高價的新商品都以折扣來促銷，這帶來的影響很大。

家庭電玩機現在占銷售額的百分之三十到四十，最多的時候約接近一半。這和以往的銷售情形大不相同。它的主機要價一萬兩、三千圓，軟體也要四、五千圓，孩子無論如何都得存下零用錢來買。零用錢全都貢獻給電玩了，自然一般的玩具也都賣不掉。而且玩電玩的年紀也逐漸在下降，進了幼稚園的孩子，或是還沒進幼稚園的孩子，都呈現出這種傾向，其他的玩具當然就賣不好了。

由於電玩機相關的商品都熱賣，你可能會覺得那玩具店不是賺翻了嗎？但任天堂並不是玩具商，而是一種特別的廠商，它的商品流入到秋葉原，到上野、御徒町、北千住等地的折扣商店。折扣商店賣得非常便宜。一不留神，他們已經用我們向經銷商進貨的價格賣出去了。現在的孩子對價格便宜多少，算計得很清楚。產品一上市的同一時間，他們就騎著腳踏車到折扣店去了。那邊沒有貨才會到百貨公司或地區的玩具店去。現在的孩子沒耐心等，地區的玩具店已經屬於第二輪的了。這如果是在以前，他們一定先到玩具店，店裡沒有才轉到百貨公司等地方，然而，現在模式已經完全變了。

這種趨勢未來還是會持續下去。高單價的商品一旦流於折扣，價格的變動就會十分激烈，這種事也吵不來的，所以十分頭痛。不過不是我愛逞強不服輸，我現在一直在想的是，如何不要追著這股潮流，而能找到提高營收的方法。

那麼，如果問我，除了任天堂之外，還有什麼是現在的暢銷品呢？我會說，在現在這階段，根本沒有暢銷品可言。就算是偶像商品，也不像從前那樣可以紅個三到四個月，都是曇花一現。比如說現在「溜溜球女警」正在流行，可是它可以流行多久，誰也不敢說。週期變短了，而且非常之短。

之所以會變成這樣，我想可能是因為現在的孩子從一出生，就是在偶像的陪伴下成長的。這些偶像就像電視節目上看到的那樣，所有的商品都非常類似，只是主角換了而已。不管是動作或是劇情，幾乎都是換湯不換藥。簡單的說，就是孩子對偶像這種東西已經看膩了，這才是一大原因吧。這不只是兒童絕對人數減少的問題，而是從孩子的眼光來看，玩具已經失去魅力了。所有的商品看上去全是一樣的東西嘛。所以，若要問我什麼東西賣得好，事實就是，光是要找出個暢銷商品就是一大難事哩。從這層意義來看，現在要組成商品的類別，真的是非常困難的一件事。

反正現在孩子的人數也在減少，我覺得做這行的應該要捨棄玩具店的概念比較好。你看便利商店，不是什麼東西都賣嗎？不要覺得自己是玩具店，所以只能賣玩具，而應該像便利商店那樣，只要跟玩具有關連的東西，什麼都賣，或許也是個好點子不是嗎。

創業之後就一直非常忙碌，但我常常也會想，這樣子就滿足了嗎？從剛開始做生意的時候，考慮到未來，我就想到就算我們夫妻倆在做，會不會哪天會覺得累呢？

所以開店後我們就採用了宅急便的服務。昭和五十三年開始做的時候，全根岸只有我們一家有這項服務。當時，百貨公司都已經有完整的商品配送系統，但像我們店這種零售商，每次要送貨就得把貨品拿到郵局去，郵局對包裹的大小又有限制，非常不方便。我就在想有沒有更好的方法呢？這個想法促使我認識了一直致力於宅急便作業的大和運輸公司。

從這項宅急便服務出發，我們也開始做些玩具以外的東西，像是「超級車熱潮」③開始之後，孩子們開始玩攝影，那時候引進ＤＰＥ設備④處理照片什麼的，也不奇怪吧。

第三，正當我想開發獨家的原創商品時，有機會認識

③：一九七〇年代初期，由於池澤悟的漫畫《環型車道之狼》和美國電影《砲彈飛車》的影響，掀起一陣超級車熱潮（Supercar boom）。所謂的supercar，指的是有先進配備、具有賽車規格的非量產車，因此反而成為無購買力的青少年狂熱的目標。在一九七七年的超級飛車展時，很多少年帶著高級照相機排隊進場拍照。汽車雜誌也為超級車出版寫真集，甚至連排氣音都收錄成唱片。這個熱潮也使得周邊商品大為熱賣，直到八〇年代末，泡沫經濟破滅，這股熱潮才結束。

④：類似快速沖印店的業務。

㊻——從入谷看向昭和通。從交通流量極大的大馬路昭和通稍微往裡走，小巷裡的綠地就會探出頭來（入谷一丁目）。

了毛塚合資紙所的社長，製作了後來納入交通博物館的拼圖版。那時是昭和五十五年，毛塚先生帶了特急「櫻花號」和「富士號」⑤的拼圖來找我。

「是這樣的，我們做了這兩款拼圖，可是沒地方可以賣。我打算一盒賣一百圓，用零花錢就可以做的小生意，就算賠了也沒關係。不知道你可不可以幫我想想販賣的通路呢？」

「好吧，我先去找找哪裡可以賣吧。」就這麼接下這個生意。我想到既然是跟鐵路有關，那交通博物館應該很適合吧。想到就立刻到神田的交通博物館去。剛好那時候拼圖正流行，博物館方面也有這樣的企畫，而且五十四片賣一百圓，他們覺得很滿意，於是一拍即合，馬上就談定。

第二批作品是向交通博物館借了底片，製作了「光號」、「隼號」、「舞孃號」、「山手線」⑥四種，七十片賣兩百圓。現在，我們又用第二批做的四款商品，做成一百二十片，賣四百八十圓。此外，又增加了C57型的「山口號」和大阪極受歡迎的「黑潮號」和「高野號」。春假之前，在全國各地的百貨公司舉辦「再會吧！國鐵」的活動⑦，而這便是配合該活動所推出的新商品。這項原創商品和「再會吧！國鐵」成功的結合，現在一直有訂單進來。

這些都是我這邊獨家自製的商品，今後我希望可以再增加這類產品，把批發的業務再擴展出去。

透過玩具獲得和孩子接觸的幸福

玩具會反映社會的走向，因而變化很大。玩具本來就是遊戲時的工具，但它也是培養孩子夢想的素材。現在嵌入大型積體電路的玩具成了爆發人氣的商品，甚至據說沒有玩過電玩的孩子，會受到朋友排擠。電玩就是電玩，今後它在玩具當中也仍會占有一席之地吧。

不過，若要說到單純的古早玩具會不會就此消失，我認為也不盡然。雖然現在的業績比以前差是事實，但好的商品，比如說嬰兒旋轉鐘或是不倒翁都會留存下去。此外像進口商品，費雪牌玩具或是樂高等優秀的商品，在年輕主婦當中仍然很受歡迎。這些也是不會消失的。但是，失去玩具本身魅力的，還是會遭到淘汰的。

我想，做玩具商這一行，還是必須喜歡這項工作才能一直做下去。現在因為批發的工作，時常在外面跑，這對

⑤：是日本最早的特急列車，當時將第一、二節車廂命名為富士，三、四節車廂命名為櫻花，一直行駛到戰爭爆發。

⑥：光號是行駛東海道、山陽線的新幹線列車，隼號是行駛於東京到九州熊本的寢台特急列車；舞孃號行駛於東京到伊豆，山手線則是東京都內環狀線列車。

⑦：國鐵是日本國有鐵道公社的簡稱。在戰後負起日本全國運輸的重任，但由於勞資糾紛頻傳，且赤字不斷，於一九八七年轉型為民營的株式會社，簡稱JR集團。

47——雪中的傍晚時分，看向柳通方向（左側是東日暮里四丁目，右側是根岸三丁目）。

做零售的玩具店來說，也算是一種很好的精神洗滌。如果一直關在家中，整天埋首於玩具堆，腦中是不會浮出好創意的。

我從高中時代開始便一直在忍岡中學教授排球。有時候要求他們嚴格的練習，有時候自己也加入運動，時而怒罵，時而大笑，那個時候腦袋中只有排球，什麼玩具啦、生意啦全都忘得一乾二淨。我覺得，有時候把腦袋放空也是一件好事。此外，我覺得在中學擔任家長會幹部或是教排球，便能和從前來店裡買東西的孩子繼續見面，在孩子中學畢業之前，還能相處三年。

既然做的是跟孩子來往的玩具生意，平常協助學校或町會就變得非常重要。所謂的玩具店，不就是必須要前進到孩子們聚集的地方嗎？學校方面也會通知我，要辦搗麻糬活動了請來幫忙等，天天都要為很多事忙碌。

前一陣子有人問我：「你還在教排球啊？」我只回答：孩子從小就來我那裡買東西，就我來說，只是抱著給眾家長一點回報的心情在教罷了。別人眼中的「兔子大叔」在學校進進出出，對玩具店來說不也是應該做到的事嗎？

祭典就不在話下，其他像是協助根岸町會舉辦的兒童會、夏季撈金魚活動、盆舞⑧時的交通秩序維持等，只要有孩子聚集的地方，就積極的參與，我覺得這一點很重要。

近年來，住在山手區的孩子和下町的孩子，已經不太分得出來了。我們做孩子的時候，包括上野公園等，到處都可以玩耍，可是這類的遊戲空間變少了，現在的孩子都十分可憐。為了升學而上補習班的孩子則越來越多，很少能有機會在戶外玩耍了。

舉辦祭典時，小時候的我們都是和班上同學一起負責抬神轎。可是，最近就算有專給孩子抬的兒童轎，很多孩子還會抱怨：「幹嘛要抬什麼神轎嘛，我已經很累了，讓別人去抬吧。」下町之子的特有氣質似乎漸漸在消失中。

氣氛雖然變得淡薄，但孩子們還是保留了部分下町特有的個性。最近學校裡不是常有欺凌的問題嗎？在根岸這裡，小學就是根岸小學，中學則是忍岡中學，我可以說這兩個學校都沒有欺凌的問題。不僅是祭典，舉凡冠婚葬祭活動，全町的人都是集體出動協助，大家互助合作的風氣還是很盛。孩子的父母在許多層面都是互相聯繫的。孩子們看著大人心裡也很明白，所以不會做出暗地欺凌的事情。這一點我從每天在店裡跟孩子接觸，在中學裡教排球，就可以清楚的感覺得到。

我本來就喜愛玩具店，所以在自己的故鄉根岸開了這家店。雖然人與人之間淡薄了許多，但根岸仍然還是人情味濃厚的地方。住起來安適，交通也便利，想到鶯谷、入谷、淺草、上野等都很近又方便。從來沒想過要到其他地方去。對自己的孩子來說，我應該不是個好父親，但透過玩具，我和許許多多的孩子接觸，未來應該也不會和孩子們分開，我想這就是我的幸福了。

⑧：日本七月十五日是盂蘭盆節，相當於我國的中元節。這一天，男女老幼會在廣場上舞蹈，表示將迎來的精靈送回去的意思。

㊽——昭和初期的公寓「鶯莊」，在當時可是摩登的建築。有池塘石景的中庭，留下美好時代的餘韻。現在有四十二戶入住。被指定為該區的文化財產（根岸三丁目）。

㊾——昭和7年興建，東京第一棟三層樓木造公寓「鶯谷公寓」（下谷二丁目）。

㊿——高層大樓環伺下，仍然支撐到最近的昭和初期洋式建築（根岸三丁目，牙科診所和和菓子店）。

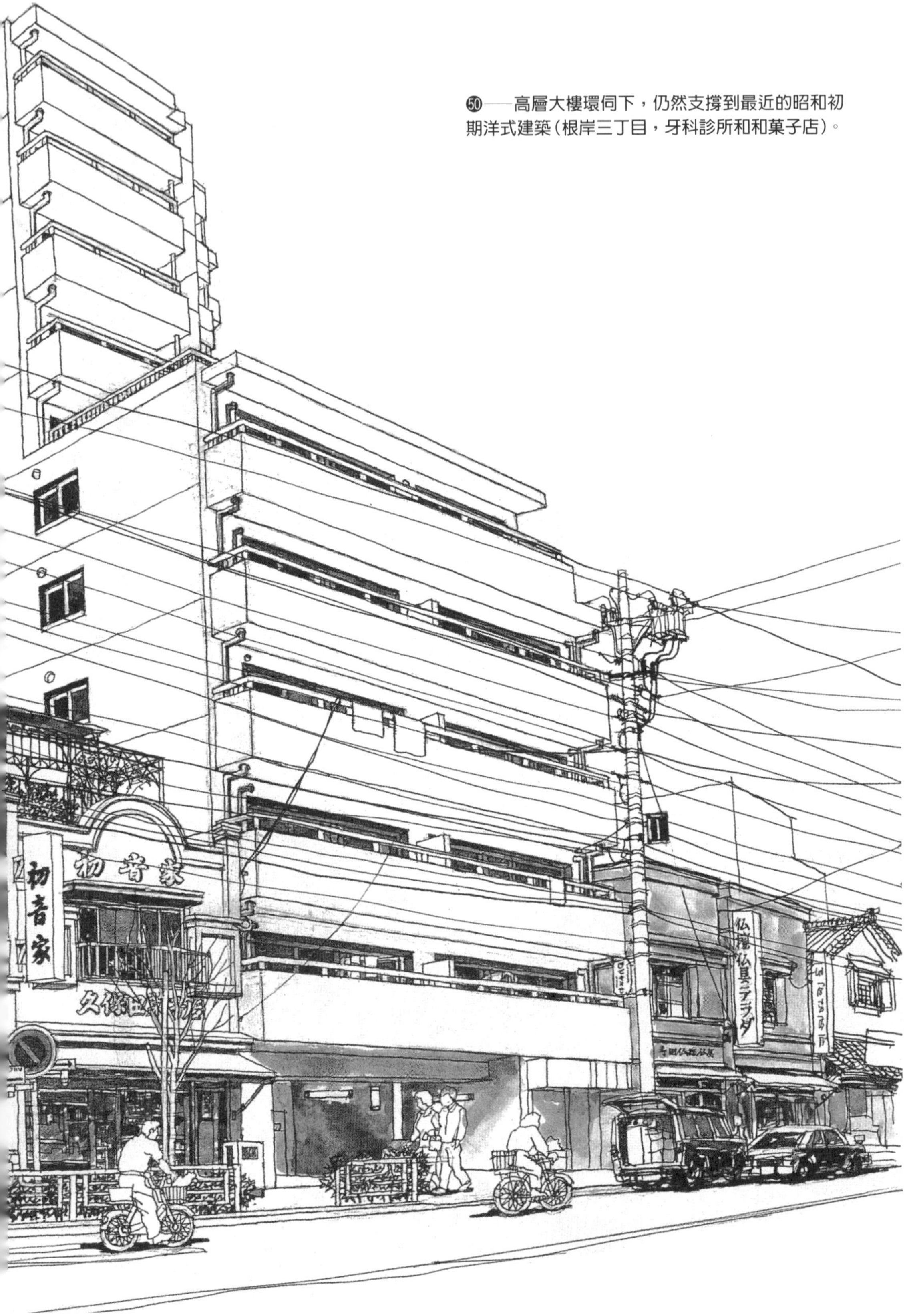

木内歯科
木内歯科

51——仍保留戰前形式的商店一角。現在這裡也改裝了（東日暮里四丁目，行之松的斜對角）。

木綿豆腐的紋理

熊井 守

小松屋

店址：110台東區根岸三—一八—一七
電話：三八七二—一六一三

何時是豆腐的「旬」？

做豆腐最重要的就是細心，但是不管再怎麼細心，每個人做的豆腐各是一個樣，就算是同一個人，每天做的豆腐也不一樣。這正是它有趣的地方。我覺得一旦量產，就很難做出令人滿意的豆腐來。好豆腐用豆腐刀切的時候，切口會發出光彩咧。

說到食物就有所謂的「旬」①不是嗎？那麼，豆腐的旬又是何時呢？所謂的「旬」是指食物味道最美好的時期，大致也可以指收穫時期吧。大豆在十月會有新豆子收成，把這個時期當成豆子盛產期應該不奇怪吧。如果使用盛產期的新豆子，做得出好吃的豆腐嗎，其實話不是這麼說的。在十月、十一月、十二月，用了新豆來做，豆腐的確會發出光彩；它比放了一年的老豆子要好，但豆實較新，做出來的豆腐會帶一點黏性。

這種新豆子放著過冬，到了二月的時候，因為睡了整整三、四個月，豆子的水分消失了，這時候的豆子味道特別濃。所以，二月、三月時，可以做出凝結感較好的豆腐。特別是二月，很多客人會說「今天的豆腐真好吃」。這樣看來，豆腐最好吃的時節是在二月、三月。我在想，這個時節是不是才算豆腐的旬呢？如果保持二月的狀態低溫貯藏，旬的時期就可以延長。國產大豆從以前就低溫貯藏，美國進口的大豆從去年開始，也有一部分這麼做了。

說到豆腐的旬，我就想到提供我們海帶做炸豆腐丸②的海帶店老板所說的話。我們店裡的炸豆腐丸很受顧客的歡迎，我一直以為那是因為我們使用日高海帶的緣故；但根據海帶店的說法，他們是先把我家店內一年份的用量切好，然後貯藏起來，因為也不是多大的量，就以固定的溫度讓它「睡」一年，海帶本身的濃醇味道便會散發出來。據說新摘的海帶都是葉子味，少了海帶原本的味道。既然海帶是如此，豆腐應該也是嘍。

好豆腐的條件之中，硬度也占一環。從前江戶人特愛吃軟豆腐，我覺得即使如此，也不是軟到筷子夾不起來的程度。我認為筷子可以夾得起來的硬度，但放入口中卻軟滑即化的豆腐，是最好吃的。有人覺得那樣太硬了，若這麼想也沒辦法；但是若說筷子夾得起來，就是可以像刺丸子一樣刺穿串起，那這硬豆腐可就另當別論了。

大致說來，好不好吃本是個人口味，很難下定論，青菜蘿蔔各有所好嘛，自己覺得好吃就好了。我自己倒是很少有機會吃到「啊，這個好！」的豆腐。連我本身都做不出同樣的兩塊豆腐呢，每一塊都不一樣。不管怎麼做豆腐就是豆腐，就豆腐本身來說是沒問題，但是每塊就是不一樣。

來我店裡買豆腐的客人，都是喜歡我家豆腐才來買的，很少有客人嫌我家的豆腐難吃。其他的客人可能認為哪裡的豆腐吃起來都一樣吧。是不是一百個客人吃我家的豆腐都覺得好，這我不敢說啦。

我自己也會去外地，吃吃看當地的豆腐。試試各種味道是一件很有趣的事，因為我自己每天也做不出同樣的味道呀。大豆的品質、水的溫度、夏天和冬天的溫差，大家的條件都不一樣的。的確，像豆子的品質、脂肪含量等部分，或許可以經由解析而得到科學性的答案，但是每一個條件都有微妙的差距，不如自己碾豆子做做看比較快，也才能了解。

我多年來用的豆子當中，以群馬縣沼田收購來的，一種名叫「光」的豆子最好吃。「光」豆是橢圓形的，有點扁平，皮特別薄，豆實也比較多。聽我父親說，戰前，開拓團在滿州（中國東北部）品種改良種植出來的「白眉」品質很好。戰後，從滿州回國的人，將白眉大豆帶回內地栽種，也得到很好的成果。後來，該品種又帶到美國去，叫做「霍凱種」，也是現在業界從美國共同購買輸入的品種。最先進口霍凱種當作豆腐用大豆的是三井物產。從美國進口的產品中，以這種霍凱種為最佳。可惜美國的大型農業採連續耕作，現在品質已經一落千丈了。

拿日本的大豆和美國的大豆來比較，任何人都能一見分曉。美國產的大豆顆粒小，而且大小不一，還有很多雜質。往年都是裝在貨櫃以散裝貨船運來，今年會怎麼做還不知道，但美國那邊會先精選後袋封運來。精選的會好很多。像以前用散裝貨船運來的大豆，混了很多雜質，很不乾淨；跟內地的大豆比起來，有很大的差距。日本的大豆

①：旬是指食品最美味的盛產季節，或是最適合從事某些活動的時節。

②：此處原文的菜名為「雁擬」，是豆腐瀝乾後，加入山藥、胡蘿蔔、牛蒡、香菇、銀杏，做成丸子油炸的一道菜，它是齋菜素食的一種，據說口味吃起來像雁肉，所以才得此名。

雖說都是機械化處理，但還是相當費工的。國產大豆再怎麼說，販售的等級要嚴格得多，農協對規格的要求也很精細。現在我們用的大豆大約是二級的；若是一級的，顆粒大小會更一致。農協把不同等級的混雜再批發到雜糧行，好像是為了不讓下級品滯銷。做豆腐的大豆要用白的比較好。一般來說，用白豆子就可以做出軟綿綿的豆腐。如果要做油豆腐，最好用青豆；這可以在過濾技術方面補強。話雖如此，豆子的好壞還是得做了豆腐才知道。

哪些職業會用到大豆呢，做豆腐的、做納豆的、做味噌的、做醬油的，許多行業都會用到，但是維持大豆絕對行情的，卻是消費大豆達九成的榨油廠。生產的大豆幾乎都拿去榨油了，榨油用的大豆是最優先的。雖然現在已有將榨油用大豆改良為豆腐用大豆，但脂肪含量和品質上還是不同。

在價格方面，國產大豆和美國進口大豆有很大的差別。價差小的時候，一袋（六十公斤）可以相差到一千圓以上。但即使價差這麼多，用國產大豆還是比較划算，因為製成品比率不同。國產的既可以做出好豆腐，工作起來也輕鬆。不過話雖如此，由於還有共同採購的大豆，好像是為了維持價格之類的，所以不用不行。本來就是用國產的比較好。現在我們店裡是一半一半。

不管什麼東西都是一樣的，被人稱讚美味的食品，其中七分是靠原料；其他三分就靠我們的手來補足。用好豆子做豆腐，鹽鹵的凝固度也會比較佳，做起來也容易。這是最重要的，不管誰來做都一樣。豆腐這東西，還真的很奇妙哩。

木綿豆腐的好臉色、壞臉色

大豆如果保持低溫就會變軟，但冷卻大豆的時間是由外面的溫度來決定的。冬天的話，從前一天的白天開始浸泡，到第二天清晨的五點半使用。夏天則時間短多了；使用冷水機的水，在晚上十點左右開始浸泡。使用冷水時，光是水上升到常溫的時間長短，就會有相當的不同。夏天大豆泡太久，把泡沫舀起來的時候，也會把做豆腐的豆汁舀掉。相反的，冬天如果浸泡時間不夠長，水變冷之後豆子便發不到該有的程度。

這道準備工夫做好之後，第二天清晨五點就開始進入工作流程了。現在每個家庭都有冰箱，大多會在前一天把食物採買好，幾乎不會有客人像從前那樣，一大早上門買豆腐回家做味噌湯，所以我們可以慢慢的作業。

從前都電還叫做市電③，早上七點以前搭乘有折扣優

③：指電車或地下鐵。一九四三年，東京市與東京府合併為東京都，成為最高行政單位。

52——豆腐「小松屋」的店內景象。

待。不管是工匠或上班族，只要精打細算的人都會利用這個折扣。因此，早餐必須在六點左右準備好。這些人都是我們的顧客，所以豆腐店必須最晚得在四點起床，否則就來不及了。這個習慣一直到戰後還一直保持著，我們店裡六點十五分以前，第一批豆腐就會做好。人家說豆腐店都很早起，這話還真是沒錯。

那麼，接下來我先來說說木綿豆腐的製作方法吧。

一早起來先在灶裡生火。接下來就是磨豆子。把水瀝乾之後，從前是把豆子放在臼裡磨十五到二十分鐘。現在則是用研磨機，十分鐘不到就可以磨好。

從前的石臼是扁平的，用手來轉動。專業用的則是直立型的，一側固定，另一側用動力使之轉動。人家說做豆腐時用石臼磨的豆子才好吃。這跟蕎麥粉是一樣的。用石臼磨的豆會變成圓粒狀的粉，但用研磨機就好像剃刀削出來的一樣，完全不同。

說到這大豆，我父親那一代是一個大鍋煮三升生豆。我完全不記得是三升，好像六升的印象比較多。現在都是在六升到七升之間，算是六升五合左右吧。別的地方好像多煮到七升。事實上，最適合的量和鍋的大小有關，但是藉著效率和燃料等因素，也可以煮到七升吧。

鍋裡的水量，是將兩升的豆漿杓放在鍋的正中間，然後加水到豆漿杓下方的鉤扣處。我是用目測的，從來沒量過。水量當然依據生豆量而有不同。這個豆漿杓現在是鋁製的，以前都是木頭做的，不過大小沒變。

這磨好的大豆叫做「生吳」④，就是豆汁的基底。將六升五合的生吳放進已經煮了沸水的鍋裡。用我們的話來說就叫「煮漿」。將生吳放進滾開的大鍋中，不斷翻煮就會冒出泡泡來。這時候在每天用過的炸油油渣中放進消泡劑，把它塗在發泡器上，在豆漿中來回攪動，泡泡就會消失了。這道手續要做兩次左右。從前是把竹子削成細竹帚來攪動。攪拌完了約再煮二十分鐘。然後將它倒進凝固桶裡的尼龍製粗濾袋，趁熱用擠壓板將豆漿過濾出來。粗濾袋的下面還要放兩層細濾袋。

這裡做好的液體就是豆漿。過濾下來的豆渣叫做豆腐殼。從粗濾袋濾下的豆漿，還要通過墊了雙層的細濾袋，才能完全濾乾淨。這時的豆漿叫做「一番」。一番的量大約是吳杓三十六滿杓。不過第一杓的量和最後一杓相當不同。

絹豆腐⑤用的就是這種「一番」榨的濃豆漿做的。但木綿豆腐用的是「二番」，就是將「一番」再放回鍋裡煮過。鍋裡會再加熱水，所以豆漿變得比較稀。以我來說，是將「一番」稀釋一倍以上。有人採取只用一番來做豆腐的方法，不過，用二番榨做的豆腐也完全沒有問題。這時候要不要再開火煮過，該花多少時間，全憑豆子的品質和外界溫度來決定。豆子是十月收成，所以冬季時豆子還很新，外界溫度也很低，不管怎麼說都得開火滾一滾。夏天的時候，有時只加熱水不用升火就可以了。

接下來是把「二番」倒出，並且打進鹽鹵。鹽鹵倒進後豆漿就會凝固，變成豆腐了。這種鹽鹵是天然鹽鹵加上一種叫葡萄糖酸內酯(Glucono Delta-Lactone)的凝固劑調製而成。打進鹽鹵時，一股腦兒打入和徐徐加入的手法，做出來的豆腐會有很大的不同。我們店裡是用一斗的桶子來打鹽鹵；一次全加進去，和稀釋成兩倍再分兩次加入，相比之下，分兩次慢慢加入做出來的豆腐特別順滑。如果一股腦的倒進去，打鹽鹵攪拌時會覺得凝結感很強，不一會兒就變硬了。

鹽鹵要一點一點的用碗公大的杓子徐徐倒入。這是從前傳下來的打鹽鹵手法。若是粗里粗氣的一股腦兒倒進去，凝結的狀況怎麼看都覺得很粗。一般的豆腐都是一點一點的凝結，時間差不多十分鐘左右。這麼一來就能做出滑嫩的豆腐了。

接下來就是把水份壓出，準備一個木綿豆腐專用的鋁製四角箱，箱子的四個面都開了圓洞，我們叫它「割箱」或「型箱」，要在裡面鋪上綿紗布，然後用五合（大約一公升）的杓子舀進去。這時候動作輕謹和動作粗魯，做出來的豆腐也會大為不同。動作太粗魯的話，豆腐的臉色就會很難看啦。分切的時候，豆腐的肌理會變得粗糙。我說的不是疏鬆哦。絹豆腐和木綿豆腐的製法也不一樣，但細心做出來的木綿豆腐，肌理就像絹豆腐一樣細緻，帶有光彩。這就是木綿豆腐的面貌。不過，木綿豆腐吃起來的口感還是跟絹豆腐有所不同，它比較濃郁，卻又很清爽。這一陣子絹豆腐也很受歡迎，但如果要我來說，我還是很希望客人多多嘗嘗這木綿豆腐。吃的東西實在非常難用言語來表達，必須跟別家的豆腐比較看看才知道。

接著放上竹簾，蓋上蓋子，再以砥石那麼大的鐵塊壓在上面。有時用一塊，有時用兩塊，視狀況而定。因為是用木綿布過濾，豆腐會附著在布的網眼上，所以才叫做木綿豆腐。豆腐成形的狀況會使得壓水的時間有所不同，平均來說是十五分鐘到二十分鐘。鐵塊用一塊、兩塊還是三塊，也是看狀況來添加。如果壓水不理想，或是重物壓太久，那靠近布的邊緣——我們叫它「耳朵」，就會變硬；做出來的豆腐會變成中間部分很嫩，但邊緣太老。挑剔的客人特別不喜歡耳朵部分。總之，不管怎麼都得從中間部分開始賣；賣到只剩邊緣部分時，會先向客人說明：耳朵的

④：日本將磨好的豆泥稱為吳，加水滾煮叫做煮吳，還沒煮的就叫生吳。

⑤：相當於中國的嫩豆腐。

52——從右上按反時鐘方向為：磨大豆，用木架壓篩，製作木綿豆腐，抽出絹紗。做豆腐的各種工具，以及煮沸生吳用的大鍋（左）、炸豆腐用的前鍋（中）和高溫鍋。

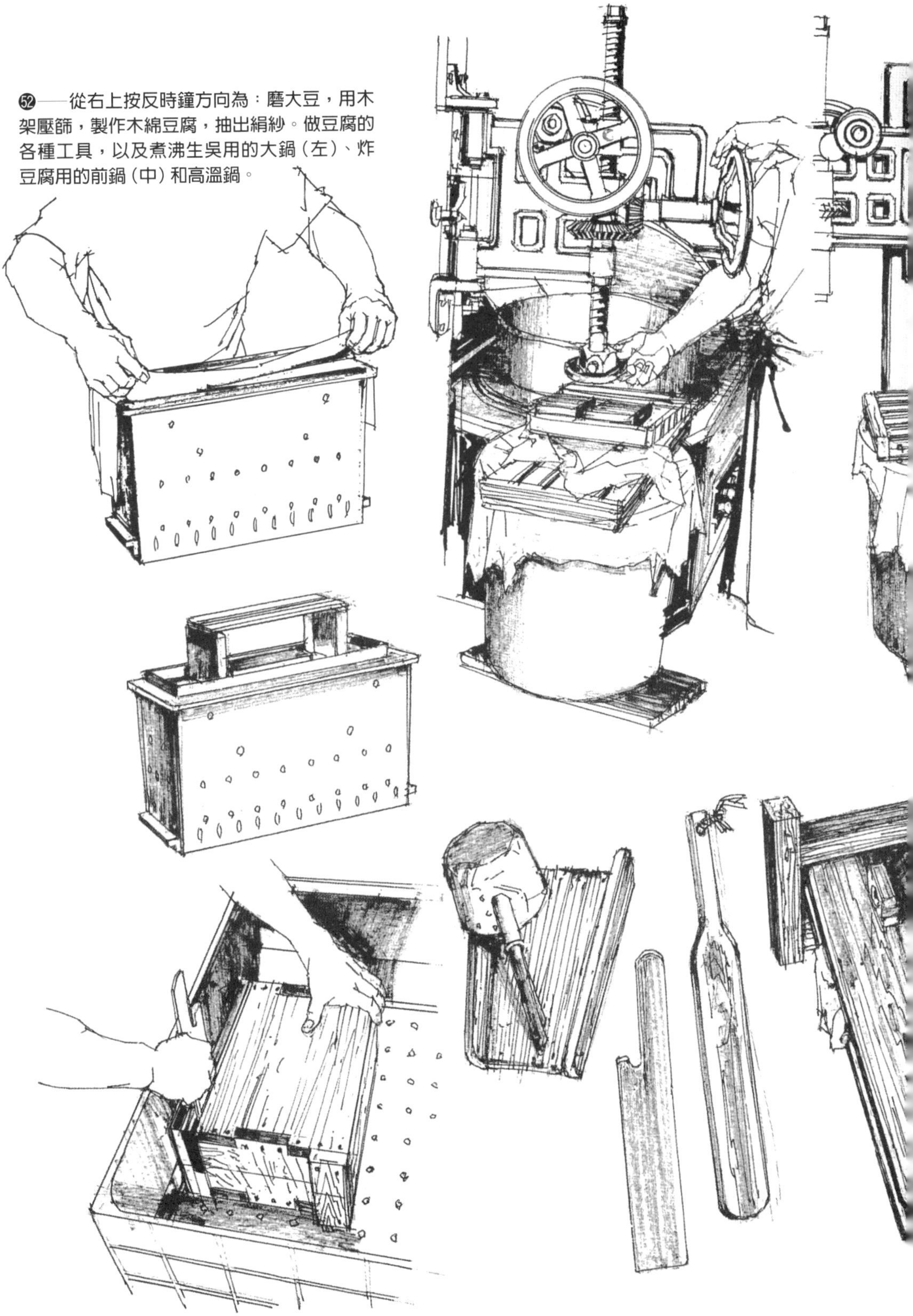

部分請用菜刀切掉哦。這樣豆腐就會很好吃了。耳朵還分上耳和底耳。底耳的部分不黏布，凝結時位在最上面，也是最後凝結的部分，照理說那裡是最嫩最好吃的；所以如果把底耳切下來，應該最美味。

木綿豆腐的型箱通常可以做出六十塊豆腐。切割的方法按照裡面的大小而有所不同。型箱的排水圓孔有顯示五等分、八等分、九等分、十等分、十二等分等的刻度。以木綿豆腐來說，縱向最大側面先分成五等分，接下來再從頂面切成兩等分，然後各別切成六等分。這就是一塊豆腐的大小。最後把水瀝乾就完成了。

做完第一台豆腐，大約需要兩個小時。若從五點半開始做，就是七點半完成。接下來的工作，就算像我這樣用最原始的方法，也只要一小時就可以做出一鍋份的豆腐。這是因為第一次做時鍋還是冷的，等到再開火時，鍋已經暖了，時間可以縮短一些。續煮時間花上一小時，跟其他同業比起來還是太慢了些。我們家從戰前父親就是這麼做豆腐的，我現在也還跟隨我爸的做法；如果做得不夠細心，就做不出細緻的豆腐。

六升五合的大豆通常可以做出一百二十塊、三百二十公克的東京豆腐。豆腐的形狀有許多種，到各地區去，有些豆腐的表面積特別大。所謂的東京豆腐就是大家平常吃的豆腐啦。我記得戰後剛開始是兩百七十公克。

由於物價一直往上漲，大豆原料也變貴，所以豆腐也漲了好幾次價。一旦漲價，客人的反應就不太好，所以剛開始時，只要漲十圓，我們就多給十圓份量的豆腐。不過老實說，過了十天半個月，客人對這價格也慢慢習慣了。一丁百圓的豆腐賣一百一十圓，經過十天之後，豆腐的大小就會恢復原狀了。這種情形也是有的。以現在來說，三百二十克就是一丁豆腐的標準重量了。

聽說豆腐有八成都是水分，豆腐的味道本來就是很微妙的。做好的豆腐大約八小時之內可以保持原味，美味可口。現在有冰箱，把豆腐放在水裡，放進攝氏十度左右的冷藏庫，擺上八個小時也不會變壞；但味道和風味全然不一樣。

如果對豆腐的味道不太講究的話，可以在豆漿裡加進鹽鹵，適當的攪拌一下，就是塊豆腐了。不過若要像今天做的豆腐一樣，既能做成冷豆腐，又能做湯豆腐，這恰如其分的凝固度以及口感細滑度，可就是日本人獨門的工夫了。

除了冷豆腐，幾乎沒有料理能使用的絹豆腐

接下來我們來談談絹豆腐的製作。名字叫絹豆腐，並不是叫人用絲布篩濾的意思。主要是因為與綿布篩濾過的豆腐相比，它的表面如同絲緞般柔滑，所以才用絹豆腐來

形容。這是古人的典雅說法，但絹豆腐的做法比起從前有相當大的不同。

一般的木綿豆腐，就如我先前說的，在豆漿裡打入鹽鹵，然後放進鋪了木綿的鋁箱裡，濾去水分固定。然而絹豆腐用的是「一番」，比木綿豆腐濃上一倍的豆漿。從前跟著我父親學習的時候，他說鹽鹵得從豆漿的上方打入。木綿豆腐濾出水分時，割箱四周有洞孔，可以讓水分充分流出；但絹豆腐是放在一種不會滲水的竹箱。首先將濃豆漿倒入竹箱中，然後加入鹽鹵，用木瓢攪打，讓它均勻的分散到整個箱中。這時候，如果鹽鹵攪拌不夠徐緩，豆漿就無法凝固。胡亂的攪打會使豆腐變得一團糟。生漿和豆腐瀝出的水會在其中分離。此外，木瓢的角度也會決定豆腐的凝結度和完成品質的好壞，不管做了多少年，我還是覺得戰前這一套工夫真是難哪。放豆漿的竹箱比木綿的割箱要小，大約只能切出四十塊豆腐；絹豆腐和木綿豆腐相比之下，整套工夫還是麻煩多了。

像我這種從上面打入鹽鹵的做法，最近已經很少有店家採用了。現在都是在竹箱裡倒入一點相當於鹽鹵的凝固劑，再灌入豆漿。順序和從前的相反。現在都是用葡萄糖酸內酯這種化學凝固劑或是石膏；凝固劑不同，自然做法也有差異。不過，若是生手來做，可能會弄得支離破碎吧。我們來做倒是很容易凝固的。將豆漿緩緩的倒滿整個竹箱，操作木瓢子，平行的將凝固劑上下攪動。

由於戰前絹豆腐的製作方式太麻煩，戰後已不太有人做了。我們店從昭和二十七年（一九五二年）搬到根岸之後，就開始做絹豆腐。跟其他店比起來，我們算是早的了。後來時局漸漸安定，越來越多客人說絹豆腐好吃，所以現在木綿豆腐和絹豆腐的比例，夏天是一半一半，冬天大約是木綿七對絹三。若是在從前，絹豆腐在冬天根本賣不出去。加工也沒搞頭，冬天只能拿來勾芡用吧。絹豆腐的特色，還是做成涼涼的冷豆腐最好吃。現在，由於它的口感很像布丁，特別受到年輕人的喜愛。凝固劑也有了改良，所以生產量也就多起來了。

木綿豆腐、絹豆腐，客人各有所好。就我來說，絹豆腐容易破，又不能脫水，幾乎沒辦法做成菜肴。客人是因為喜歡它細膩滑嫩的肌理，所以做成冷豆腐或湯豆腐就好了。這真的只是嗜好的問題，要用絹豆腐做精細的料理是不可能的。

豆腐店的炸豆腐，不管是油豆腐或是炸豆腐丸，只要用的是新油，就能炸成漂亮的黃色或狐狸色。這油炸了相當數量的豆腐後，就會疲掉，變成紅色。但是如果放的是絹豆腐，就算是新油，也會變成紅色的。這是什麼道理我也不知道，總之，用絹豆腐下去炸，是炸不出漂亮顏色來的。從前絹豆腐賣剩的，都是全部丟掉；不過就因為剩下的也得丟棄，現在做絹豆腐都會先抓個量才做，很少再有機會丟掉了。雖然絹豆腐可以炸，但油色變差也要注意，所以我家的炸豆腐都是用木綿當素材。

雖然有這麼多缺點，為什麼還要做這麼大量的絹豆腐呢？當然一方面是客人喜歡，再者，跟木綿豆腐比起來，絹豆腐的製成品比率比較好。同樣一升的大豆，假設可以做二十塊木綿豆腐，卻可以做二十一到二十二塊絹豆腐。凝固劑的效用好，自然製成品的比率也高。

製作豆腐時不可缺少的就是水，我家是直接用水龍頭的水來做。我們在根岸住了三十年以上，一點石灰味都沒有。當然啦，如果花錢買水來做豆腐，我想用離子水應該是不錯的。人家告訴我，用經過鹼性台地的地下水來做豆腐特別好。照這樣的說法，那多摩川水系的水應該不錯。我們柳通這附近一帶剛好位在多摩川水系和江戶川水系的匯流點。我們這兒的水是從兩邊流過來的。就算自來水局發出停水通知，停多摩川的水，還有江戶川水可用；停江戶川水，卻有多摩川水可用，所以極少有斷水的情形。

油豆腐泡、炸豆腐丸、油豆腐

你問我們家的客人嗎？你是說有沒有人從大老遠開車特地來買豆腐嗎？這啊，可能覺得我們店的豆腐很罕見，或許真有這樣的客人。不過每天最多不過三、四個，沒像你想得那麼多啦。光靠這種客人我們可是吃不飽的咧。的確，最近有從大阪過來買豆渣的，讓我覺得幹嘛特地跑那麼遠來買豆渣呢。偶爾也有客人看到貼紙上的電話號碼，打電話來訂購的。我們家本來不太做這種生意，昭和五十九年年底寄貨到富山、靜岡是第一次。最近有了宅急便，方便多了。說起豆渣，今年還曾寄到波士頓去。豆渣一包是二百圓，可是航空運費居然要花七千圓哪。真是嚇死人了！

這豆渣剛開始是把它當作「四季良伴」來賣的。在醬油裡加點沙拉油，滾了之後，再倒入豆渣下去，仔細翻炒。這是一項非常辛苦的工作。然後在裡面加入蛋，再繼續翻炒。最後用調味料和鹽調味後放冷。之後加入醋、黃瓜、胡蘿蔔、蔥等。味道很像沙拉，是很好的下酒菜。

現在我們家做的產品，首先是豆腐，分成木綿豆腐和絹豆腐。炸食有油豆腐泡、炸豆腐丸和油豆腐三種。從以前開始，我們家的炸豆腐丸就有京都的豆腐丸，裡面放了銀杏，小小一球的；還有特製的山菜豆腐丸。油豆腐分為大小兩種；此外還有煎豆腐。為了可以馬上用在料理中，我們也製作水切豆腐。還有豆漿、豆渣等跟其他豆腐店不一樣的產品。最後還有視季節而製作的擬製豆腐⑥。

這裡就各種製品，再加以說明一下。

首先是油豆腐泡。油豆腐泡的原料大豆必須換另一種。前面也說過，白豆適合做豆腐，油豆腐泡就得用偏綠的豆子比較容易做。油豆腐泡每家的做法不一樣。我們是用生豆四升，既經濟、製成品比率又高，做起來也比較順手。

做油豆腐泡，要在還沒煮之前先榨。大豆磨好做成生呉，然後倒進加了熱水的鍋裡煮。這個煮漿的階段和豆腐完全不同。做豆腐一定要煮到水滾；但做油豆腐泡時，得趁著快滾還沒有全部沸騰的狀態，加入冷水，回轉成不滾的狀態。這回冷的方法隨著豆子的種類、氣溫、量的多寡等而有所不同。不管如何，得在生呉還沒沸騰前榨乾。油豆腐泡在這一點有點難度。

接下來叫做二次煮，就是把榨過一次的豆渣，倒回重新加了乾淨熱水的鍋中，以同樣的方法再煮一次，然後再榨過。之後，把第一次和第二次的豆漿混合。當然它的溫度比豆腐用的豆漿低，又加水煮了一次，所以比較稀薄。這時候加入鹽鹵加以凝固。它和木綿的做法不同，為了讓豆漿能完全緊密凝結，一定要用力打入鹽鹵。因為豆漿的溫度較低，若是不用力打，凝結的狀況就會不理想。我們家用來裝油豆腐泡的割箱也和木綿豆腐不同，用的是較寬的木箱。

油豆腐泡比起一般豆腐更快變硬，它的密度非常高。由於是用溫火硬煮出來的，若是把它當豆腐來吃，那可是難吃得要命。這種老硬豆腐大概切成約五釐米厚，然後堆在竹簾上，稍稍讓它傾斜，用約十公斤的重物壓住，把水瀝出。

接下來就到了油炸階段。油炸分兩次，鍋子也要準備兩個。第一個鍋叫「前鍋」，油溫較低，把豆腐放進去讓它展開。原本緊縮在一起的豆腐，一放進油中會先沉入油底一會兒，然後慢慢浮起並且伸展開。在一旁等著，到它完全展開之後，翻面放入高溫油鍋裡。在高溫鍋裡先翻一次面，再翻一次。等到要撈起時再翻一次面。這麼做會使得瀝油的程度有所不同。這沒什麼道理的，是長年經驗累積的心得。

我家用的是豐年的大豆油。從前我們用菜籽油。那是四日市一家叫「市川」的廠商所生產的。戰後沒多久我們就換成大豆油了。大豆油較輕，較好吃。菜籽油較濃稠，濃稠的話可以多炸幾張。油豆腐泡本身會吸油，油炸經過一段時間，炸油會減少，但菜籽油減的量較少。

油豆腐泡的好壞是看顏色和形狀。油炸的食品，首先炸出來的顏色必須一致，而且呈狐狸色，形狀像舟狀捲起來的才是好豆腐泡。當然，外皮也要軟一點才好。用機器炸出來的豆腐，可以使顏色一致，但在低溫油並沒有翻

⑥：在豆腐中加入蔬菜和蛋做成的齋食，類似中國的素肉。

面，所以不會翹起來，而是扁平的。我想就是因為這樣，所以做出來的皮特別老。

另一樣產品是炸豆腐丸。當然，有時候一整天下來豆腐全賣光了；有時會有剩下，或是放了過時，這種情況一定是木綿豆腐。這些過了時的豆腐我們就會做成炸豆腐丸。由於豆腐泡在水裡一整天，已經不太凝結了，正好炸豆腐丸若是用凝結的豆腐去做就不好吃。放了一天的豆腐我們叫它「山」。炸豆腐丸用「山」來做最好吃。我們當然希望炸豆腐丸全都用「山」來做，但不夠的時候，也只好拿新豆腐混合著做。

先把「山」放進炸豆腐丸專用的過濾袋中將水濾乾，之後就要揉捻，這時候加入蛋。我們家從戰前就一直是這麼做的。加了蛋之後比較滑潤，感覺完全不一樣。用手揉捻和機器揉捻，在味道上也有明顯差別。用機器肌理可以揉得更細，但豆腐丸油炸時就沒了彈性了。我曾經花了大錢買了機器，但是做出來不理想，就沒用了。雖然做起來很辛苦，但還是得用手來揉咧。

然後，在揉好的豆腐泥中加入日高海帶、蝦子、胡蘿蔔、炒芝麻等，捏成一顆一顆豆腐丸。形狀和大小都要幾乎一致，才不會亂。揉圓之

53——在豪宅漸稀的根岸，難得看到這棟醒目宏偉的宅邸。這是東京第一個興建檸檬汽水工廠的老板的住宅（根岸五丁目）。

後調整一下形狀，就下去炸了。豆腐丸也是炸兩次。先放進溫油的「前鍋」，炸起來的東西翻面，然後放到高溫鍋，再翻面。最後還要再翻一次面，就大功告成了。

油炸類最後一項是油豆腐。最近也有很多人叫它厚揚豆腐⑦，不過東京是叫它生揚。油豆腐比一般的豆腐要小，它是用一般的木綿豆腐，以竹簾瀝乾，再以大火的高溫油鍋炸一次而成。其他的油炸物都是炸兩次，但油豆腐只炸一次，裡面是生的，「生揚」的名字也是由此而來。

油豆腐是在豆腐泡、豆腐丸炸好之後，最後炸的東西。從油溫較低就可以做的東西開始，漸漸的升高溫度，這可算是做豆腐人的智慧。若是一開始就把油燒到高溫，那很快就會耗損了。

我對油炸品並不算拿手，但也並不是特別差勁。有時候客人讚一聲「顏色炸得真漂亮」，我心裡就知道今天自己炸的顏色是很均勻的。一天的情緒好壞都會有影響，不僅是豆腐如此，油炸

⑦：這是相對於油豆腐泡在日本稱之為「油揚」、「薄揚」，油豆腐由於內餡還是生的而且比較厚，所以稱為「生揚」或「厚揚」。揚在日文中就是指油炸的意思。

品的好壞也繫於此。我是個很直的人，炸得好的時候，一整天心情都會很愉快。

接下來是烤豆腐。這也是用木綿豆腐做的，只是烤豆腐的切法不同。從割箱較長的側面切成八等分，然後直接瀝乾水拿去煎。煎好的豆腐再切成七塊或八塊。這是因為豆子若多放了一些，箱裡做出來的豆腐也會高些，原本切成七塊的還可以多切一塊。

將豆腐放在竹簾上，用瓦斯噴槍將兩面烤過。烤得久一點，火就會穿透到中心；它並不是要模仿炭火的烤法，而是為了慢慢仔細的烤。烤好之後再放在水中。

我小時候，大約到昭和十三、四年，烤豆腐都是用松木材的熟炭來烤。我們有一種現在烤雞店常用的火爐，叫做烤豆腐七輪的工具，用那個來烤。只要想像豆腐田樂⑧就明白了。烤豆腐時若用粗竹籤平行插入，會比較插不進去，要稍微斜一點，帶點角度插入兩支。水瀝乾時，將插了竹籤的豆腐直接擺在竹簾上，大約疊三片，這樣就可以烤得很漂亮。不過松木材的熟炭會生出白灰，這倒是挺麻煩的。

最後是擬製豆腐。這是有點像煎蛋捲一樣的煎豆腐。擬製豆腐是用古傳的手法做的，非常費工，價格也相當高。它是帶有懷古情調的食品，但我覺得以它的價格來說，並不算特別好吃就是了。

我們這裡的做法是將豆腐榨乾，調味再煮，接著揉捻，然後再烤。烤一片厚約五、六公分的豆腐約要花四十分鐘。擬製豆腐是年終或天冷時的食品，戰前的時候，在山手區或下町並不是每家豆腐店都有賣。若要說哪裡有，那就是像根岸這種有花柳巷的地方，附近的豆腐店都會賣。

江戶時代，豆腐料理就已經非常發達。當時能做出什麼樣的料理，可以看看《豆腐百珍》這本書。《豆腐百珍》是天明三年（一七八三年）發行的；應該是這本書出版之後，豆腐料理就普及各地了吧。從前只要說到齋菜，桌上就一定要有豆腐陪襯，或是做些信田卷豆腐之類的。這些我父親都相當拿手。

現在，據說美國也非常流行吃豆腐，但豆腐排之類的，跟東京的豆腐不同，它做得相當硬。似乎是因為民眾膽固醇很高，所以豆腐排特別受歡迎，但我並不覺得那個好吃。說到硬豆腐，中國的豆腐叫做「何斤」，這種豆腐硬到可以放在切菜板上切著賣。每個地方都有各種不同的豆腐呢！

器具髒了，就做不出好豆腐

我這店裡，就只有我和老板娘兩個人。我們慢條斯理的工作，工作結束時都夜裡一點了。事後的收拾比起製作要辛苦多了。但是沒把場所整理乾淨，我心裡不舒服。我還是認為，器具髒亂的地方，就做不出好東西來。尤其是經營食品的業者，不是嗎？如果不把器具整理妥當，時常保持清潔，是做不出好東西的。場所沒有整理得有條不紊，就做不出有條理的東西。其他生意我沒做過不清楚，但是豆腐是一定要這樣的。

我每買一種器具，都得花很多時間來考慮。像是裝豆漿的不鏽鋼桶、打鹽鹵桶等，本來用較不受夏冬氣溫影響的木桶比較好，但因為新的衛生法，保健所來了指令，這才改用不鏽鋼桶。有的店把它當作消耗品，隨便買個桶子湊合著用，那樣的器具相當容易耗損。可我們店裡這個桶用了二十幾年，還是很結實，水桶的製作年份還是一九四〇年呢。我買的不是全新的，但用了四十多年，它還很好用哩。

這其中原因就在於善用的方法。這種器具又不是要見人，或有什麼了不起的，使用的時候也不會保存，但自然而然就習慣了。用了之後，就會對它生出愛惜之心，越用越順手。到淺草的合羽橋附近，也找不到這麼合用的東西。器具這種東西，一用上了好東西，以後就沒辦法再用別的了。好東西用起來性能就是不同。奇妙的是，即使每天在用的桶子，也絕對能用十年以上。我的器具都不會輕易丟掉，就算是炸鍋，我也用了十一年了。我也沒有特別注意什麼，但鍋子連一點刮痕都沒有，每天我都刷洗，所以也沒有被油煙燻黑。

這些事在我父親那時就這麼做的。我雖然不是門前的小徒弟，但他所有的作為我全都學了起來。我父親想把東西做得物美質優，這種心意比起別人強烈一倍。另一方面，他的經濟概念十分清晰，像是連把水倒掉，他也都一絲不苟。

用水洗鍋的時候，用水管直接在鍋上沖洗，和一邊轉鍋子一邊用水瓢從盆裡取水淋洗，雖然同樣都能洗乾淨，但長時間成了習慣，變成固定的工作模式後，用一瓢水洗鍋，就能很快的洗乾淨了。可能大家會覺得用水管對準鍋子「嘎嘎」的沖不是比較快嗎？但我們做職人的，是絕對不會這麼做的。畢竟，水並不是免費得來。所有的工作都可以這麼思考。

我只收過一個徒弟，還有個男孩跟他約定十年修業完成後讓他離開。他現在在浦和開豆腐店，很受歡迎。這孩子四肢靈活，豆腐做得也好。我剛開始對他說的，首先是把工作順序一一記牢；第二絕對不能偷懶；最後器具類的事後整理絕不能馬虎。這些事我是用很嚴肅的口氣說的。我想，它就是我父親默默工作中教給我的。

⑧：將豆腐用竹籤串起來，塗上味噌放在火上烤的食品。

我們所做的，是吃進肚子就消失的東西。或許是有些自我滿足，但我從來不曾覺得它「沒有價值」。現在不用像以前每天都要做大量的豆腐，但是享受工作之樂是無可取代的價值。

不過是豆腐，但還是豆腐。雖然說我們是做豆腐的，但我們做出一件成品，誇張一點說也是一種創作。而以這種創作為生，就這層意義來說算是一種完美的生意。我們也不會像藝術家那樣，為了追求美而完全不在乎經濟成本。我們是極其面對現實的。基本上，只要不划算的事情絕對不做。但即使在這有限的範圍內，對於創作我們會做到盡善盡美，毫無差錯。其他的買賣我是不知道，但我認為這就是職人的技藝了。

雖然不論做什麼行業都一樣，但豆腐絕對是要細心製作，即使是在一個大桶裡打鹽鹵，即使是從那桶裡把豆腐倒進割箱或竹箱；因為打鹽鹵、倒豆腐的細緻度，就會影響到豆腐的肌理呢。細心謹慎就意謂著不能著急；只要急著做，就做不出好東西。豆腐店本身就是一種費工的行業。豆腐是誠實不說謊的，你做得粗魯，就只會做出粗魯的東西。

現在是個便利的時代，但習慣於這樣的便利性，會不會反而掉入陷阱中呢？像現在吹起一股美食風，各位呀，可不能一味的追求美食，卻脫離了真正美味的東西。比如，拿味噌湯來說，使用當日的豆腐來做味噌湯是最美味的了，可是大家是不是都在前一天就買好放著？若是如此，那豆腐雖然沒壞，但風味、口感、口味都完全不同了呢。東京是個非常方便的都市。在這樣方便的地方，為什麼人們總是那麼急呢？又為什麼這麼追逐著經濟呢？這麼說起來，經濟到底是什麼？做豆腐匠的我有時也會從一小塊豆腐，思考到這些問題。

父親的豆腐，我的豆腐

我們家開豆腐店到我是第二代。我父親叫菊次郎，明治二十九年（一八九六年）出生，今年已經滿九十一歲了。他到現在做各種事都還很靈活。父親原本是信州松代人，出生在鱉甲店，有四個姊姊，兩個哥哥，一個弟弟。他從小學高等科畢業之後，就到上田一家名叫「山川」的和服批發店當差。在軍隊檢疫之前，把身體搞壞了，只得回家休養。我爺爺是個思想老派的人，他很嚴厲的對我父親說，倒不是說一定要一臣不事二君，而是到別人家裡當差，就不該易主而仕。所以就算回到故鄉，他還是必須自謀生計。

我爺爺名叫田中長吉，弘化四年（一八四七年）生於江戶。據說他是福井藩士⑨，在幕府末年加入彰義隊，在上野山戰敗⑩後離開江戶，逃到松代，從母姓開了鱉甲店做生意。就因為這種種經歷，他才有了「一臣不事二君」的人生觀吧。我父親說，爺爺臨終的遺言就是「不論工作再怎麼忙碌，也要對人竭盡心力。」

走投無路的父親，只好請松代附近的一家「中村屋」豆腐店，教他怎麼做豆腐。好像只花了三個月還是半年的時間吧，大正二年三月，在他十七歲的時候，在當時還是新開發地區的篠之井，開了「中村屋豆腐店」。篠之井日漸繁榮，父親的店也成功了。但父親和來幫忙的兄長，對於店的經營有了不同的想法，於是他便離開到東京來。父親拜託一位前輩介紹，進入東京瓦斯當工程人員。在本鄉營業所、淺草營業所都做過一段時間，住在上野黑門町的時候，遇上了關東大地震。

那個時候瓦斯公司的工程人員待遇相當好，但是父親畢竟不是長久當上班族的料子，於是又開了豆腐店。那是在震災的第二年，大正十四年。店開在西日暮里的冠新道，現在非常熱鬧，但當時還是震災後的新開發地區。

店門口面對冠新道，是一棟正面兩間寬，有兩個店面的二樓長屋。隔壁是一家牙科。本來店名也必須沿用修業時的「中村屋」，但因為是向經營「小松屋」的今朝光先生買下來的，所以直到現在都還用「小松屋」的名字。現在在黑門町，「石龜」仍然是東京經營豆腐製作器具業界中最大的一家店；而今朝光先生，就是「石龜」前一代老板的弟弟。

我在昭和四年出生於荒川的家中，在那裡長大、生活，直到昭和二十年東京大空襲被燒毀為止。我父親很熱心研究，做出很多好產品，生意做得很成功。這些都牢牢記在當時還是孩子的我的心中。

我父親做事的方法，是不論事情再多再忙，他一定在中午以前做完。若不這麼做，他就沒辦法和人們交際了。特別忙的時候，就比平常早起，在中午以前把工作做完。結束工作的時間都是固定好的，所以從深夜十二點開始工作也是常有的事。總而言之，若是不能在中午以前做完，心情就不舒坦。大概是只做豆腐師傅有很強的無奈感吧。他從年輕時就組織了同好會，在町內會也是居領導地位，算是他投入興趣的時間吧。另外，爺爺的遺言可能對他也有很大影響。

兒時的記憶是很片斷的，但戰爭時的事都還記得很清楚。大豆的管制是在昭和十五年開始的。以所得稅的

⑨：即福井藩藩主松平春嶽的家臣。

⑩：最後一任幕府將軍德川慶喜將政權歸還天皇，開始明治新政。但德川的舊幕臣不滿政權歸還，於上野寬永寺結成「彰義隊」的團體，反抗明治政府，後由大村益次郎率領政府軍在上野包圍彰義隊，開始總攻擊，約殺死二百多名彰義隊員。

54——並立在金杉通入口處的古老土倉式家屋（根岸三丁目側）。

nagafu

額度，分為一級、二級、三級決定配給額。事實上，當時根本很少有人繳所得稅。像荒川區來說，分成日暮里、三河島、尾久、南千住四個區段，其中大豆的配額都已經決定好的。豆腐也是配給的，比現在稍大一點，當時一塊豆腐只要五錢呢。除了配給外，還有一種可以拿大豆委託店裡加工的制度。一升大豆當時換十二塊豆腐，乃是公定標準。

我從昭和十九年就被疏散到千葉縣大原附近的長者町。每天清晨搭五點五分的第一班火車，花三個小時到現在的上野高中上學，以前叫做市立二中。日暮里的家只有父親一人留守，若是有配給的工作，我母親會回去幫忙。

昭和二十年四月十三日的空襲，我們家也被轟炸了。我回去看望家園好像是好幾天以後的事了。我們家四周全部燒光，那附近好像也是東京市內受創最嚴重的地區。日暮里車站雖然倖免，但是車站前一直到田端的環形交叉口前，全部燒得精光。真的是什麼也不剩啊。

在轟炸之前，父親把工作用的鍋和煮水用的四方大銅壺都加滿了水，把碗盤杯皿等餐具全都擺進去。其他的東西雖然都沒留下來，但只要有這些就夠用了。

我倒並不是想繼承豆腐店才當上豆腐師傅的哦。之前在疏散地時生了病，醫生阻止我離開東京。昭和二十一年連學校也沒去了，每天無所事事的只為了療養。後來病好了，從昭和二十三年開始，我和父親一起在荒川區日暮里八丁目九百三十八番地開始經營豆腐店。當然，那時候我還是個生手，戰前我曾在一旁看過父親怎麼做，所以比一般人知道得多一點。我小學五年級，昭和十四、五年開始，豆腐配給的時候，沒有幫手，所以我常常在店裡幫忙。

那個時候的豆腐，我印象中在打鹽鹵的時候，用的是跟煮茶的茶杓一樣的杓子，打進比現在濃很多的鹽鹵。鹽鹵一旦濃，就必須打得更細密才行。若是不能打得徐緩平均，豆腐無論怎麼做都會變得粗粗的。仔細一想，我父親之所以這樣做，是因為從江戶時代開始，賣豆腐的店家都是用這麼濃的鹽鹵來打的關係。

戰爭時，鹽鹵被當成軍中的重要物資，常常輪不到豆腐店。那時用的是硫酸鈣來當作代用品，這種物質是石膏的基本材料，也具有凝結的能力，將它薄薄的展開來使用就可以了。這種硫酸鈣粉是從大陸運來，不需要以前細密的打法，隨便倒下去打也能做出好豆腐。有了這層因素，戰爭結束後，鹽鹵又開放購買，但大家漸漸把濃鹽鹵改掉了，認為打淡一點不也可以嗎，因此鹽鹵的用法變得輕鬆多了。但不打濃鹽鹵之後，舊式的絹豆腐反而變得難做了。

日暮里的店位在平安閣旁，因為在後巷，零售不太方便，所以我們做起批發的生意。那時候大豆還是管制品，也就是黑市的時代，做好的豆腐若是被巡警撞見了，是要沒收的。父親是個正直的人，他一直說不想做黑市生意，但是不得不做。不過，我們店裡一次取締也沒遇過，倒是批發的客戶那裡遇過好幾次聯合取締。

由於在新的地點重新打拚，主顧客完全是零的狀態。這部分就由我來開發，所以十分忙碌。清晨做豆腐，完成之後拿出去賣。當天做的東西，當天就要定成敗。當時，父親、母親、我和弟弟，還有兩個夥計，人手充足，累積出某種程度的力量。由於父親在同好會工作，擔心如果豆腐在荒川區本地賣，會引起摩擦，所以從一開始，我們就從神田再遠一點的本鄉三丁目、神保町、竹橋、九段方面販賣。

神田有一家肉店叫「天井」，那家店供應東京主要飯店的肉品。他們家的阿勝跟我從小玩在一起，是多年的朋友，所以天井的老板娘幫我介紹了很多客戶。竹橋的旁邊不就是乾門⑪嗎，那裡有個警察學校，後來搬到中野去了。我們就是做那裡宿舍和商店的批發生意。

那時候豆腐都是我父親跟我做的，由於做工精細，豆腐又好吃，所以相當多一流料亭都會來向我們訂購。一家用了之後，就會介紹給別家，就這樣一傳十，十傳百，漸漸擴展開來。

隔年是昭和二十四年，我送貨進警察學校後，有些官員偶爾也會來買。又因為傳說我們家豆腐特別好吃，所以提供了宮內廳整整兩年的豆腐。當然啦，那時候正是個甜美的時代，「菊花簾」⑫也不像現在這麼不受重視。後來的大宗生意則是提供曉星小學的餐食。

但是，工會的同業懷疑我們是不是廉價批發，來我們日暮里的家抗議了好幾次。其實我們豈止沒有廉價，還賣得比較貴。由於神田的價格好，所以在日暮里十塊錢的豆腐，到了神田賣十二塊。

現在的一圓錢完全沒有價值，但當時可是「人因一錢笑，終為一錢哭」⑬的時代。一圓錢是有價值的。在這種情況下，我們店裡還比其他店多賣一塊到兩塊錢。從戰前開始，豆腐店、賣菜的、賣魚的都被人瞧不起。事實是，

⑪：東京的天皇居所的城門除皇居正門外，共有安田門、半藏門、清水門、櫻田門、北桔橋與乾門等。乾門是在明治時期之後建設，具京都風味的城門。從此門進入後，可到達宮內廳，一般人是無法進入的。

⑫：指天皇家族。

⑬：不把一錢放在眼裡，浪擲金錢的人，終有一天會為了短少一錢而哭泣。勸人節儉勤勞的格言。

受批評的業者也身在抗議人群中，我對此尤其覺得不甘心，所以在價格這方面，我總是不廉價販售，就是為了不讓人說話。我們很自負，認為自己做的豆腐跟別人的就是不同，再加上運送路途遙遠，才會賣得貴些。總之，從開始這門生意之後，我就決定絕對不廉價販賣。騎腳踏車到神田得花三十分鐘，一天我得送四次左右呢。

就這樣我們做了四年，後來想想，還是得在適合零售的大街上開一家店。做批發生意，就得配合客戶的時間，想休息時也不得閒。像現在才有週休兩天，戰爭剛結束那段時期，我們根本一天都沒休過。星期天開門營業的話，銷售量更好，所以不論如何都得做。後來我生病了，加上完全沒有自己的時間，因此決定改變方向。為了擁有一家自己的店，找了非常久。偶然有一次到根岸來，覺得這裡的柳通氣氛相當不同，有種令人安定的感覺，像是帶有山手味道的下町。那年是昭和二十七年。

我們這房子不但戰爭中沒被燒毀，連震災也都躲過了，看到它出售，就買下來了。價格好貴哦。占地二十坪，當時花了一百一十萬。畢竟眼下就是三業最繁華的地區嘛。其他地方的花柳巷都燒掉了，這附近只剩根岸還保留著。

我們店門前，隔著柳通有一家「高勢」壽司店，從那裡到對面轉角的「稻迺家」蕎麥麵店，那邊根岸四丁目後巷一帶，是三業聚集的地區。這裡從戰前就獲得許可，所以直到晚上十一點，樂音喧鬧也沒關係。而一到了晚上，就會傳來新內流⑭的音樂。

柳通靠三業地區、四丁目那一側，每逢四那天是安樂寺的結緣日，總是人山人海。戰後，搶先取得許可的是「滿壽多」料亭的老板。當時聽說東京要讓攤販消失，若是銀座和上野都不能再擺攤，就要把它引進根岸，他一聽大驚失色，據說當時花了三百萬去疏通活動。

剛搬過來的時候，日暮里和根岸兩邊兼著做。根岸由我父親和母親兩人照顧，日暮里則由我、弟弟和兩名夥計經營。我搬到根岸是昭和三十三年的事。待會兒我會再解釋，現在根岸三丁目是東京都內豆腐店最密集的地區。在古老的下町地區，豆腐店都是這樣密集到處可見。剛搬來的時候，也曾考慮到其他店的情形，但我父親本來就有技術在身，也得到很多客人的認可，而我們一開始就沒打算做虧損的生意。

我父親有教了我什麼嗎？比如說，豆子還新的時候，剛收穫立刻拿來做會有點黏性，我父親就會說，一定要把火開大一點；或是看到出來的成果之後，說這火太溫了之類的，大約都是這種程度的批評。現在回頭想想，若是人家問我，父親在工作上有沒有從頭教我，我倒是紮實的感覺到，他從來沒教過我。如果我開口請他教我，他也不可能不教；但是事實上，工作不就是「一邊看一邊偷學來的」的嗎？工匠通常嘴巴笨拙，有時候找不到適當的詞句來形容。自己一邊做一邊研究，就是「偷師」啦。

雖然我覺得我父親做的豆腐一等一，但我到了現在這年歲，哪次真的做得好的時候，心裡也會想「這次我做得比較好哩！」

七家豆腐店密集的中根岸

遺憾的是，連我這家店的豆腐也漸漸賣不出去了。尤其這一年掉得很厲害。但是跟其他家比起來，生意可能還算過得去吧。剛來根岸那段時期，光是店裡的零售，不包括批發或是到處叫賣的部分，一天就可以賣出六、七百塊豆腐。現在生意不好的原因之一是，從前只有一家超市，但在大約兩年之內，這附近就開了五家。真是人人自危。可是這種時候慌張也沒有用，只好裝作沒看見。

在十幾年前，東京都還有三千家豆腐店，但現在減少到兩千兩百家。我們這區一年平均減少六十家左右。這兩千兩百家豆腐店，很少是只靠店面就能撐起來的；在台東區就一家也沒有。

此外，從來店買豆腐的客人身上也感受到銷量銳減；然而，農水省等的許多統計來看，整體的豆腐需要量是百分之零點幾，還是成長的。超市裡便宜的豆腐賣得很好，但在不久之前，超市並沒有像現在這麼多。那時候豆腐店比現在多六百家；當然，還有很多叫賣人。那些叫賣人每天早中晚按時在町裡面到處走動，走遍大街小巷，比現在走的路線更細密。由此可見需要量有多大。就算如此，店裡的生意還是比現在好好幾倍。只因為超市成立這麼個理由，就讓豆腐銷路下滑這麼多，這一點我是百思不得其解。

台東區根岸這個地方，是個豆腐店很多的地區。以前一共有五家，但其中一家老板過世後就收起來了，現在剩下四家：包括杉山老板、吉見屋、達摩屋和我家。根岸從一丁目到五丁目，但有趣的是，一、二、四、五丁目一家豆腐店都沒有，這五家全都集中在三丁目。這可能是因為三丁目是商業區和住宅區交錯之地。一、二丁目是飯店街、飲食街，而四、五丁目則是住宅區。

此外，雖然不同丁目，但下谷和根岸交界，昔日都電軌道靠下谷那一邊，有一家叫「松永」的豆腐店。再過兩個街區，據說有一家名叫「日除」的豆腐店，已經傳了十

⑭：新內節即是三味線音樂的一支。演奏新內節時，兩人一組，在街頭一邊走一邊以三味線合奏，就是所謂的新內流。而「流」讀音為nagashi，台灣「那卡西」應也是沿襲這種表演方式。

四代。另外還有「大澤」，一共是三家。因此我們店的附近集中了七家豆腐店。客人們也說：

「聽說最近豆腐店也不景氣，可是我看你們這裡其實還好嘛！」

我只好笑笑，回答：「不是，暗地裡大家都苦兮兮的。只是苦歸苦，總不能寫在臉上吧，大家只是努力撐住。」像我們這裡，豆腐店全都集中在一起的地方，也越來越少了。

每家豆腐店都有自己的生存方式，也有各自的主顧。有的地方會出去叫賣，也有的會做批發生意。我覺得做豆腐的不能沒有自己的時間和空閒，所以只守著店面做生意。雖然我不像父親那樣，但打烊後的時間也會練練小歌，和朋友一起調閱根岸的鄉土史，藉此讓自己有點機會上進。總之，我從心底就沒打算要出外叫賣啦。

我希望我們能成為一家客人覺得好吃而特地來買的店；若是有能力再多開一家這樣的店，那該有多好。

說到根岸這個地方，雖然下町是下町，但它不太有那種鄰居今天來借米，明天到他家吃頓飯的習慣。就算是屋子再小，也都有門隔著，所以就算做好了熟食想拿到鄰居家也不太方便。我以前住的荒川區，就還留有這種風氣。根岸這一帶，並不是阿八、熊仔⑮出入的下町，甚至可以說是個上流下町。就算是下町，也不是所有下町都只有阿八、熊仔那樣的人。根岸是上一代的三遊亭金馬說〈茶之湯〉⑯的舞台。從江戶時代開始，它也是日本橋或藏前大商家老板退休隱居之地，或是金屋藏嬌的小天地。

我還是小孩的時候，曾經去過朋友在根岸住的大公寓。那裡被稱作二號莊，因為住的大都是二奶。朋友的家非常摩登，還有嬰兒專用衣櫃和洋娃娃，在我童稚的心中留下鮮麗高雅的印象。二奶不論到哪裡都打扮得整齊漂亮，因為她們只在丈夫來臨時才服務，一點兒都沒有生活庸俗感。那種隱居之里的氣氛，到現在都還留存在這個地方，不是嗎。

還有一點，自酒井抱一⑰以來，根岸一直都是藝術家關注的地方。像岡倉天心⑱，也在根岸搬遷了三次。現在，這塊土地上吸引藝術家的東西可能變少了，但原本根岸就是一個這麼有魅力的地方。新遷入的居民或許並不關心這些事，但對從古早以前就定居此地的人，它們已經潛藏在意識之中了。

根岸也不例外，新居民的交替越來越多。我所住的中根岸，擁有台東區最大的町會，設籍的近一千兩百戶。新居民的看法如何我不知道，但不管是對面的「海老屋」，還是隔壁的「伊勢清」，町會是靠著在根岸扎根已八十年或百年的人們在運作的。所以，祭典、町會的活動、技藝學習等，從新居民的眼光看來，或許有點自吹自擂。我來到這裡還只有三十幾年；在新開發地，提到三十年，那可能已經算是老樹了，但在根岸，我覺得自己還是町裡的新人。因此，我可以作為兩者之間的溝通橋梁吧。

一旦進入了町會，大家就會極其自然的互動起來，也會以最坦率的心情面對大家。總之，不管是辦祭典還是學古藝，都和現在的大時勢唱反調，多少有點自壯聲勢，不這樣就做不下去啦。我喜歡這個町，就算還是個新人，但我希望今後也一直能為這個町，盡我所能的多多奉獻。

⑮：請參見〈作者序〉的①。
⑯：三遊亭金馬是有名的相聲家，他們也和其他日本傳統技藝一樣，擁有藝名世襲制度，目前已傳到第四代，書中所說的應該是指第三代的三遊亭，〈茶之湯〉是他的拿手段子。
⑰：酒井抱一，一七六一～一八二九年。江戶後期的畫家，年輕時長於詩詞及繪畫，三十七歲在築地本願寺出家，後在根岸四、五丁目建雨華庵，吟詩作畫了此一生。
⑱：岡倉天心，一八六三～一九一三年。為明治時期非常活躍的美術家、美術史家、美術評論家、美術教育者，對於現在東京藝術大學的設立有極大的貢獻。

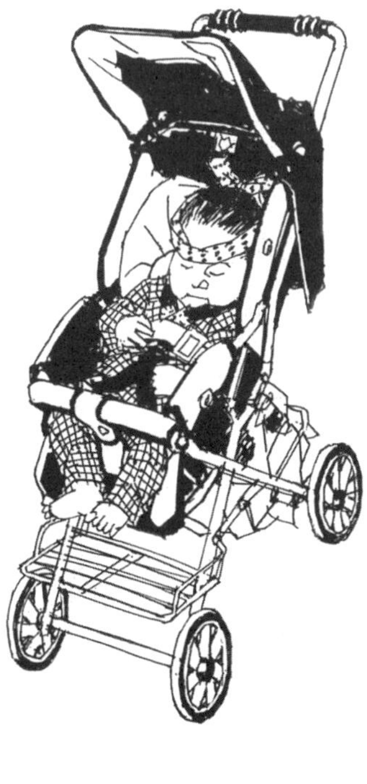

55——戶谷瓦店。寬永寺（德川家）御用的瓦店，店名還記錄在明治4年的「瓦匠人名錄」上（根岸三丁目）。

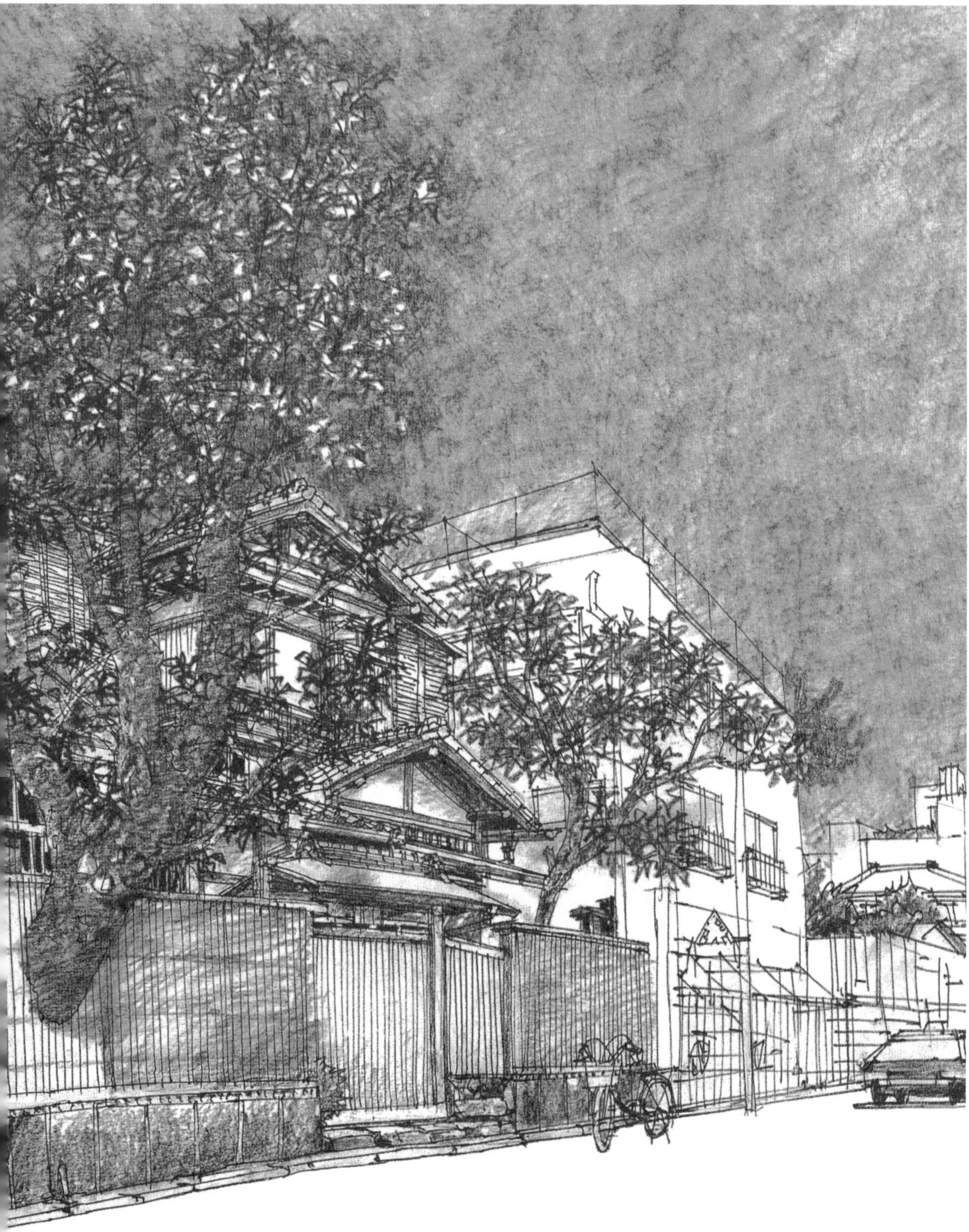

56——就算一棵樹也要小心保護。某戶下町房子的大樹穿過牆壁長到馬路上（根岸三丁目）。

貸駐車場

裝飾品的鑲嵌

山口友一

山口友一
地址：110台東區根岸三—六—一五
電話：三八七五—三三二〇

擔下所有責任，所以頑固

在戒指上鏤刻，即使是同一種唐草①，一開始就決定好怎麼刻，起手無回，跟小心翼翼一邊想一邊刻出來的東西，其漩渦的氣勢本身就會有所差別。甚至，只要是自己做的東西，放在櫥窗裡我也能一眼辨認出來。偶爾看到同門師兄弟或是我家孩子（徒弟）刻出來的東西，一看就知道，啊，這是我們這裡出來的！不管是刻唐草還是勿忘草，只要做滿版雕刻，我們家的獨特刻法是別人學不來的。

鏨子的用法也有特徵。即使只是劃一條線，在我派中有一些基礎手法，像是這鏨子要用多少角度下刀，或是打算做一點形狀出來，得用粗一號的鏨子等，諸如此類的。

我們用鏨子是很使勁的。就算刻一個圓，一般拿鏨子會輕輕鍾打，或是敲兩次，但我們這裡不會一刀一刀慢慢做，而是一刀到底最後再修潤，這是我們的特色。因此，失敗了要修改也不容易。

這裡說的是整個門派的特徵，此外還有個人的特徵。

我們的工作雖然同樣是雕刻，但每個人的做法都不一樣。不管是我同門師兄弟，或是我徒弟，大家都不相同。就算師傅教的都是同樣的手藝，但因為每個人的性格和領略不同，漸漸的就會加入了某些樣貌，因而產生變化。外行人可能看不出來，但我們看一眼就能發現。使用同一形狀的鏨子，有人是盡在腦袋裡使勁，下手卻輕輕放過；也有人腦袋裡很輕鬆，但最後刻工卻很用力。只要看著鏨子的鑿痕，就能知道是誰做的工，這比簽名還準確。

爺子（我師傅）的鏨子，是一把很陽剛、下手準確乾脆的鏨子。然而在性格上我比他更勝。在爺子的教導下，再與自己性格的相乘之下，就會留下一些別人沒有的東西。我師弟的鏨子就比我柔一點。因為他用鏨子是照我師傅教的那套基本方法來做的。我由於性格使然，光是那樣總有點不夠勁，所以就稍微改了用刀的方法。剛開始大家的做法都一樣，但慢慢的，鏨子下就會展露出性格。

我們現在來往的商店（主顧客），包括一些小店共有十四、五間。在御徒町有三、四間，還有新橋、神田、淺草、浦和等地，有些是開貴金屬店的，有些則是做批發生意的。我知道必須再增加一些顧客，但我們的觀念太老舊，從以前一直持續到現在，招不來新顧客。

最近，開始跟一、兩家新店家打交道，他們跟我都是小時候在學校裡的同級生、學長的關係。這也不算是新開發的顧客，而是靠著童年交情得來的。對於他們，我還是不要插手管事比較好，只要一開口，新店家可能就會嫌我太頑固而不理我們了。

坦白說，真想不到現在的人那麼沒責任感。想要調整形狀，當場他會幫你做，但事後就撇得一乾二淨。這種店家並不少見。然而，我們既然接下了工作，就必須要負起責任嘛。把寶石鑲在戒指上時，雕刻師萬一手藝不好掉了一顆，那就算再名貴的首飾也都成了瑕疵品。但是卻很少有店家認真考慮這件事。

比如說，我們接到店家的委製，他們問說：「可否麻煩你們在哪一天的幾點做好呢？」那還可以理解；但有些店家也不管我們的時間調度，劈頭就問：「這個工作請在三天內做好。」聽到這種話，真是一肚子火。拜託別人工作的時候，哪能只顧自家的貨品好就好呢？

「手邊的工作目前如何？我們家的東西比較趕，拜託能不能在三天之內趕給我們呢？」

如果對方是用這種口氣詢問，三天之內做不做得出來是一回事，至少我們可以接受嘛。可是現在在外面跑業務的，老板要求他三天，他就說三天，要求一週他就只給一週期限，物件越快完成越好；早早開始卻沒在期限內完成，他自己就會被罵，所以一見到我們便說：「拜託三天內完成。」聽了就有氣。管它三七二十一，反正只要東西能賣就沒問題，這種觀念壓倒了一切。

比較實在牢靠的店家，店裡的老鳥會一一教導新手，到師傅那裡該怎麼說話，怎麼拜託。同樣一句話，有的說法會讓我們心甘情願的做事，反之則是讓人提不起勁。說得誇張一點，說話的方式對工作也有很大的影響呢。

我是一個藝匠，立場當然比店家矮一截。但是只要接下工作，就對它有責任，絕對不希望把物件做成瑕疵品。若是太趕，製作偷工減料，賣出去之後寶石剝落，會帶給店家信用危機吧；而我們藝匠也開脫不了關係呀。我們這裡趕工或是不趕工，或是有什麼特殊狀況，都跟完成的作品，還有買下這件作品的客人完全沒有關係。有時候店家

①：唐草是指希臘、波斯自古雕繪的波浪狀藤蔓圖案，日本是在唐朝時傳入，所以稱之為唐草。

來說：「這件戒指是別處幫我們做的，可是寶石掉了，能不能請你幫我們修一修。」若是我們家做的工作，我一定無條件當場幫他修復，可是別人做的東西，那麼請別來找我，還是拿回去吧。我是個藝匠，做那件工作的也是一個藝匠，寶石是怎麼掉的，若不送回原來的藝匠那裡，那個人永遠也不知道自己的手工有什麼問題。若是我把它修好了，沒有人要那個藝匠多加注意，他會永遠以為自己做的東西沒問題哩。工作這兩個字，不是那麼輕鬆好打發的。就是有這些傢伙把犯錯看得稀鬆平常，才會遭人批評「現在的年輕人怎麼樣怎麼樣」。

負起了責任，但若不能把自己的想法貫徹始終，那也是沒有用的。反之，既然約定了期限，接下這份工作，不管發生什麼事，也應該在期限內把事情確實做完。年輕人說我這叫做頑固，但正是因為攬下所有責任，所以才這麼做；而且這才是對顧客最貼心的做法，不是嗎？

以前，老板是一個動作一個動作教我們，他會說：「這工作是這樣做的。」動不動就一兩個拳頭飛過來，直到你學會為止。而自己確信自己學會了工夫，心裡有了把握才能去面對工作，所以不容易出這種錯。然而，現在的人你多說他幾句，他就回一句「少囉嗦」，根本不受教。就算願意聽了，腦袋裡學會了，可是骨子裡卻沒學會，所以常常失敗。這大多表現在交託事情給別人的時候。

怎樣把寶石鑲嵌在戒指上？

放在這裡的是純金戒指和設計款戒指。設計款戒指又叫做花式款，它和一般環戒不同，有各式各樣的形狀。像這只戒指表面就有十釐米寬，還刻了四片葉子呢。這四片葉子上開了十二個小洞，但靠近手指側腹處，寬度則縮小到三釐米以下。這物件在半成品的階段就送到我這兒來，用鏨子加工，把表面的十二個小洞分別鑲上石頭（鑽石），最後成為完成品，這就是我的工作內容。

鑽石在店頭（主顧處）那裡，一個戒盒裡包括買下的幾克拉寶石，都是和戒指包在一起的。鑽石依它的大小、光彩的有無、切割的等級等，都有所不同，每一顆鑽石都是獨一無二的。這我們叫做「美蘭地」(meranti)，就是指質地不均衡的鑽石。現在我們正在做的，很大顆，是〇．〇一克拉（一克拉等於兩百毫克）。

接著，說到鑽石的鑲嵌。首先必須要把指環固定住，讓它容易加工。將指環穿過木架，四周塞滿松脂和石粉混合的泥，用酒精燈燒熱，形成柔軟橡膠狀。松脂一旦冷卻就會變硬，利用它的特質就能使加工進行得比較容易。

準備妥當之後，接著就要開始鑲入石頭了。這只戒指的花樣，是幾片馬眼形②的葉子。這些葉片上先鑽洞，接著選擇大小適合的鑽石置入，然後將周圍的金屬削掉或是壓近，把鑽石固定住。它是用三個位置來固定的，留下放置鑽石的上部（呈三角形處）與底部（兩個點，呈正方形處），四周的金屬則用平鏨子削去。這可以讓鑽石的反射更好。

削掉後剩下的三角形和下部的兩個正方形，正好是原本金屬的高度。也就是說用這三個位置來固定鑽石。那麼做的時候，該留下哪個部分的金屬呢？這就是這項工作的技術之一。接下來，是將這三個部分，以毛雕鏨由各別的方向朝鑽石以相同的角度刻入。總之，就是把金屬輕輕的立起來，這樣一來原本平面的金屬就會變得高一點，而金屬的末端就會包覆住鑽石的邊。於是金屬就會比鏤刻之前更高，也比較好看。接下來，將金屬包覆鑽石周圍的三個位置，用圓鏨子自上壓下，這樣鑽石就會卡在裡面了。

由於這種馬眼形葉的花紋，末端較細，為了讓它看起來長而清朗，所以用三個點定位。但固定方法有很多種，依外框的設計，可有兩點、四點、五點定位。

比如說，方戒一般都是四點固定的。依削去部分的工法，分為藏鑲和星鑲（五芒鑲）。鑽石較大時就用藏鑲，小的話就用五芒鑲。這純粹看喜好，說到底為了讓鑽石更醒目，還得依寶石與方台的平衡來決定。

這裡稍微來談一下我們所使用的鏨子。我們用在鑲嵌和鏤刻的鏨子，大致分成三個種類。這些鏨子，現在刀刃的部分都是用超硬合金製成。在固定鑽石的時候，鏨子不小心一滑，有時也會劃到鑽石。別聽人說鑽石有多硬，用超硬加熱的鏨子敲一敲，還是會有刮痕的呢。

鏨子的三個種類首先來看刀刃（刃端）。從上方看下來呈三角尖錐，是刻細線③用的鏨子，拉細線時使用。刃端的角度從銳角到鈍角都有，種類繁多，全依用途來決定。在細微部分畫線時用銳角的鏨子，畫深而粗的線時，則用角度較大的鏨子。

接下來是平口鏨，也叫做「型切」。這種刀從正上方看，刃端是扁平的，和木匠用的平鑿一樣。大面積去除金屬時使用。

不管是毛雕鏨子或平口鏨，從剖面上來看，上刃和下刃呈一個角度。不管哪一種用途，下刃都比上刃長。為什麼會這樣呢？因為在切割平面時，上下如果同樣長度（同角度），刃端會過於深陷而傷害到金屬面，必須立起來使用，這樣一來下刃容易卡住；所以，如果下刃長一點，就可以斜著刻，而自由決定角度。

此外，在刻圓形紋或固定寶石時，會用圓鏨子來壓

②：Marquise形。原來是指磨成中圓兩端尖的橢圓形寶石切工。又叫水雷形。

③：日本傳統雕金中，最基本的工法就是毛雕，也就是用尖鏨雕出細線。

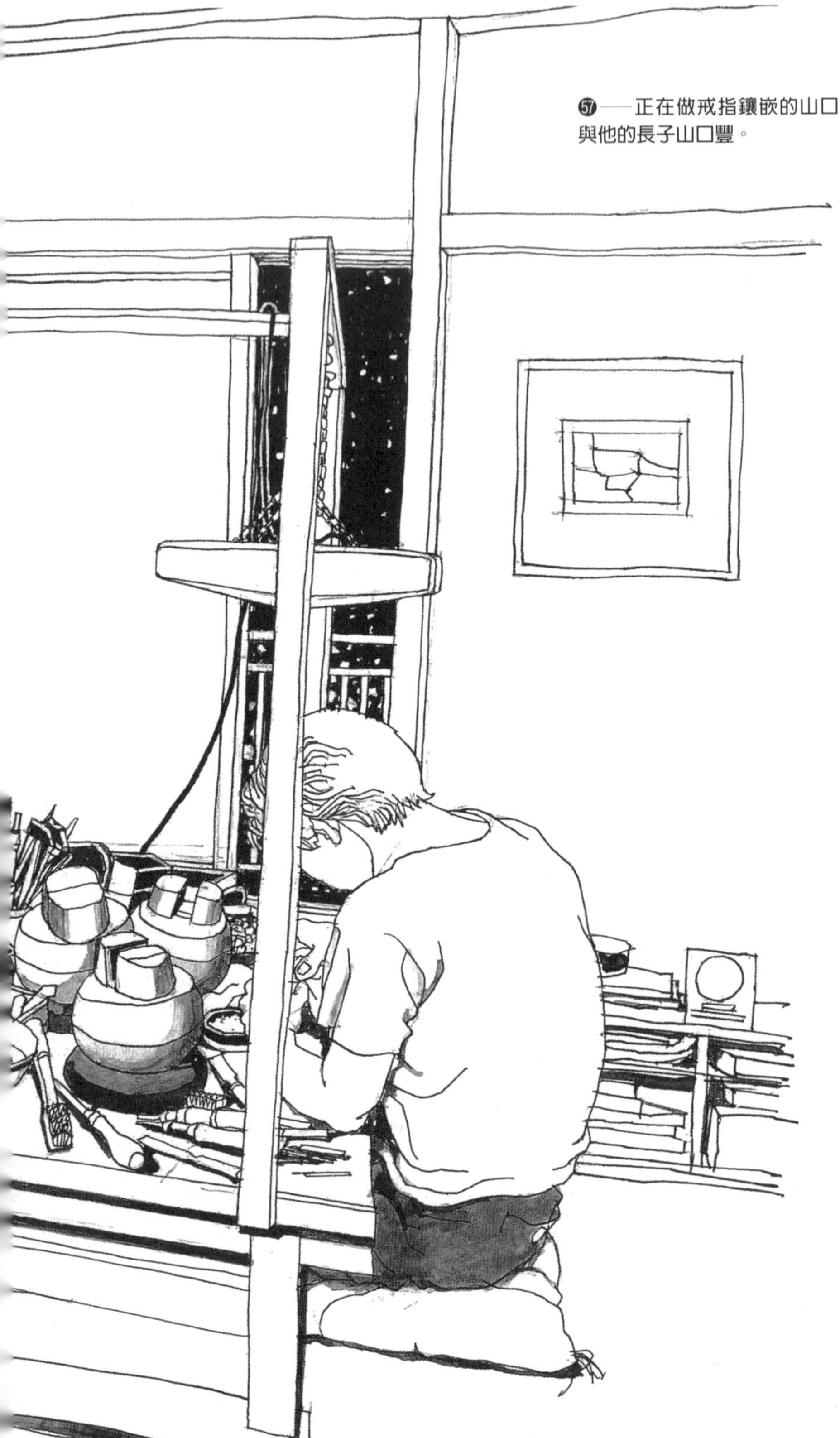

❺❼——正在做戒指鑲嵌的山口友一先生（左）與他的長子山口豐。

緊。這種圓鏨也有大小之分，它和木匠用的圓鑿子相同，刃端有分凸形和凹形。

說到一般的鏨子，基本就是這三種。其他的都是應用形。像是與平口鏨相同原理，但有切口，可同時刻兩條線的鏨子；或是有許多切口的梳狀刃。此外，圓形鏨類中，還有可打出雙重圓的鏨子、打出橢圓的鏨子，或淚滴形的鏨子。

若是要刻毛髮般的細線，用毛雕鏨就可以輕鬆刻出。像是梅花雌芯或雄芯的紋路，就是用毛雕鏨隨意刻畫。鏨子視角度或磨礪的方法，再怎麼多變化它都可以應用。

在金屬部分可以說也是相同的。比如，要雕刻唐草的紋路時，將唐草的漩渦與葉子部分，保持金屬原本的高度，唐草之外的部分挖空，在挖空金屬部分時，可使用梳狀鏨。這樣一來唐草的漩渦和葉就會浮出來了。平面面積較大的皮帶環或粉餅盒，要雕鏤比較大的唐草時，花紋以外的地方用梳狀鏨大幅挖空的效果很好。

只不過，梳鏨是為了讓戒指遇光時呈現亂反射效果，因此十八K金之類的不太用梳鏨。這是因為用梳鏨挖空，金屬會減少。若要讓金屬不至減少，那就得用一種風暴鏨，從上刺入。這叫做啞光。從上刺入發亮的位置，加工使它變成毛玻璃一般。這樣一來，底層霧霧的，有花紋的地方就會閃閃發光的浮現出來了。風暴鏨也是從粗到細都有，配合物件需要使用。我這裡的鏨子多得數不清，光是現在擺在桌上的就有數百支。

好了，我們把話題拉回來。前面說到馬眼形四片葉的設計款指環的鑲嵌方式。從正上方看下來最寬的地方，放進最大顆鑽石，越靠向兩端越窄，而且眼睛看的角度也會逐漸略偏，所以逐次放下較小的寶石，但一眼看去，感覺好像每顆都一樣大，這就是我們工夫所在啦。如果是上級品的話，鑽石的大小、成色、切割都要很一致，自然價格也就高了。

我這兒還有一只文字戒指，是客人特別訂製的。鑽石共四顆，有一．五克拉哦。怎麼樣，很漂亮吧。

現在跟以前不同嘍，手作的東西越來越少了。就算這個戒指（金屬）本身，從前也都是一支一支做的。一整年下來，做的數量也都有限。但是現在處理的戒指，都是用機器鑄模製作出來的，只要想做，可以做出幾百支、幾千支一模一樣的東西。物品當然就便宜了。但另一方面，師傅的工資變高了。因此，賣一件製品的時候，光靠金戒指是賺不了錢的，必須做一些其他店裡沒有的新設計式樣，或是做一些別處做不來的加工，多賣一些製品才能平衡得過來。很多老式的師傅都在抱怨，趕工的工作變多了，真正的工作都沒法做啦。我們這工作是用數量計價的。做一個鑲嵌算多少錢，所以若要全副心思的細心做，根本是沒

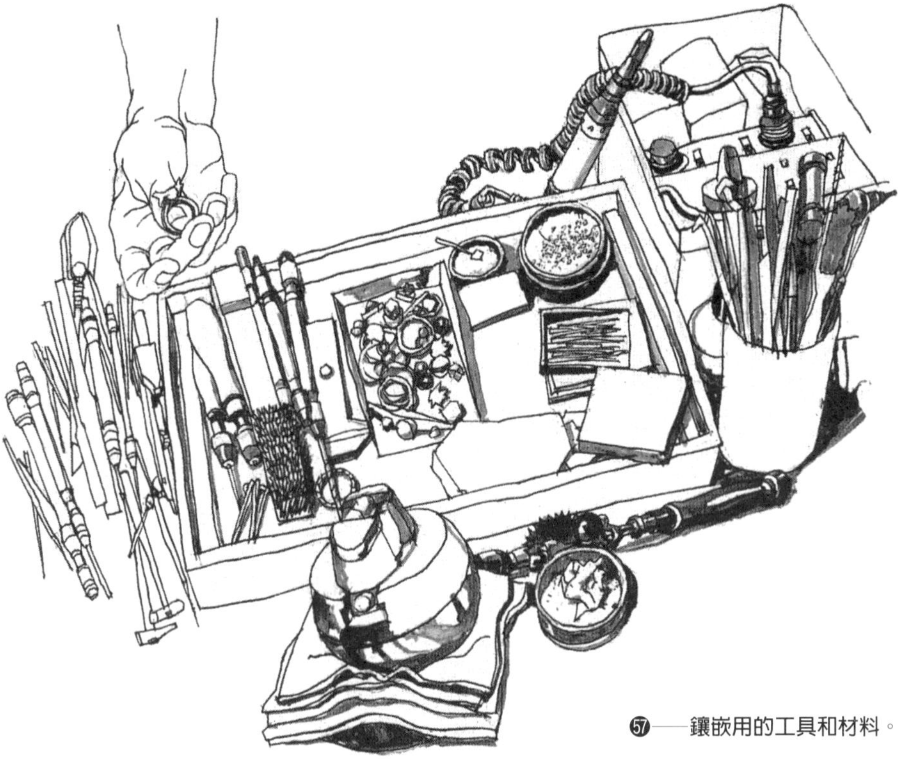

57——鑲嵌用的工具和材料。

完沒了的。不過只要把鏨子好好的磨利，專心的做，也不是太費工的工作。

這樣一只戒指，真正的鑲嵌也是有些基本規則的。但是，現在的鑲嵌方法大多不管規則了。這是什麼原因呢？因為按著基本規則去做鑲嵌，一天也做不出一個來。這樣下去根本做不成生意，所以，現在的做法就是只要鑲得不脫落就好。然而，我們這些老一代的人，不懂得如何投機抄短線，所以也很傷腦筋。

話雖然這麼說，但年輕人若是跟我們一樣的態度，可能會跟不上周遭的人吧。年輕人還是應該用他們自己的方式學工夫，基本規則是基礎沒錯，但若是不能聰明的跟上時代，生活也是過不下去的。抄短線這個詞雖然難聽，但也是一種工夫。要在社會中打拚，不多動點腦筋是不行的。如果會的都跟別人一樣，那麼走到哪兒都行不通。別人花十分鐘才能鑲好，你花八分做出同樣的成果，那你就贏了。思考這一點很重要。用從前的話來說，這裡就可以看出師傅的手藝好壞。

一頭栽進來的雕刻師修業時代

我開始做這一行是在我十八歲，昭和二十一年的時候。我是昭和三年出生於房州的白濱。房州那個地方有山，前面就是海，自古以來就過著半漁半農的生活。農作做了再出海，生活上還算無虞，也可以把孩子拉拔大。那裡氣候溫暖，沒什麼出類拔萃的人，所有人都過得安逸。男人出外賺錢，留下老婆在家就去做海女，採些鮑魚或海草，季節到了就從事農作，養育孩子。男人到了外地就花天酒地，這就是那地方人的習性。

我父親是船員，在我十四歲的時候過世，留下我們兄弟六人。我是長男，下面還有還在吃奶的弟妹，所以不在我媽身邊幫忙不行的。於是，從尋常小學畢業之後，昭和十六年我十三歲，就上東京來，借住在業平橋姨媽家裡。他們家大哥介紹我進去他工作的玻璃工廠工作。這裡做的是手電筒裡的小燈泡。我被叫去做押模的工作。但是這種工作會搞壞身體，姨媽很不贊成，「做押模的話肺會生病，你是家裡的長子，還是早點換別的工作做吧。」但是做這個工作多少還有薪資，而且住在我姨媽家，也比其他地方多一些援助。姨媽會偷偷把薪水給我，「這一點兒當作你的零用錢，其他都寄回鄉下去吧。」她一直照顧我這個乳臭未乾的孩子。

戰爭的局勢越顯不利的昭和十九年，我託家鄉一個做潛水夫的人幫我介紹工作。做潛水夫就不用擔心生病了，工資也是三級跳，我回答了兩個問題，就接受了這份工作。我被帶到橫須賀，在追濱航空隊跟著潛水夫練習潛水。那時候大概十六歲吧。當時是所有成年人都受征召上前線的時代。我在追濱航空隊的設施部，維修延伸到海中的滑行道和護岸，以便讓飛行艇能順利的登陸或升空。這份潛水夫的工作，我一直做到戰爭結束。

戰爭結束後，我從橫須賀退役，暫時回到故鄉白濱。那時東京剛受戰火燒毀，正是糧食短缺的時候。我對海上的工作也不排斥，而且要填飽肚子最快的方法只有去當漁夫，所以我就登上白濱的親戚或鄰居的船。海裡的東西雖然自由取用，但我們常是海菜根川燙後跟米一起煮，或是靠地瓜塞飽。現在回想起來那時代真是艱難啊。那時候，就算家裡有田，收成之後光是自己吃都不太夠，更何況還有幾成是要繳出去的。

說起漁夫的生活，天氣好的時候，出船捕魚就能賺到錢，但是若海象太差，有時候三、四天都出不了船，那就一毛錢也賺不到了。生活也說不上穩定。

這時候，剛好一位從小玩到大的學長回家鄉來。他叫小原留治，長我四歲，一直在忙一些裝飾品鑲嵌的工作。他由於戰爭剛結束，都市裡的奢侈品生意做不下去，所以暫時回家鄉來。過了一年之後，社會情勢大致穩定，東京那邊就有貨件過來，所以他收了兩個徒弟，漸漸重新展開工作。

海象惡劣的時候，漁夫便閒著沒事幹，所以我會跑到他在附近的工作室去玩，從早看到晚。最初只是好奇心，

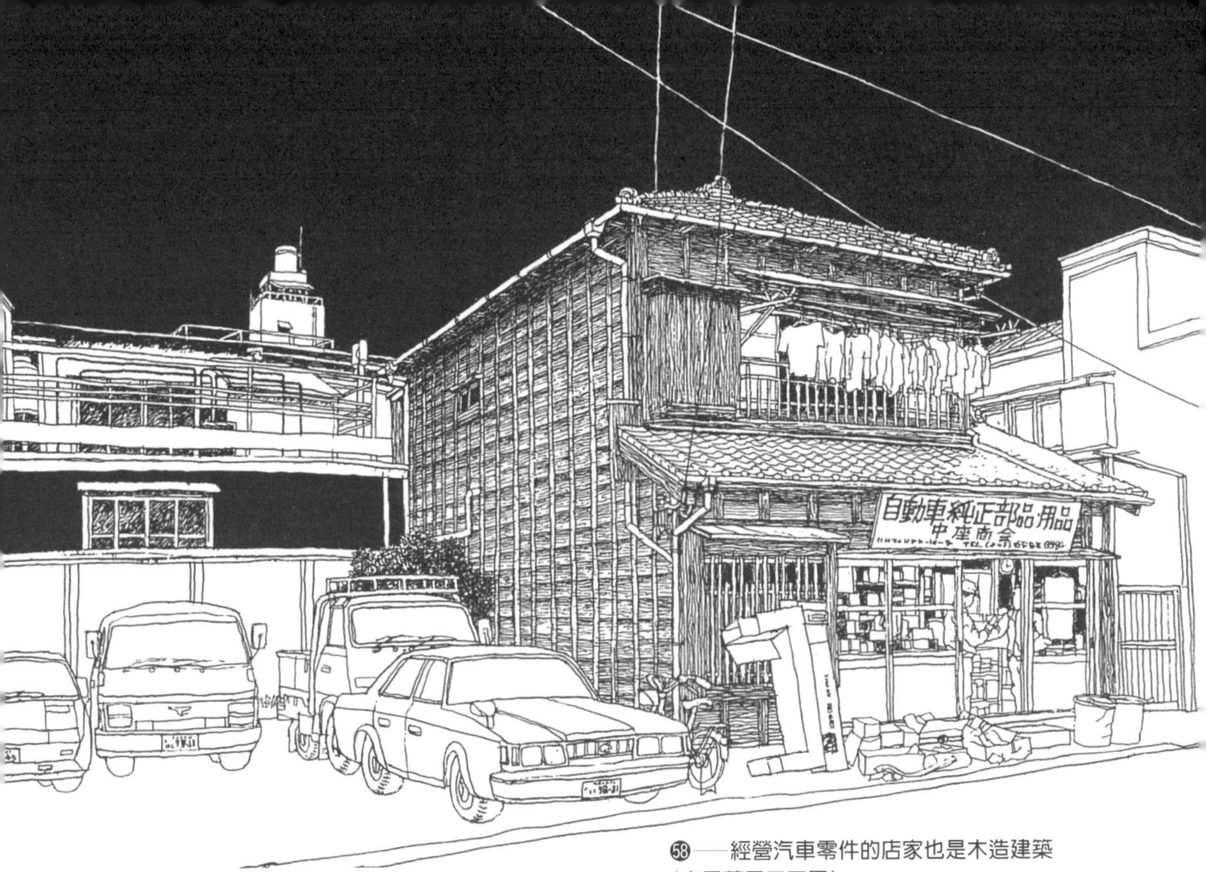

58——經營汽車零件的店家也是木造建築（東日暮里二丁目）。

看他們沒畫草圖就能用鏨子在素材上刻出花樣，心想自己來試試，應該很好玩吧。我輕描淡寫的問道：「可不可以讓我做一下呢？」

他答道：「反正你老是在這兒玩，那就讓你試試看吧。」

爺子沒把這件事放在心上，拿了徒弟練習用的銅板和鏨子、鎚子借我用。我當下刻了三條直線。

「你這傢伙鎚子敲得還真好聽。」

他說的是鎚子敲在鏨子上發出的沉穩聲音。第一次做就受到讚美，心裡也變得認真起來。想說再做一次看看，這次我做得更專注。刻了幾條線之後，爺子甚至說：「你的手很有天分哩。」當然，他並沒有開口要收我為徒。但是因為被讚美太多次了，連我都覺得這份工作自己應該做得來。只要學會了這個手藝，就不用擔心颳風下雨了，學藝期間或許生活會很艱苦，但忍一下總會捱過去的，心裡一這麼想，也就下定了決心。這就是我的起點。

「留治兄，我想不上船了，你可不可以教我這門手藝？」

說完這句話，爺子——雖然他只大我四歲，但畢竟是我師傅，所以我一直這麼稱呼他——陷入了沉思。這是因為爺子對我家的情形非常了解，但從他的立場來說，也已經到了就算切腹也沒辦法給學徒工資的地步。所以他躊躇再三也是正常的。

「反正住得很近，吃飯我就回家吃，你只要教我手藝就行了，讓我在這兒學到出師為止吧。」

我一直纏著他再三拜託，才終於得到他的首肯。我想爺子一定也很驚訝吧。

剛開始我只做一些打雜，像是把砥石放平讓師兄們可以馬上用到，或是在戒指周圍糊膠固定，以便師兄能馬上雕刻。雖然做的是這等雜務，爺子還是給了我一百二十圓，真讓我感激極了。當時真的打心底感謝爺子。

做了一段時間的雜工之後，空閒時我就在銅板上畫線。學藝都是從一般的銅板畫線開始。所謂的畫線，並不是用鉛筆來畫，而是拿鏨子切割金屬板的意思。力道大則刻得深，若是力道小就刻得淺。刻得深時線會變得比較粗，刻得淺線就變細。剛開始的時候，怎麼刻都沒法用同一把鏨子刻出粗細平均的線來，後來已能運用各種角度的鏨子。

然而，做熟了之後，下刀時看不出深淺，也能刻出漂亮的線條了。接下來要學的是鋸齒線。練習運用手的觸感，使鏨子做鋸齒形的移動。一支鏨子可以畫出什麼樣的線來？右邊尖起部分的角度必須和左邊尖起部分完全一樣，但右撇子的人再怎麼說都是右邊較有力量，換到畫左邊的時候，手的方向和右邊相反，左右很難畫出一模一樣的圖形。

等鋸齒形也畫得很好之後，接著就學刻圓。在自己畫的直線上左右各畫一個半圓，連起來就形成一個正圓形。若是一開始直線就打歪了，當然圓形也會變歪。此外，必須畫出大小一致、粗細勻均的圓形。等到能打出一個完整的圓時，就表示可以畫出一條直線，而且深度一定，左右也相同。

到了鋸齒形和圓形都能刻得很純熟時，爺子就讓我在銅板上五到八釐米寬的範圍內刻出唐草的花紋。原來直線和鋸齒等的練習，全是為了雕刻這個花樣打基礎。像唐草這種左右都有S形曲線的花紋，就算用同一支鏨子，若是左右不變換角度的話，也沒法刻出均一的美麗線條。之前所使用的鏨子，都是剛才介紹過的毛雕鏨或細絲鏨，從這時開始，我換成了平口鏨。

用毛雕鏨刻出唐草，畫出漩渦後，似乎還是太冷清，所以再加上葉片。為了讓漩渦和葉片立體浮出，就用平口鏨將花紋以外的部分挖空，這時候是用梳狀鏨來挖的。這麼一來，留下的部分，會與挖空的部分區隔開來，成為一個裝飾紋。

花紋的基本形都是固定的。西洋雕塑主要刻的是唐草、月桂樹、勿忘草；而日式雕塑主要是松竹梅。刻膩的話，就刻些「混合的東西」，隨著藝匠腦中的創意，刻出和洋組合或是改造、變形的圖形。像我是從西洋雕刻出身的，所以刻的幾乎也都是西式的圖紋。

這個工作熟練之後，就該直接和物品面對面的接觸了。雖說是直接碰觸，但也並非全部都讓你做。剛開始只刻線，接下來滾邊，最後才是刻花紋，一切都是按著這樣的順序進行的。這也就是我學習雕刻的基礎。

在師兄旁邊幫了兩個多月的忙之後，有一天，爺子對我說：「你的線刻得大多沒問題了，去試試在銀指環周圍刻線吧。」

之前都只在板上刻線，圓形的東西感覺完全不同。

「帶拱狀的物件上，不可一條線畫到底，若是一味的想這麼做，硬來的話，就會失敗。不如分成三個區塊，一點一點的畫畫看。」

剛開始，刻好的底面多少都會有些凹凸，或是出現一些細微的波紋，但是並沒有做出瑕疵品，或是必須熔化重鑄的物件。有細微波紋時，爺子就拿支鏨子幫我們刮一刮，馬上就成了可修復範圍內的東西了。

從開始學到能做戒指為止，通常需要花上一年半以上。我加緊速度學。一方面是那個時代跟現在不同，另一方面，我並不是去東京正式學藝，而是在鄉下，再加上我自己也有苦衷，被生活壓力逼得很緊，所以心裡一直希望能早日幫上爺子的忙，更何況我的性格跟這份工作特別合搭。剛開始要在沒有底圖的地方畫線，我怕得根本無法下手。但是，爺子說，我有種「管他三七二十一，先做了再說」的作風，跟其他人很不相同。相較於那些躊躇再三的前輩，我自然學得比較快。

從平面轉變成有弧形的面，第一次下刀的時候，實在有些困難。不過難雖難，畢竟已經能在平面上自由運用鏨子畫出漂亮的線條了，所以即使有弧形，沒費太多功夫也就畫好了。

一拿起鏨刀就在沒畫草圖的金屬上雕刻，大家一定以為我很有畫畫的天分。其實若真要說起來，我的畫畫得很差勁呢。一旦能將鏨子左右使用自如後，就不是有沒有天分的問題了，我只是將腦中畫出的圖案直接用鏨子刻出來而已。這就是技藝。我從沒在板子上用鉛筆畫下草圖再雕刻，都是先畫在自己腦袋裡，然後用鏨子直接雕刻。

從黃銅皮帶扣到鑽石戒指

我在爺子那裡修習了一年半。我們那兒是鄉下，而爺子家裡僱了三個夥計，所以外面傳說他肯定是賺大錢了，還因此被稅務署盯上。無奈之下，我只有再次寄宿在東京業平橋的姨媽那兒，請爺子的哥哥將原本交給白濱爺子家的工作，分一點給我做。不過，只是那樣是不夠的。我自己也到處去經營裝飾品的店家找事情做。

當時，姨媽家的走廊就是我的工作場所。只有一張小桌几和雕刻台，其他的工具都不需要。主要工作是在人稱「四分一」的黃銅皮帶扣上，雕出滿版的唐草花紋。當時做一個工錢八圓。剛開始不太習慣，花了很多時間，但到後來最巔峰時一天可以做六十個。早上九點才開始做，似乎有點晚，但那時候我自己獨立在外，又非常專注，夜裡做到一、兩點是稀鬆平常，有時候一整個禮拜都沒進被窩裡睡。因為一睡進被窩，就是真正要睡覺了，所以我都在雕刻台上趴著睡幾十分鐘。每天早上眼睛一睜開就開始工作。

皮帶扣的裝飾有唐草的組合、對稱圖案，或是中間鑲一塊文字板，周圍以唐草裝飾等，種類很多。這些圖案也是全憑自己的應變急智。雕刻的地方若太多，工錢一樣卻花太多時間在上面，那就划不來了。總之，看上去漂亮，又不用雕刻太多，做一個所費的時間就相當不同了。

鑲嵌工作從戰後就立刻開始了。從爺子接洽的銀飾品雕刻做起，慢慢學會鑲嵌的技術。寶石由周圍的金屬邊包住的鑲嵌法，也和現在的做法不同。當時根本沒有鑽石，鑲的都是玻璃鑽。那是一種將兩塊玻璃貼合在一起，中間夾入顏色的石頭；只要沾上藥品或蘇打水，顏色就會消失。

做皮帶扣和鑲嵌大約三年之後，昭和二十七年，二十四歲那年結婚了。第二年，我搬出業平橋姨媽的家，在三河島電車鐵橋附近租了四蓆半的房子，跟老婆在那裡展開新生活。這時候，我第一個徒弟也住在我家。

工作還是以皮帶扣為主體，這些皮帶扣剛開始是銅製的，後來也混了一些銀製品。銅製和銀製的工錢完全不同，因為店家可以把銀製品賣得比銅製品貴，所以工錢給得多，而且銀的材質比較柔軟，刻起來更輕鬆，效率也比較好。

那時候雖然都做些廉價品，但有些專門以美國駐軍為對象的銀戒指訂單也陸續進來了。這工作是在戒指兩端稍微加工或雕刻。由於皮帶扣做得相當熟練了，從店家接了一兩個戒指來試刻之後，給爺子看過，他也說好，便繼續做起戒指來了。

後來，鑲嵌方面的工作，技術的進步生產出有顏色的玻璃，一度這種玻璃鑽一顆漲到三、四千圓。銀別針、和服腰帶扣、項鍊等都使用玻璃鑽。像我手邊的這只別針，四周都是用手工雕刻上去的。

玻璃鑽的鑲嵌生意相當好，這是因為當時根本還沒有上等或真正的鑽石。什麼時候第一次處理鑽石呢，我已經忘記了，大概是昭和二十八、九年的時候吧。那是為某位大使夫人的銀篦做寶石鑲嵌。那是一把裝飾用的篦子，邊緣飾以翡翠，篦子的周圍分布了二十顆鑽石、紅寶石和藍寶石。圖案已經設計好了，哪裡該放哪顆寶石也有指示。那是我第一次親眼看到鑽石，也是第一次親手觸及。既不能刮到，也不能犯一點錯，弄得我神經緊繃，真的是全心全意的投入去做。雖然早就知道鑽石質地堅硬，但若是失敗了，是沒有東西可以替換的。其實就是把鑽石鑲到銀篦上，現在回想起來根本不算什麼，但是當時那可不是我們小老百姓可以買得起的東西。而且那位大使夫人要搭軍用機回去，因此要求我務必守時。

做的時候還沒有真實感，直到交了貨，收到對方給我的酬金，這才第一次湧出經手鑽石鑲嵌的現實感：竟然那麼魯莽的、不計後果的做呀！不過，那件工作的酬薪相當於一個月所賺的錢，真是把我嚇一跳。我想之後應該沒有機會再做到那麼有魅力的工作了吧。

昭和三十年前後的工作，除了戒指之外，還有手環、珠寶盒、領帶夾、袖扣、粉餅盒、剪刀、水壺等的裝飾。後來，也經手zippo打火機④。

打火機的工作是從已過世的本鄉淺野老板那兒爭取來的，就是在四方形的銀製zippo打火機商標上鑲入鑽石。在此之前，我曾經在上面雕刻過山水，也刻過唐草。但銀的光芒較暗淡，外觀看起來不怎麼美，所以才會加飾黃金或寶石，來增加它的閃亮度。總之，就是這麼開始的一份工作。因此，我常跑御徒町的寶石店、鐘錶行，從他們的櫥窗裡尋找靈感。那個時候，雖然還用不上質地那麼好的鑽石，但至少鑲入寶石，賣相就是比單純圖紋提升好幾倍。後來，也在粉餅盒上做類似的加工，那是在盒蓋上貼一片圓形的金屬片，然後在其上鑲入紅寶石或藍寶石。

這門技藝要做到出師，只花一、兩年是絕對沒法畢業的。我自己覺得應該可以出師，是在經手zippo打火機的時候。在做這件生意之前，我的客戶對我們沒信心，本應交十個給我們的，卻只給五個。他叫我們做完之後，明天再去拿。第二天，送了完成的物件去，便給我們五個，叫我們隔天做好再去拿貨。他看我們做好的成品，然後少量的下訂單。這種狀況來來回回了幾十次呢。突然有一天，他們無條件的說：「我這裡有二百個，你一個月內交貨。」

這大約是開始工作相當一段時間之後的事。我們找遍了各個店家，讓他們漸漸肯定我們的工作，才終於得到這樣一句話。

處理zippo打火機的時候，我們搬離三河島的家，遷到隔著山手線根岸的另一側，位於上野寬永寺附近的櫻木

④：一九三二年，美國人喬治．勃雷斯代改進奧地利打火機，所生產的第一隻金屬表面防風打火機。

町，那是一棟二層樓房。一樓分別是六蓆、三蓆和兩蓆的房間，二樓是六蓆、四蓆半，共五個房間。和三河島那兒比起來，生活過起來當然是寬敞多了。

住在櫻木町的昭和三〇年代，雖然玻璃鑽的鑲嵌相當多，但戒指加工也漸漸多了起來。在銀飾之後，出現了很多十K金、十八K金等黃金飾品。黃金比較貴，而且那時代黃金在市場上還沒有大量流通。做金飾的時候，加工前和加工後都必須測量重量。雕刻過程中掉落的金子要再還給店家。這還是按件處理，每件都跟店家訂有契約，有些物件若是工資比較便宜，就不用返還落金。一般來說，工作結束之後，會把掉落的金子清掃起來還給店家。不過，畢竟沒辦法全掃乾淨。這些多少就成為雕刻師的津貼。話雖這麼說，但交件測重的時候，店家發現：「金子少了這麼多，看來偷了不少呢。」那下一次的工作可能就沒了。若是把掉落的金子都收足交回去，店家覺得「你們很誠實，下次一定會有工作給你們。」就可以贏得店家的信任。我們生意上處理物件的信用，比任何事情都重要。

這些金飾也用到鑽石的時候，有良心的店家會因為開洞方法造成落金量差距很大，而決定不測重。畢竟在金屬上做大量雕刻與只做一半雕刻的情況，落金量是有很大差別的。

在櫻木町的家奮鬥了十年。然而剛一搬過去，夥計便增加到三人，也多了兩個孩子；而且工作場所和休息處所都要安排在一起，再怎麼說都太窄了，實在很難過。於是我去找房東商量，看看能想個什麼法子。房東說他在根岸有塊空地，可以分一塊賣給我們，問我要不要去看看。根岸這裡有二十八坪，空間也不大，但是如果是自己的房子就可以自由配置，夥計們就在附近幫他們租個公寓，讓他們每天來上工就行了。昭和三十九年，我們就搬到了根岸。

我因為沒法外出接貨，客人上門來的交通條件就得打點好。客戶帶著物件上門，或是來家裡取件的時候，總要煩勞他們店裡的人，若是位置太遠就十分不方便。附近有電車站可以利用，那是最好的了。考慮到這種種，我們才搬到根岸來。

後來社會漸漸安定，經濟狀況也逐漸好轉，所有飾品的金屬全面換成了黃金。黃金飾品比較自由流通，大約是在昭和四十三、四年以後吧。寶石從玻璃鑽換成真貨的時代也來臨了。我手上還保留著當時的寶石。東西不怎麼好，但有天然珍珠、蛋白石、土耳其玉、月光石、墨西哥蛋白石、貓眼石、珊瑚……

自從黃金可以自由流通之後，戒指就成了我們的主要工作，只是剛開始的時候，黃金價格十分紊亂，不像現在受到控管。金戒指上不太會鑲鑽石，通常都是純金的戒指。黃金多起來之後，白金也出現了。白金一出動之後，鑽石形式的飾品也漸漸多了起來。

印象中，開始把澆鑄⑤技術用在金塊上，大約是在昭和四十二年左右。在此之前，都是用白色合金熔合而成，不過做得並不好。

我習慣做鑲嵌之後，什麼東西都能鑲；至於雕刻，雖然日式雕刻不太拿手，但西式雕刻幾乎沒問題。現在，主要做的是戒指，但我原本並不是戒指專賣店。就像剛才所說的，舉凡皮帶扣、打火機、篦子、粉餅盒、胸針、珠寶盒、腕錶帶、眼鏡架、金屬板，以及所有裝飾性物件，我們都經手。有些比較特異的，像是有牙科醫生請我們在金牙當中鑲一顆鑽石，這一類的也都做過。

工作最重要的就是「根」

我到目前為止一共收了十六個徒弟。現在大阪有四人，東京也有四人，都在做這一行。此外，還有從名古屋來的一個孩子，家裡開鐘錶店，他繼承了家業。還有一位年紀較長的，他只做雕刻。還有個孩子去當卡車司機，另一個生病後轉業了。

我的運氣還算不錯，第一個收的弟子，學了一手好技術。他叫做桶口明德，小時候從柿子樹上摔下來腰受了傷，在町區的鐵工廠工作，但是怕冷又會顫抖，怎麼樣都站不直，後來來到我家，說：「我的腳不方便，不知道可不可以做？」

「不，腳好不好跟這工作沒關係，只要你有意願做就好了。光是坐著也不是簡單的事哦。不過，做我們這行的工作，看你要伸腿還是用單膝站，怎麼舒服都行。所以，你就先進來吧。」

這就是我教他的第一步。他因為身體有殘疾，不想認輸，加上悟性也高，現在在豆腐料理餐廳「笹乃雪」附近，培養六、七個徒弟出師，自己也很踏實的在工作。

我這兒收徒弟，一開始就約定好七年時間。在這段期間，雖然不支薪酬，但從內衣到所有生活必需品都供應，逢年過節、生日等會給零用錢或是買衣服，從一開始就是維持這種形態。一天三餐都跟我們家一起吃，有飯吃飯、有粥喝粥。我第一個傳授的徒弟學藝的意願很強，對三餐吃食或是睡覺的地方都沒什麼怨言。越後面的徒弟越是計較，像是吃的菜怎麼樣，或是買的衣服好不好看之類的。

孩子的年齡有大有小，我大致分幾個段落，但一律教他們七年。有人五年就學會十成功夫，也有人過了七年還是學不會。遺憾的是，還有些孩子因為學不會，中途就放棄離開了。

⑤：將熔融的金屬注入鑄模中，等它硬化成形的一種方法。

我對這些孩子首先教的就是開店的信用。

「做人一定要誠實。我們這是手工做的細活，手中做了什麼，現場一看就明瞭。絕對不能做些偷雞摸狗的事。如果你正正經經的幹活，客人自然會跟著你。就算我不說什麼，店家的人看著，覺得『這個人手藝真好』，自然就會派你工作了。」

此外，也還教他們師兄弟之間的相處之道。我說的不是什麼了不起的哲理，只是一些常識性的相處方法，但還是年年都有人做不下去。後來進來的孩子越容易放棄。這我教過的孩子，除了剛開始的幾個之外，後來的孩子教起來總會變得針鋒相對，所以我便讓先入門的徒弟去教。

機靈的孩子教師弟們幹活很拿手，但也有的徒弟教得心不在焉。不時遇到出錯的狀況，弟子回應道：「沒人教我怎麼做。」

這時候，我生氣的不是出錯的孩子，而是應該教他的孩子。

「喂，你怎麼沒教他！」開口就是一頓罵。

我對徒弟和自己孩子的對待方式，花了很多心思。在家裡似乎有對徒弟比自家孩子更重視的傾向。孩子曾經好幾次對我說：

「爸爸眼裡只有工作、工作，把大哥哥們當成寶，一發生什麼事，總是維護他們，責備我們。」

但是這些孩子都是別家家長寄在我們這兒的，也是我的學生呀。自己的孩子一直都在父母身邊，不用怎麼擔心，但是別人把孩子送到我這裡，他們的父母若是不信任我，是不會把孩子寄放在這裡的。每個孩子對父母來說都是寶。既然收下了這個弟子，若是只疼自己的孩子，把徒弟們擺在一邊，孩子的乖僻會變得更嚴重，不是嗎？因此，責備自己小孩的比例自然變多，這也是事實。這些難題，每次我都克服了。

我的大女兒中學畢業考高中的時候，她想專心準備考試，可是隔壁房間的夥計們想聽收音機。這時候我也很煩惱。我們的房間又不是很多。其實也可以幫夥計們租個房子，讓他們通勤。但是這些正在學藝的孩子，若是從家裡出去，在外面會做些什麼根本不知道。孩子住在家裡的門禁是十點，如果來不及趕回來，一定要打電話告知。這種狀況，徒弟們是比自己的孩子更自由些。幸好，我女兒和兒子都忍下來了，這一點我真要感謝上天。

這門工夫最重要的就是「根」。有些孩子學沒多久就膩了。如果我說做一個小時，結果自己四十分鐘就做完休息，孩子當然不會服你。所以剛開始的時候，我都是拉長到一小時五分，或一小時十分，讓孩子們只做一小時。

「今天大家辛苦了。應該很累了吧，到這裡就結束吧。」

我通常都會對大家這麼說，然後自己做到最後。其中也有一個弟子認為，師傅在工作時，弟子不能比師傅早休息，所以故意把時間拖長，明明做完了但也不收拾。我是覺得，時間一到為人師傅的就起身走人，夥計們的意欲也會變得可有可無。師傅多用一點心，就會有很大的不同。

所謂的「根」也可以用在集中力。要鍛練集中力，趕工是最好的方法。集中力是對自己責任所產生出來的能力，沒有責任感的人，自然不可能有集中力。說到底，有沒有責任感是最重要的事。一個人進入社會，大家把他當成大人來對待，你就必須成為大家眼中的大人。換句話說，就是透過工作來創造自己。

這需要很大的耐力。把從別人那兒學到的東西，認真而忠實的表現出來是第一要務。只要是人，沒有不想逃避痛苦的；把自己逼進無處可逃的境地，這也就是把自己放在一個不得不做的境地。這麼做是培養集中力最好的方法，不是嗎？

我所教過的孩子當中，也有人手特別拙的。對於手拙的孩子，我會要求，別人做兩個的時間，他只做一個就好，但是要比做兩個的孩子做得漂亮。我對他說，花同樣的時間工作，如果沒法追上別人，做得慢也沒關係，只要做得比手快的人做得好就好了。這麼一來，他們就會很謹慎的好好做。

不過，手工做得慢的孩子，就算叫他慢慢做，也沒什麼用。藝匠的手是靠著對工作的自信來動作的。原本沒有自信的孩子磨磨蹭蹭，或是思緒跑到別地方去了，所以手腦不能一致。因此，叫他比別人做得慢一點、精細一點，他們也是做不到的。

不過，想要學會、出師，沒別的路可走。若是說他從頭到腳都笨到不行，那孩子會變得更加沒勁兒的。人真是有趣的動物，學習技藝，學習各種知識的時候，如何把這些知識記進腦袋裡，人人都各有一套。所以若是鑲嵌不成，就讓他學雕刻，或是反之，總之就是改變方法再教過。

當時，最嚴重的問題並不是工作本身，而是和別人一起工作卻總是落後所產生的劣等感。這對孩子來說一直是很大的障礙。你想想看，兩個人一起工作，另一個同伴毫不停歇的一直往下做，可是自己卻做不來，下次再拿到工作，就會從心裡覺得自己做不來了。到了這個地步，就算做也做不好。心裡盡是想著「我是不是沒救了呢？」

所以對於鈍拙的孩子，絕對不能指出他的缺點。與其說缺點，不如盡量挖掘他的優點，就算再小的優點都好。雖然覺得這很不可思議，但是三百六十五天當中，從生活中觀察一個人，真的可以看到他很多的優點。

我說的是一個旅館的少爺。他父母都不太管他，任他要做什麼就做什麼。念書念不來，注意力也很散漫。一百八十公分的大個子，讓他做什麼事都做不好。不過，這傢伙的優點，就是有一份只有旅館兒子才有的機伶，與人交際的時候特別柔軟。我讓他去接待客人。把客人的要求記下來之後跟我說明。只要有少許不明瞭的地方，我就叫他去問，「去把話給我再聽一遍！」一般的孩子都會不大情願。但是他對這種事倒是很坦然，做得樂此不疲。

「如果你接待客人能這麼愉快，那麼工作也用同樣的心情，努力打拚，一定能學得成的。」

我對他說了這番話，果然，不僅是說話圓熟，連手邊的工作也漸漸上手了。人哪，個個都一樣。若是一開始對他說：「你不行，你不行！」就扼殺了他想做的熱情。讓他本人覺得「這個家裡很需要我」，產生「大家都這麼努力，我也要好好加油」的心情。這麼一來，兩隻手就會慢慢的動起來。只要開始稍微做點東西，自然就會變好了。然後再教他少許雕刻，到了能做花紋的時候，興趣就真的來了。只要畫一個唐草的漩渦，形狀就顯而立見，這時候一定會想在另一邊畫個相反的。到達畫花紋的階段，若是還不能激起孩子想畫的欲望，或許就不適合這工作，但我還沒見過這樣的孩子。

學得快的孩子，兩、三年就學得相當好了，而笨拙的孩子要學五、六年，但相對的，他們的工夫也學得又熟練又紮實。在修業快要結束的時候，讓學三年的孩子和學五年的孩子一起比較，學五年的孩子有時反而技巧更好。對學問領悟的快慢，在人格上或個性上都是天生的。這是別人沒法幫得上忙的。

學得快的孩子心裡想：「你們看，我什麼都會做。大家花三小時做的東西，我兩個半小時就把它做完了，在旁邊納涼呢。」因而容易變得傲慢。雖然他們前面學得那麼快，但卻停止繼續前進。

學得慢的孩子想：「我沒辦法像大家那麼快，別人花三個小時，我做三個半小時，就可以跟大家一樣。」

把這些孩子用十年為階段來測試的話，原本學五年，一天到晚被罵「搞什麼？花了五年還學不會」的孩子，能做出絕妙的成果；但三年就學會的孩子，卻反而得到一句：「你這做的是什麼哪！」基礎我同樣在教，但是之後他們能不能有所發展，就得看那孩子的造化了。所以，我會讓孩子從零開始。

我不會對他們說：「從現在起，以後你什麼都可以做做看！」若是那些孩子只因為學得快，卻沒花任何努力，而你對他說：「你已經學會，不用再學了。」他的一生就會這樣決定了。這是收徒弟最困難的地方。像我這樣的人，不會說什麼偉大的道理，但是，重要的不是這孩子能不能成大器，而是他能不能成為社會所能接受的人。我所能做的只有這些。再往上就看孩子的能力了。

我對徒弟是掏出一切傾囊相授，不管是技術，還是做人。那些技術我自己一直留著沒有意義呀。還不如我把自己所知道的全部教給他們，讓他們在出社會後，能發揮它最大可能的利用，這就是我最快樂的事了。

別當個名人，當個好手

這鑲嵌的活兒是一種居家工作，在家裡做活兒，客戶最是重要，如果客戶決定了日子，說要在幾點以前交貨，我們答應了，不管發生什麼事也都必須把它做好。星期六、星期天沒有休假，所以沒法帶家人出門，孩子、太太都為了這種事向我抱怨過。因為我們是藝匠，沒有工作的時候就休息，有工作的時候，不管是星期天還是假日，都不可以休工的。

不過，一方面我自己喜歡這份工作，全副心力都花在這上面，就算孩子或太太跟我抱怨，但我覺得這麼多年來所努力的成果，就是我人生中留給孩子的財產。我們雖然不是生產商品，或是建設一座城市，但相反的，外人說我們高不成低不就的時候，孩子們也從不覺得有什麼難過的。這是因為我一直把父親工作的樣子坦率不保留的讓孩子們看到。

你說我的大兒子嗎？孩子大概是不會想繼承父母的工作啦。兒子進到工業高中工藝科的時候，我正好得了肝病，休息了一年半。那時候兒子主動對我說：「我來做爸爸的工作吧。」

就我來說，以前一直模糊的想著讓他進大學去。但他說：「無論如何都想試試看。」所以就讓他跟夥計們一樣，從頭開始教他。那時候是昭和四十九年。有趣的是，之前去學校的時候，他連鑿子都不玩，也從來沒幫忙家裡的工作。

這話我自己說有點不好意思，不過真沒想到他對研究非常熱中，而且自己會去下工夫，所以我不曾太囉嗦的教他。不過不知道應該說是「青蛙的兒子也是蛙」，還是小和尚坐門前，不會看經也會念？反正他一邊看一邊學，站在一旁看我怎麼做，自然就增進很多。從那時到現在已經過了十幾年，我幾乎什麼事都交給他。從工作上來看，說他已經夠格出師也沒錯，但若說到店家的印象，他和我的經驗還是差太遠了。

工作這種事，不是站在外圍觀看，「應該這樣那樣」的說得頭頭是道；而是自己下定決心，好好去碰撞一番才對。別人為你決定的工作，不會做得長久，自己決定的工作，就算吃點苦，也能做得到。所以我常常說，幹一份活兒，別讓人強迫你，選自己想做的去做。生意的好或壞，跟本人的喜好沒有關係。重要的是他對自己的工作能不能得到滿足。如果能找到寄託夢想的工作，那當然是最棒的。就算夢想消失了，也沒關係嘛。至少在做夢的那一段

59──下町暮色。從入谷正覺寺望向上野方向（腳下是入谷一丁目）。

期間，那個人是很幸福的。現在這個時代很多人都已經不會做夢了。我自己是一直追逐著夢想，永遠沒有停止過，所以也不會阻止孩子去追逐他的夢想。不過，這個時代已經變了，連追夢都變得困難起來了呢。

我們做的都是手工，賺不了什麼大錢，但若是連身體健康也包括進去的話，自己在生活上是沒什麼不方便的地方。只是這種手工的活兒，至少不會像名人那樣做到餓肚子。我常常說：「名人沒飯吃，好手吃得飽」。

名人和好手是完全不同的兩種人。所謂的名人，是真正出類拔萃的專家，他們全都自己親手做，然後才在人前亮出來。除非經過他們自己斷定過的物件，否則絕對不會出手的。從半途才開始參與的活兒，就算再怎麼巧奪天工，識貨的人還是能從中找到缺點。外行人可能以為將半成品做成完美作品的人才叫名人，但是展示的物件是不能這麼做的。所以，名人會用「這東西跟我不合」而爽快拒絕。他們真的身懷絕技，即使別人親自上門低頭相求，不中意的工作還是不做。用一個詞來形容，就是乖僻。

這個物件渾然天生，嗯，好！就讓我的巧手來打造它，使之成為走到哪裡都值得驕傲的作品。他們只做這種注入靈魂和心力的工作。然而，這種東西世上難尋，所以我說名人沒飯吃。

另一種是好手。所謂的好手，就是第三者看到他，就會說「啊，這個人做得真是好啊！」的人。他們會考慮期限和自己手邊的狀況，絕不偷懶的做出比別人好的成品。委製的那一方，也由於好手不像名人那樣挑剔，一般的物件也能接受，所以訂單也下得多。我一再告誡年輕人，千萬別當名人。

藝匠中還有另一種人。他們把活兒做得非常好，但對期限卻十分馬虎。也就是所謂的沒責任感，隨心所欲的人。他們是藝匠當中最不能順應情勢的人。但是，這一類當中也有人具有名人級的水準。他們的活兒做得比別人好一倍，可是自己卻不能控制自己的意志力，永遠無法告訴別人何時完成。從某種形式上來說，他們也是那種不到絕境就不工作的人。

不過，對名人來說，就算自己已被逼到絕境，但只要物件不投己所好，餓肚子也是不做。所以，想當名人的話，不能娶妻生子。他們把工作當作生命，只做自己熱愛著迷的工作，做這行有沒有飯吃，心裡早有覺悟了。衣衫襤褸，做別人所不能做的事。我認為他們是真正的藝術家。但平常就生活在屋子的一角，孜孜不倦的工作。然而他們對於自己作品，直到閉眼都甚為自豪。而這種人所做的作品，也會留傳給世間一個不可思議的驚嘆。

名人在與外人溝通這一面向，是不太經心的，但在工作的那一面向，卻是用比別人多一倍精神，他能集一般人所不能之精神，全心灌注到工作裡去。所以一件工作完成後，成就滿足感之餘，得花很長的時間才能進入到下件工作。他是如此的灌注自己的精神和能力，以至於無法輕易的接受下一件工作。

我所認識的名人，是在戰前，一位在千住刻出一支黃金茶盞的人。我認識他的時候，他已經年近八十，住在兩蓆大的宿舍裡。即使在那個時候，他仍然只做自己喜歡的工作，除此之外全都拒於門外。一件工作完成後，領到微薄的酬金，就當作下一個工作之前的生活費。那種人空閒時也不可能出外大肆玩樂，而是在家等待下一個工作。現在時代不同了，應該沒有這種人了吧。

名人和不負責任者的中間是好手。工作還過得去，與人的溝通也還可以。這才是真正的好手。追不上名人的等級，但也絕不馬虎。為了能掙口飯吃，所以當個介於兩者之間，好好過日子的藝匠。人家叫我向右，就在某種程度上朝右看，賺取自己的飯食；人家叫我向左，我也會細心盤算，看大約做到什麼地步就可以掙到錢。

人的生活方式百人百款，而且人生有很多階段，像我們這樣居於中間的生活方式有多少人呢？這會不會是最難的一種方式呢？不管靠向哪一方，或者比別人所以為的都要乾脆輕鬆些吧。待在中間地帶的人，心裡總想著，工作要做好啊，要多掙點錢啊，自己該有更好的待遇吧，他們的神經反而特別纖細、柔軟；因為若不如此的繃緊神經，注意周遭的動靜，就做不了事吧。

三河島、根岸和櫻木町的不同

中根岸有個「和睦會」，這個會並不隨便接納從別處遷來此地的居民。若沒有為町會出力，或來到根岸沒多少年的人，是不能加入的；入會時必須得到全體會員贊成才能通過。和睦會在中根岸成立之後，一直存續至今，不論是祭典還是其他什麼事，都全力投入。就因為這樣，根岸才能保留著古早的下町氛圍，雖然也有些地方讓人覺得格格不入。

我住過三河島車站旁、櫻木町（上野櫻木）和根岸，這三個地方都被人稱作下町，但是各有特色。從日暮里到荒川區一帶，和日暮里到根岸一帶是完全不同的，而隔著山手線鐵道的坂之上櫻木町，與坂之下的根岸也不一樣。

這很難用語言來形容。和櫻木町相比，根岸較有下町的感覺。這是從附近鄰居和町會會員身上所體會到的。但是跟根岸比起來，三河島則更像是下町。根岸這裡似乎較為高尚。在三河島，上鄰居家一點也不用顧慮什麼。

「喂，在家嗎？」一邊說一邊就走進人家家裡。

「哦，來了啊。」主人似也不介意。

但是在根岸，「您好，有人在家嗎？」好像曾經被拒絕過，所以主人不出來開門，就不敢進去似的。

這若是到了櫻木町，彷彿連叫門都不太好意思的感覺。和鄰居熟稔也需要經過一段時間。其中原因我猜是因為櫻木町少了像商店街那樣的地方，所以婆婆媽媽們少了可以親近聊天的機會。不就是這個原因嗎？

我們中根岸一帶，都是元三島神社的氏子⑤，祭典是在每年五月第二個星期天，每三年聯合舉辦一次⑥。聯合舉辦的時候，連日暮里也一起加入，最多的時候，神轎、山車和九十騎⑦全都出動，非常熱鬧。

我自己也很喜歡祭典。但是，有人喜歡祭典，可以把工作放一邊。我還不至於把工作丟開去辦祭典。若是一到了祭典，我就興奮的跑來跑去，而被客戶誤以為「那位師傅一到了祭典就沒法工作，就算把物品帶去也是白搭」，那可就是死活問題了。更何況，我所做的是在送來之前經過好幾手的物件，它會在我的手上完成然後賣出去。我再幫它加一點工，它就會成為到哪裡都能立刻賣出的商品。店家在來我這裡之前，已經投下數十萬，甚至數百萬的金額，所以何時將它賣出，從一開始就決定好了的。他們信任我，在把物件交給我之前先確認何日何時可以完成，是否有問題……等，然後才發訂單給我的。

說起來，你知道每年祭典扛神轎的有幾個人放棄嗎？他們扛著神轎走到一半，不是腳不舒服，就是腰不舒服。那些年輕、塊頭又大，體魄也結實、腿更是粗壯的夥計們，一下子肩膀怎麼痠，一下又骨頭怎麼痛的。在我們那個時代，這些都是想像不到的事。確實扛神轎並不簡單。然而現在的年輕人不是韻律感很好嗎，應該可以跟得上神轎的律動吧；結果卻搞成這樣，我實在是不能理解。莫非是年輕人的基礎體力不好，那肌肉和骨骼未免都太差勁了吧。

我明年就到了還曆⑧之年了。可能他們會要我穿上紅色短襖⑨。不過捕漁和工作的鍛練之下，我這身子骨，還有眼睛，都還硬朗得很呢。

---

⑤：請參見〈鳶工頭領父子兩代〉的④。

⑥：元三島神社位在JR鶯谷站前，在下谷三丁目和壽四丁目也各有一座三島神社。

⑦：持弓騎兵九十人。

⑧：六十一歲。指人生度過一甲子，又回到出生的那一年。

⑨：原文為「赤いちゃんちゃんこ」，還曆之年意指又回到嬰兒時代，而紅色有辟邪之意，為討個吉利會讓老人穿上嬰兒式的短襖背心。

後記

（摘自採訪日記）

酉之市　一九八一年十一月二十三日

放送文化關係①的記者天野進平先生邀我：「要不要去吃點河豚哪？」於是來到根岸的近江屋。從土間走上屋子，在一個大廳房的並排餐桌一角坐下來。一家大小、親朋好友，各類型的團體全都圍在鍋旁，彷彿廟會一樣的熱鬧。高敞的天花板呼應著開朗的聲浪，完全不是銀座一帶氣氛僵硬、品嚐頂級品的畫面。在這裡，河豚只是普通的食物。一些辛香野菜也是用大木箱堆成一座山。深入下町，在這裡打頭陣，成了事情的開端。在天野家的暖炕桌休息了一會兒之後，便在與鴨居一起並列，高達一尺的明星羽子板②的目送下出了門。雨在幽暗的連棟屋舍間下著，我穿過行之松、町內最豪華的唐破風式③澡堂、有名的西餐館、嘉永元年④創業的河豚屋、文字燒店、素食料理等老舖，一不注意出口竟來到華麗炫目的酉之市⑤。在陰雨綿綿的暗淡世界裡，這樣的陳設有點太過誇張了。在淺草賣地方酒的名店裡小酌兩杯後，深夜裡回到家。竟有一種不可思議類似迷幻的醉意。

正月的市街　一九八二年一月三日

忘不了那天夜裡的情景，所以騎著腳踏車請天野先生帶我在白天再次回到市街上。正月裡，街頭一片悄靜地迎接我們。遙遠的記憶和這個町的光景在心中交錯。

下雪的日子　一九八六年二月十八日

一早起來便見雪花飄舞。漸漸開始下起雪來，於是我飛奔到町裡。走過的街道沉浸在清一色的純白中，我來回仰看寺廟的宏偉屋頂，當目光停留在雪片時，彷彿有種大屋頂正靜靜地升高的錯覺。新宿和澀谷附近的雪顯得煞風景，但這個町和雪卻合搭極了。木造町屋古舊板牆的木紋上積了雪，清晰的花紋浮現出來，像是瞬間的魔法。

保持江戶時代原貌的街道　一九八五年五月十八日

在小巷之間漫步穿梭。穿過大大小小曲折蜿蜒的小巷，走出來又是一片新風景。在轉角遇到的中年男女停下腳步笑著說：「咦，又出來到同一個地方了。」我心裡才想說：「咦，怎麼又遇到同一組人」。剛才也在這遇見過他們。

自然曲折的小路是從前農家小路的遺跡。農家小路是配合自然地形鋪成，自然也比較符合人的生理。都市學者陣內秀信先生曾發現，在江戶時代古地圖上所畫的道路，與現在這一帶的道路完全吻合。

牽牛花市　一九八五年七月六日

一大早就到達鬼子母神的牽牛花市。這裡從清晨就熱鬧非凡。在漸漸轉趨夜行模式的東京

---

①：即NHK日本放送文化協會。

②：羽子板是長方形帶柄的板子，起源自中國，原為打羽球用的，後漸漸當作辟邪去災之用。江戶時代之後，開始流行在羽子板畫上歌舞伎演員的畫像，現在成為東京傳統工藝品。

③：唐破風是日本傳統的屋頂樣式，指中央呈弓形隆起，以小弧形往左右伸展的屋頂，多用於神社、玄關、大門。東京有規模的澡堂大門，傳統都會採用唐破風式的屋頂。

④：嘉永元年為西元一八四八年。

⑤：每年在十一月的酉之日（即農曆中有酉的日子），各地的鷲神社就會舉行祭禮，在周邊會開設市集攤位。東京以台東區千束的鷲神社祭典最為有名。

正中央，居然能看到早市，真是興奮。男女老幼，行人雜沓的店門前，最為醒目神氣的，就是小哥小姊穿的鯉口衫⑥外加圍裙和套褲。每個人穿的都是以藍色為基調，自己挑選的牽牛花圖案。有的大花，有的小碎花，就算有別的顏色，也只是淡紅的小花。每一個人穿著不同的花色，真是鮮豔有品味。

豆腐料理　一九八五年七月十九日

與工作人員一起到專作豆腐料理（這家店裡稱它「豆富」）的笹乃雪。這是元祿年間⑦創業的老舖，門口擺放了幾盆牽牛花。在寄鞋處拿了木牌，去到大廳房。問了許多團體，大多不是本地人，而是從外地來這裡的客人。在牽牛花市開張的三天，這家店為了歡迎觀光客，每天早晨五點就開門了。古時候店家、客人各守其分的時代風俗習慣，一直留存到今天。現在已經改建成大樓了，但從前店家在前庭打水迎客的具體而微的氛圍，仍殘留在記憶的角落裡。

對町街的懷念　一九八六年四月十日

在不動尊的小集會室裡，靠著小松屋老板能言善道的宣傳之下，聚集了當地土生土長的老街人。有酒商老板、照相館老板、米店老板，大家都是老鄰居了。天南地北的說起町街上的變遷，對町街的懷念也越見熾熱，夥伴關係也漸漸深厚起來。從他們的談話中在在都能有所體悟。這個町之所以一直沒有發生過火災，完全是因為大家為了積極防火出了很大的心力。聽到這段話很有保障感。

下町話　一九八七年二月二十六日

聽鳶工頭子野口義博先生說故事。沉穩有禮的用字遣詞，謹守本分地忠實傳達意思，令人領略到說話的基本。完全不用流行語、怪異的外來語和生硬的形容詞，只以平易簡潔的詞句，正確地傳達意思，令人深思。

下町的風　一九八七年八月七日

從根岸三丁目的大樓屋頂俯視根岸市街，四周圍都被大大小小的高樓所包圍，低矮的屋瓦反射出霧霧的光。壽岳章子（居住在京都的國文學者）有一天很生氣的說：「外國人看到京都的屋瓦，竟說那是個暗淡陰森的都市。」這可能是美學意識的不同吧。廣闊的森林和小庭園都一樣有綠意。米粒般的汽車在外奔馳，開敞著窗子的家家戶戶，白色窗簾晃動著，是一陣風吹過。上野的山上，曾經每年在那裡參加美術展的時候，每天都要經過那座懷念的山，卻隱沒在鶯谷高樓街的陰影下，僅能看到博物館屋頂的稜線。震災、戰爭時，上野山因為阻礙了風向，使得這個小市街得以倖存下來。但今後，它又要吹什麼風呢？

本書原本預定是與前述的天野進平先生共同創作。然而真正開始採訪之後，經過了一年左右，天野先生病倒了，在這樣的意外下，於是執筆者換成了我們兩人共同的好友北正史先生。天野先生的病況漸漸好轉，正順利康復中。祈禱他能早日痊癒。

在最後，誠心感謝創作這本書時，幫助我們的中根岸町會的每一位，以及配合我們快速採訪的幾位先生、女士，和編輯製作時辛勞的工作人員。另外，也感謝正展書閱讀的各位讀者。

一九八七年十月　　　　澤田重隆

⑥：江戶傳統工作時的上衣，特色在於袖子與衣身是一體，袖口縮窄如同鯉魚的嘴。
⑦：元祿年間為西元一六八八～一七〇四年。

〔Eureka〕2025

東京下町職人生活

原著書名——生粋の下町　東京根岸

作者——北正史／文・澤田重隆／繪
譯者——陳嫺若
設計構成——吉松薛爾
總編輯——郭寶秀
協力編輯——曾淑芳
行銷業務——力宏勳

發行人——凃玉雲
出版——馬可孛羅文化
104台北市中山區民生東路二段141號5樓
電話：886-2-25007696
發行——英屬蓋曼群島商家庭傳媒股份有限公司城邦分公司
104台北市中山區民生東路二段141號11樓
客戶服務專線：(886)2-25007718；25007719
24小時傳真專線：(886)2-25001990；25001991
讀者服務信箱 service@readingclub.com.tw
郵撥帳號：19863813　戶名：書虫股份有限公司
香港發行所——城邦（香港）出版集團有限公司
香港灣仔駱克道193號東超商業中心1樓
E-mail:hkcite@biznetvigator.com
馬新發行所——城邦（馬新）出版集團
Cite (M) Sdn.Bhd.(458372U)
41, Jalan Radin Anum,Bandar Baru Seri Petaling,57000 Kuala Lumpur,Malaysia
製版印刷——中原造像股份有限公司
二版一刷——2019年02月
定價——420元

KISSUI NO SHITAMACHI TOKYO NEGISHI
Text by Masashi Kita
Illustrations by Shigetaka Sawada

ISBN：978-957-8759-50-3（平裝）

城邦讀書花園
www.cite.com.tw

國家圖書館出版品預行編目(CIP)資料

東京下町職人生活／北正史文；澤田重隆繪；陳嫺若譯．— 二版．— 臺北市：馬可孛羅文化出版：家庭傳媒城邦分公司發行，2019.02
260面；17×23公分．—（Eureka；25）
譯自：生粋の下町：東京根岸
ISBN 978-957-8759-50-3（平裝）
1.民間技藝　2.訪談　3.日本東京都

731.3　　107022393

關東大地震東京火災延燒區域（1923年）
依據《東京消防百年腳步》（東京消防廳發行）
北千住
板橋
駒込
田端
巣鴨
大塚
池袋
三河島
常磐線
南千住
日暮里
東武線
武蔵野電鉄
護国寺
目白
本郷区
鶯谷
下谷区
浅草区
京成電鉄
小石川区
上野公園
上野
押上
高田馬場
帝国大学
山手線
砲兵工廠
牛込区
飯田橋
本所区
新大久保
神田区
新宿
四谷区
市ケ谷
麹町区
宮城
日本橋区
新宿御苑
四谷
代々木
千駄ケ谷
信濃町
東宮御所
東京
神宮外苑
深川区
明治神宮
赤坂区
日比谷公園
原宿
京橋区
芝区
隅田川
浜離宮
渋谷
芝公園
麻布区
恵比寿
田町
芝区
東京湾
目黒
品川
五反田
目蒲線
大崎
京浜急行電鉄
延燒區域
0
1
2km

第二次世界大戰東京燒毀區域(1945年)

依據《日本大空襲》(原書房)